Breve historia de los mayas

Breve historia de los mayas

Carlos Pallán Gayol

Conoce toda la colección en:
Books.AmericanBookGroup.com

BREVE HISTORIA DE LOS MAYAS

Fecha de publicación: Mayo 2023

Autor: © Carlos Pallán Gayol

Elaboración de textos: Santos Rodríguez

Copyright del editor de la presente edición:
© 2023 American Book Group

Copyright del editor original:
© 2023 Ediciones Nowtilus, S.L.

Fotografía de cubierta: © Meunierd / Dreamstime.com

Cualquier forma de reproducción, distribución, comunicación pública o transformación de esta obra solo puede ser realizada con la autorización de sus titulares, salvo excepción prevista por la ley. Para solicitar permisos, contactar con el editor en info@trialtea.com.

ISBN ABG: 978-1681656-59-5

Impreso en los Estados Unidos de América

AmericanBookGroup.com

Índice

Prólogo...............13

Introducción. Descifrando el pasado maya...............17

Capítulo 1. El mundo maya y los estudios mayas...............37
    El mundo maya...............37
    Flora y fauna 49
    Mesoamérica...............61
    Grupos étnicos y lenguas mayas...............63
    Viajeros, exploradores e historia del desciframiento...............73

Capítulo 2. Orígenes y desarrollo...............103
    El Preclásico...............109
    Preclásico inferior (h. 2000-1000 a. C.)...............111
    Preclásico medio (1000-400 a. C.)...............120
    El origen de la escritura...............127
    Preclásico superior (400 a. C. - 250 d. C.)...............130

Capítulo 3. El Clásico temprano..............................143
    Mitología de origen en la región occidental.......149
    El comienzo de la era histórica en la región
    occidental...154
    La doble caída de Palenque..................................166
    Los orígenes de las dinastías del Petén................171
    El umbral de la historia en las tierras bajas
    centrales..186

Capítulo 4. La entrada de Teotihuacán en el
mundo maya 191
    Tikal y el Petén central..200
    La región de Usumacinta.....................................214
    Copán..218
    Las tierras bajas del norte....................................224
    Las tierras altas y la costa del Pacífico...............228

Capítulo 5. El Clásico tardío y la era dorada
de los grandes reyes..233
    El colapso del Clásico medio 235
    El hiatus de Tikal...240
    El ascenso de la dinastía de la serpiente.............246
    La era de Yuhkno'm el Grande, rey de reyes 254
    Matrimonios y otros recursos políticos 272
    Tikan contra Calakmul: la batalla final 282

Capítulo 6. La gloria y poder de la región
occidental durante el Clásico tardío..........................301
    El ocaso de la era de los grandes reyes de
    Occidente..345

Capítulo 7. El colapso del Clásico terminal..............353
   El colapso del Petén.............................356
   La caída de la región occidental........................358
   El Petexbatún..................................... 366

Capítulo 8. La llegada de K'uk'ulkaán:
   del Clásico terminal a la conquista....................373
   El nuevo orden internacional............................375
   La serpiente emplumada: mito e historia.............380
   Chichén Itzá......................................388
   Uxmal...394
   El Posclásico temprano (900-1200 d. C.).......... 396
   El Posclásico tardío (1200-1521 d. C.)...............402
   La conquista......................................410

Epílogo...423
   Colonia y rebeliones indígenas. Mayas de
   ayer y de hoy.....................................423
   Los mayas hoy....................................428
   Conclusión 431

Bibliografía...437

Prólogo

Los mayas son una de las civilizaciones antiguas más fascinantes del mundo. Las ciudades mayas se desarrollaron y florecieron en la selva tropical, uno de los sistemas ecológicos más hostiles y frágiles de este planeta. A pesar de un siglo y medio de investigación, la jungla todavía no nos ha entregado todos sus secretos y, hasta hoy, los arqueólogos siguen descubriendo majestuosas ciudades, calzadas, templos y palacios en su espesura. En estos palacios vivían reyes con sus grandes cortes reales, rodeados de vasallos, artistas y princesas, mientras la mayoría de la población habitaba en la periferia de las ciudades y se dedicaba a la agricultura. A pesar del esplendor que alcanzó la cultura maya durante la época clásica, estas ciudades eventualmente serían abandonadas por sus pobladores.

¿Qué provocó este misterioso colapso de la cultura maya? Este es solamente uno de los muchos secretos que tanto nos fascinan sobre esta milenaria cultura. Como ninguna otra civilización, los mayas se asocian a misterios sobre su origen y su fin. ¿De dónde vinieron? ¿Por qué se establecieron justamente en la selva tropical, y sobre todo, en una región donde casi no existen lagunas o ríos para abastecer a la población de agua, tan vital para la vida?

Desde hace un siglo y medio, han sido primero viajeros, después exploradores y más tarde científicos, quienes se han encargado de investigar la cultura más importante del continente americano. Muchos de los secretos de los mayas han sido revelados desde entonces. Entre los descubrimientos más importantes sobre su antigua cultura está, sin duda, el desciframiento de su escritura jeroglífica, en tanto que nos permite ahora leer gran parte de los documentos escritos que nos dejaron en miles de monumentos de piedra, cerámicas pintadas, artefactos en materiales preciosos y también en libros. El desciframiento de la escritura nos permite descubrir la historia de este pueblo y de los grandes reyes que gobernaron sus majestuosas ciudades; también nos permite aprender cómo pensaban; cómo concebían su mundo y su cosmos; y cómo hablaban con sus dioses.

Ninguna otra civilización del continente americano abre una ventana semejante a su historia, a su pensamiento ancestral, y a su riqueza mitológica. Esta *Breve historia de los mayas* presenta además los últimos avances del estudio de sus textos, a la par que nos explica el origen de sus dinastías reales; los fascinantes contactos entablados con la cultura de Teotihuacán en el centro de México; el conflicto violento entre las dinastías de Tikal y la de Kaanu'ul, sin duda los reinos más poderosos de las tierras bajas; y al final, también nos narra el abandono de las ciudades y el comienzo de una nueva época, marcada por la llegada de K'uk'ulkaan.

Los avances de la arqueología que presenta el autor Carlos Pallán en *Breve historia de los mayas* nos indican que esta cultura respondió de una manera significativa a su medio ambiente tropical. Este no sólo se manifiesta en su religión y su cosmología, sino además en su forma de agricultura y en la organización de sus ciudades, que se distinguen increíblemente en su diseño urbano de las ciudades europeas, aunque también por el pequeño tamaño de sus entidades políticas, que ante la falta de medios de transporte, nunca se transformaron en grandes estados territoriales. También, en los últimos años, hemos aprendido que las ciudades mayas se desarrollaron mucho más temprano de lo que se pensaba originalmente. Ya en la época del Preclásico medio —período contemporáneo al final de la cultura olmeca, que dejó una fuerte impresión en la maya— surgieron los primeros asentamientos con arquitectura monumental en las tierras bajas mayas. Otra contribución reciente de la investigación arqueológica es que el colapso de la civilización maya no se ve ya como un fenómeno rápido e uniforme, que borró todas las ciudades mayas al mismo tiempo. Aparentemente, fue en cambio un proceso de larga duración, del cual algunas regiones quedaron completamente excluidas.

Durante mucho tiempo, los siglos entre el Colapso y la conquista española fueron considerados una época de decadencia cultural. También aquí la interpretación de la cultura posclásica ha cambiado, y esta época con sus nuevas redes económicas y sus nuevas estructuras sociales se convierte cada vez más en un objeto de la investigación, tal y como nos cuenta Carlos Pallán en esta *Breve Historia*.

Tal vez el aspecto más fascinante de la cultura maya, sin embargo, es su supervivencia hasta la actualidad. La conquista española fue un proceso que tardó largo tiempo en realizarse, y estuvo limitado a pocas regiones del mundo maya, la cual ocupa hoy cinco estados modernos, incluyendo el sur de México, todo Guatemala y Belice, y partes de Honduras y El Salvador. En todos estos países habita población maya hasta el día de hoy. A pesar de tres siglos de dominación española y la transformación irreversible de su cultura y su sociedad, los mayas de hoy están redescubriendo sus antiguas raíces. Después de tantos siglos de opresión, todavía preservan su habilidad para integrar nuevos elementos a su cultura, y para adaptar su forma de vida al mundo globalizado sin perder su identidad. En las aldeas aisladas, retiradas de las ciudades, los dioses antiguos todavía viven, y los ciclos del calendario sagrado marcan el pulso de las actividades diarias. Al mismo tiempo, los mayas que viven en las ciudades escuchan emisoras de radio en sus idiomas y participan como científicos jóvenes en la investigación de su propia cultura.

Carlos Pallán logra tejer los diferentes hilos de la cultura maya en una nueva y atractiva visión sobre su historia y su mundo, desde la Antigüedad hasta nuestros días. Valiéndose de su experiencia como arqueólogo, historiador y epigrafista, ha logrado proyectar una fascinante e informativa exposición de la historia de este pueblo, en la que se respira una gran simpatía hacia esta cultura y sus creadores. Este libro nos abre la puerta a una de las civilizaciones más extraordinarias del planeta.

Nikolai Grube
Campeche, marzo de 2011

Introducción

DESCIFRANDO EL PASADO MAYA

Los antiguos mayas. Civilización enigmática y milenaria. Autodenominados *ixi'm winiko'b'* (gente del maíz). Para muchos, sinónimo del máximo esplendor jamás visto en la América precolombina. Una plétora de libros busca rendir homenaje a su memoria. Pocas veces lo consiguen. Sin embargo, demasiados lectores aún se preguntan: ¿quiénes fueron?, ¿cómo vivieron y murieron?, ¿qué quedó de su mundo, hoy casi perdido? Más aún: ¿cómo entender sus creencias, su escritura, su calendario…?

Naturalmente, un volumen sobre tema tan fascinante difícilmente podía faltar en una colección como *Breve Historia*. Aquí encontrará el lector respuesta a algunas de sus mayores interrogantes e inquietudes. Dentro de sus páginas conoceremos los más brillantes logros de una gran civilización extinta, no sin justicia merecedora de un lugar destacado en el mundo de la antigüedad, al lado de las altas culturas de Egipto, China, Mesopotamia y el Valle del Indo, todas las cuales —al igual que los mayas— fueron capaces de registrar su propia historia y legarla a la posteridad, mediante la invención de sofisticados sistemas de escritura, autónomamente desarrollados. Afortunadamente, tales escritos son hoy inteligibles en gran medida, aunque el desciframiento maya es tan reciente que aún no se ha incorporado plenamente a obras de amplia difusión, como ahora hacemos aquí, a fin de acercarlos al gran público, ávido de conocerlos en detalle.

Algunos de nuestros lectores han tenido ya la inmensa fortuna de visitar el mundo maya y recorrer algunas de sus ciudades más imponentes, donde quizá escalaron elevadas pirámides y perdieron la orientación en laberínticos palacios. Otrora pletóricas de población, estas ruinas son habitadas hoy día únicamente por las más exóticas especies de flora y fauna, inmersas como están en exuberantes bosques tropicales, como aquellos que rodean Tikal, Palenque, Copán, Chichén Itzá y tantos sitios más. Cientos de ellos. Cada uno con sus propias historias que contar, sus propios secretos por desentrañar. Otros vieron despertar su entusiasmo por esta cultura en primera instancia a través de documentales, libros, revistas o bien internet, hoy tan en boga. Sin embargo, para viajeros, lectores y cibernautas bien dispuestos, tales contactos con el mundo maya, lejos de saciar su curiosidad inicial, no logran sino avivar el fuego del conocimiento, tras experimentar cómo los vestigios del pasado remoto son capaces de despertar su asombro, reverencia y admiración. ¿Quiénes construyeron tales ruinas hace más de mil años? ¿Acaso habrán sido hombres y mujeres como nosotros? De esta forma comienza en no pocos la gran aventura de descubrir el glorioso pasado maya que, en virtud de su carácter universal, resulta también una vía legítima para el autoconocimiento. Su herencia ilumina estas páginas y encierra recompensas para el espíritu comparables a las de descubrir por primera vez los grandes tesoros de la mitología grecolatina o los profundos preceptos filosóficos del Lejano Oriente.

Tikal, Petén. Guatemala. Vista de la imponente acrópolis y la gran plaza central, dominada por el colosal Templo I que alcanza los cuarenta y cinco metros de altura.
Fotografía de Chensiyuan.

Paradójicamente, la misma fascinación que ejercen los antiguos mayas en nuestro excesivamente tecnificado mundo es lo que explica en gran medida por qué aún mantienen su carácter enigmático e impenetrable ante los ojos occidentales. Al gran número de publicaciones sensacionalistas o pseudocientíficas escritas por autores o aficionados sólo familiarizados —en el mejor de los casos— con aspectos muy fragmentarios de esta antigua cultura, se suma el relativo aislamiento mantenido por los círculos académicos autorizados respecto a un público más amplio. En efecto, no pocos de los mayores avances de nuestro tiempo acerca de los antiguos mayas aparecen únicamente en revistas o libros académicos de circulación sumamente restringida, que son conocidos por muy pocos en verdad, más allá de una pequeña comunidad de estudiosos *mayistas*, es decir, de los científicos sociales o expertos dedicados al estudio de esta gran cultura, a través de disciplinas como la arqueología, la epigrafía, la iconografía, la etnohistoria, la etnología y, más recientemente, la historia maya del período Clásico, fascinante campo de estudio abierto a raíz del desciframiento jeroglífico de las últimas décadas.

El libro que el lector tiene ahora en sus manos busca precisamente subsanar la paradoja anterior, ofreciéndole información fidedigna en un lenguaje accesible, desprovisto de jerga técnica, pues es hora de que no sólo la academia, sino también el gran público, podamos trascender juntos el cúmulo de nociones románticas idealizadas o distorsionadas que aún perduran, algunas de las cuales han creído ver en los mayas poco más que una civilización idílica de pacíficos sabios de la Edad de Piedra, obsesionados por el transcurrir del tiempo y perdidos en esotéricas contemplaciones de los astros, recluidos en centros ceremoniales prácticamente deshabitados por la gente común, hasta que fueron bruscamente sacudidos de tales contemplaciones por la llegada de ambiciosos conquistadores europeos. Por inadecuada que nos parezca ahora esta visión, sin duda representó un avance respecto a elucubraciones previas sobre los orígenes de los primeros pobladores de América y, por ende, de los misteriosos constructores de las evocadoras ruinas que iban descubriéndose a lo largo y ancho del territorio maya.

Vigentes desde la época colonial hasta el siglo XVIII, tales nociones atribuyeron a los mayas fantásticos orígenes. A fin de no violentar el dogma establecido, bajo el cual todos los seres humanos debían forzosamente ser «hijos de Adán», explicar quiénes habían sido los misteriosos constructores de aquellas ciudades tantos siglos abandonadas suscitó que fuesen invocándose por turnos a las doce tribus perdidas de Israel —aquellas entre las que Josué repartió la tierra prometida— o bien al mítico Ofir del rey Salomón, ubicado por unos en Yemen y por otros en el Perú. Como alternativa a admitir lo anterior, la presencia de grandes pirámides cubiertas por exuberante vegetación sugirió a otros vínculos con el Egipto faraónico o con la recóndita Cartago (en la actual Túnez), fundada por la legendaria reina Dido de *La Eneida*. También se recurrió por igual a fenicios o vikingos, alegando que la incomparable destreza náutica de ambos fue capaz de cruzar océanos en épocas muy anteriores a aquellas en que España, Portugal e Inglaterra se disputaran la supremacía de los mares. Así, llegó incluso a mencionarse entre susurros la fabulosa Atlántida, descrita por turnos por Platón y Séneca, que pronto adquiriría popularidad en el imaginario colectivo para explicar los orígenes de la alta civilización en América durante aquellos primeros siglos de colonialismo europeo.

Tales divagaciones bien pronto habrían de entremezclarse con otras, tanto o más extravagantes, acerca de la existencia de grandes ciudades enteramente construidas de oro o plata, en ocasiones habitadas por gigantes y otras criaturas inverosímiles, aunque siempre buscadas febrilmente por conquistadores como Cortés, Vázquez de Coronado, Orellana y Pizarro. Poco importó que tales urbes de ensueño llevasen por nombre Tenochtitlan, Paititi, Cíbola, o bien El Dorado, su fama llegó a ser tal que aún siglos después inspiraría a figuras literarias de la talla de John Milton, Joseph Conrad y Edgar Allan Poe, o bien a genios musicales como Richard Wagner.

El afán por proyectar concepciones bíblicas y de la antigüedad clásica a toda explicación sobre el origen de estos imponentes vestigios, que comenzaban a hallarse por doquier en las húmedas selvas tropicales de Chiapas, Yucatán, Guatemala y Honduras, únicamente reflejaba el desconcierto y la inhabilidad de la Europa previa al siglo XVIII para comprenderlos, así como su negativa a conceder cualquier posibilidad de que los antepasados de sus sobreexplotados súbditos indígenas —recién colonizados y convertidos a la fe católica— hubiesen tenido jamás un pasado tan glorioso y brillante como el que a todas luces testimoniaban los vestigios de sus portentosas ciudades, que aun en ruinas parecían rivalizar en tamaño y sofisticación con algunas de las grandes capitales europeas.

No obstante, resulta preciso reconocer aquí a figuras como el evangelizador franciscano español fray Diego de Landa del siglo XVI, y centurias más tarde al famoso explorador estadounidense John Lloyd Stephens, quienes, pese a su ambivalencia, se adelantaron a sus contemporáneos, al atribuir atinadamente la construcción de las majestuosas ruinas de Chiapas y Yucatán a los propios antepasados de los pueblos mayas, que aún habitaban tales regiones.

Fue sólo después de que cayese bajo la Corona española el último reducto maya de Tayasal en 1697 cuando comenzó a entenderse que grandes áreas despobladas en el Petén central —el área nuclear de las tierras bajas mayas— habían sido abandonadas casi por completo muchos siglos atrás, y poblaciones enteras habían emigrado desde allí hacia el norte de Yucatán, a las tierras altas de Chiapas y Guatemala, a las costas de Belice y otras regiones, por causas imposibles de adivinar en aquel entonces, aunque hoy día forman parte de un conjunto de fenómenos referidos como el «Colapso» de la alta civilización que floreció durante el período Clásico.

Afortunadamente, tras dos siglos de investigaciones sistemáticas, la situación hoy día es muy distinta. Además del cuidadoso estudio arqueológico de estas ciudades precolombinas, uno de las principales vías de acceso a la inigualable riqueza del mundo maya de la antigüedad es el estudio del corpus jeroglífico maya, fuente incomparable de datos de primera mano, que esta obra pone al alcance del lector, conformado por el compendio de todos aquellos monumentos y objetos arqueológicos conocidos que registran auténtica escritura.

Este gran corpus rebasa a la sazón los diez mil ejemplares, producidos literalmente en cientos de distintas urbes mayas de la antigüedad. Comprende textos plasmados en soportes muy diversos, desde inmensas escalinatas jeroglíficas hasta murales pintados al fresco; dinteles, estelas, tableros y columnas labradas, además de objetos portátiles como vasijas cerámicas, joyas e instrumentos finamente trabajados en concha, hueso, obsidiana y jade, sin olvidar los escasísimos *códices*, o auténticos libros jeroglíficos sobrevivientes, resguardados en Madrid, París y Dresde.

Así da comienzo la apasionante aventura intelectual del desciframiento de la escritura maya (narrada en el capítulo 1). A diferencia de los brillantes triunfos individuales que culminaron en desciframientos como el de los jeroglíficos egipcios efectuado por Jean-François Champollion, o bien el logrado por Michael Ventris con el sistema Lineal B micénico, el mérito de esclarecer el sentido de los glifos mayas no corresponde a una sola persona o grupo, sino que comprende una larga cadena de

Palenque (Chiapas). Templo de la Cruz Foliada.
Siglo VII d. C. Detalle del texto jeroglífico del lado izquierdo del tablero central. Fotografía de Linda Schele

contribuciones individuales y colectivas a través de casi dos siglos de erudición y tenacidad.

Así, el lector podrá valorar en toda su dimensión el fruto de la sucesión de aportes y avances que han hecho posible, en última instancia, penetrar en los códigos usados por los antiguos mayas para el registro de muy diversos géneros de información. Capaz de preservar desde cómputos calendáricos y astronomía hasta historia, mitos y poesía, el intrincado sistema de escritura maya es sin duda el de mayor complejidad visual jamás inventado, por lo cual carecería de sentido juzgarlo en términos occidentales —como el grado de «pragmatismo» o la capacidad para transmitir información en forma «expedita»—, pues para los mayas y otros pueblos antiguos la escritura resulta mejor entendida como dádiva de los dioses a la humanidad y, por ende, se le atribuye un carácter sagrado.

De esta forma, desde el primer momento nos veremos inmersos en el mundo maya y conoceremos los principales aportes de los estudios de aquella civilización. Aquí resultará claro que su civilización no surgió en el vacío ni por «generación espontánea», sino que fue el resultado de procesos más amplios, verificados en una superárea cultural llamada Mesoamérica, que englobó buena parte de México, todo Guatemala, Honduras y Belice, además de zonas de El Salvador, Nicaragua y Costa Rica. Lógicamente, los grupos étnicos que habitaron tan vasto territorio fueron cuantiosos, junto a otras grandes civilizaciones, inclusive de mayor antigüedad que los mayas, como la de los olmecas que habitaron grandes centros en lo que hoy son Veracruz y Tabasco, en torno a la costa del golfo de México; o bien de mayor poderío y hegemonía, como bien pudo serlo la gran metrópolis de Teotihuacán, en el altiplano central mexicano; aunque en no pocos casos fueron igualmente fascinantes, según podría decirse al menos de Monte Albán en el valle de Oaxaca, o bien más tardíamente de los grandes centros epiclásicos (h. 800-950 d. C.) como Cacaxtla, Xochicalco, Tula y Tajín, cuyo esplendor cosmopolita «internacional» bien puede compararse al de Uxmal y Chichén Itzá en el norte de Yucatán.

En cualquier caso, difícilmente podríamos entender la civilización maya sin reparar en el medio ambiente donde se desarrolló. Único en riqueza y biodiversidad. Habitado por especies de flora y fauna que llamaron tempranamente la atención de naturalistas tan insignes como el barón Alexander von Humboldt, llevándole a bautizar el territorio de la entonces Nueva España como el «cuerno de la abundancia». A pesar de no haberlas podido visitar personalmente, las observaciones formuladas por este erudito alemán sobre las ruinas de Palenque, Copán y Utatlán pronto habrían de avivar la curiosidad ilustrada de Carlos III, rey de España entre 1788 y 1808. Como resultado de ello, se ordenó desde entonces la elaboración de dibujos exactos y precisos de los vestigios monumentales ubicados dentro de algunos territorios de lo que entonces fueron el Virreinato de la Nueva España en México y la Capitanía General de Guatemala.

Tales características medioambientales también permitirán al lector apreciar las difíciles condiciones en que los mayas desarrollaron su portentosa civilización, cuyos orígenes y desarrollo (objeto del capítulo 2) nos remontarán desde el advenimiento de los primeros pobladores hasta el origen de los primeros centros urbanos del Preclásico medio (h. 1200 a. C. - 100 d. C.). Extraordinarios avances en la agricultura y la tecnología hidráulica, acompañados de una nueva organización social y especialización del trabajo, desencadenarían posteriormente el surgimiento de la alta cultura urbana que persistió desde el Preclásico superior (400 a. C. - 250 d. C.), incluyendo centros como El Mirador, Nakbé, San Bartolo, Tikal y Uaxactún.

A continuación tendría lugar el Clásico temprano (h. 250-600 d. C.), período en que tuvieron su origen las más importantes dinastías, cuyos pormenores conoceremos en el capítulo 3, a través de sus mitos fundacionales. Fue durante este intervalo cuando miles de habitantes en cada una de las grandes ciudades acabarían por someterse al poder centralizado en la figura de todopoderosos gobernantes, quienes literalmente encarnaban el poder político, religioso y militar. Al llegar la segunda mitad del siglo IV, el área maya viviría uno de los episodios más fascinantes de su historia —recogido en el capítulo 4—, que involucra la llegada de un poderoso grupo de extranjeros procedentes de la gran Teotihuacán, comandados por el lugarteniente Sihajiiy K'ahk' ('Nacido del fuego') y su enigmático rey, llamado Jatz'o'm Ku' ('Búho lanzadardos'). A la postre, ambos personajes lograrían imponer un nuevo orden en las tierras bajas, cuyo recuerdo perduraría siglos después.

Llegamos así a la era de los «reyes divinos» (*k'uhul ajawtaak*), cuya sabiduría, competitividad y ambición llevarían a la civilización maya a alcanzar el pináculo de su desarrollo durante el período de esplendor Clásico tardío, entre el 600 y el 900 d. C. —al cual dedicamos los capítulos 5 y 6—. La abundancia de textos jeroglíficos y profusión de datos arqueológicos que datan de esta época nos permiten alcanzar aquí los mayores niveles de detalle y riqueza narrativa de nuestro relato. Veremos cómo, gracias al desciframiento, los grandes logros mayas no deben ser entendidos hoy día como el producto impersonal de figuras anónimas, remotas e inaccesibles. Muy al contrario, uno a uno, sus principales gobernantes, esposas, hijos y las genealogías de sus distintos linajes han podido rescatarse del olvido. Hoy podemos pronunciar de nuevo los nombres originales de las antiguas ciudades que gobernaron, mil quinientos años antes de que sus descubridores modernos las refirieran con otros, como Copán, Palenque, Tikal, Piedras Negras, Yaxchilán y Calakmul.

Así, exploraremos la biografía del más poderoso de los reyes mayas, Yuhkno'm el Grande, máximo soberano de la dinastía de la serpiente *Kaanu'ul* (entonces asentada en Calakmul), cuyas proezas buscarían ser emuladas en vano por su sucesor Yuhkno'm Yihch'aak K'ahk' ('Garra de Jaguar'), hasta verse bruscamente truncadas por su némesis de Tikal, Jasaw Chan K'awiil, quien lo derrotaría en un épico combate. Fue esta también la época en que los hijos del afamado K'inich Janaahb' Pakal consolidaban su refinada corte en Palenque (antes llamada Lakamha'), mientras en Yaxchilán, el longevo Kohkaaj B'ahlam III ('Escudo Jaguar III') disputaría gallardamente la supremacía del río Usumacinta contra los poderosos reyes de Yokib' (hoy 'Piedras Negras').

De esta forma, nuestros lectores gozarán de acceso privilegiado a los principales episodios que tuvieron lugar dentro del gran escenario de las tierras bajas mayas. Seremos espectadores allí de cruentas batallas en pos de una hegemonía imperial que jamás podría lograrse del todo, protagonizadas por la dinastía de la serpiente y su archirrival Tikal, en una serie de confrontaciones que trascendieron fronteras y generaciones. Veremos como estas grandes potencias buscaron entablar redes o confederaciones con una amplia gama de sitios menores en fuerzas, obligándoles a tomar partido por alguno de los bandos, dentro de un amplio espectro de interacción, que podía abarcar desde burdas demostraciones de poderío militar —como la destrucción de ciudades o la toma de cautivos de alto rango— y alianzas estratégicas en pos del control de territorio, recursos o poblaciones, hasta formas notoriamente más sutiles, como el fomento de relaciones diplomáticas a través de vínculos de parentesco, el obsequio de costosos bienes de prestigio y la celebración de rituales conjuntos, que incluyen torneos de juego de pelota relativamente amistosos. Tal es el marco en el que se desarrollaron los eventos que definieron la historia maya, según pueden ser reconstruidos hoy, con una riqueza de detalles que habría sido impensable antes del desciframiento moderno.

Pero toda era llega a su fin, y aquella de los «reyes divinos» no sería la excepción. Así sobrevendría el Colapso, fenómeno cuyas causas últimas estamos aún lejos de comprender satisfactoriamente —según explica el capítulo 7—, aunque sabemos que involucró fuertes éxodos y migraciones, aunadas al abandono de la mayoría de los grandes centros del sur, que pronto serían engullidos por la selva y el olvido, hasta ser redescubiertos un milenio después. Aún en medio de las catastróficas secuelas del Colapso, el norte del mundo maya vería aún una última era de gran esplendor, simbolizada por la llegada del héroe legendario Ketzalcōatl-K'uk'ulkáan (la Serpiente emplumada) cuya biografía nos llevará de un extremo a otro entre el mito y la historia, aunque examinaremos las huellas que dejó a su paso en portentosas ciudades como Chichén Itzá, Uxmal, Ek' Balam, Edzná y Mayapán. Surgiría un nuevo orden internacional (reflejado en el capítulo 8), llamado así porque involucró una fuerte participación de distintos grupos étnicos, algunos mayas, otros procedentes del lejano Veracruz, Tabasco e incluso del México central, como los itzáes, chontales y nawas. Tal ideología tuvo como base la refundación de ciudades «modelo», basadas en la arquetípica Tulan-Suywa'; el auge en el comercio a larga distancia; el incremento en el militarismo y el énfasis en nuevos cultos religiosos, centrados en la figura de la serpiente emplumada, otro de cuyos múltiples aspectos fue también el dios del viento E'ekatl, de alargado pico.

Pero el legado maya no se limita a la riqueza de su historia, sino que la trasciende en mucho. De esta forma, a lo largo de nuestro recorrido podremos compenetrarnos con el núcleo de creencias íntimas que conformaron su mitología y religión. Nociones clave para entender su pensamiento fueron aquellas relacionadas con la «geografía sagrada» —donde cobran importancia vital las distintas cualidades de los rumbos cardinales y sus colores asociados— y aquellas referentes al eterno ciclo de vida, muerte y renacimiento inherente a todos los seres animados que poblaron su vasto cosmos —desde el ciclo de veinticuatro horas del sol (*k'in*) hasta el de trescientos sesenta y cinco días de la planta de maíz (*haab'*)—. En el centro de este vasto mapa del cosmos se encuentra un gran árbol de ceiba (llamado antiguamente *Yaxte'*) que, cual eje del cosmos, atraviesa con su tronco los distintos niveles celestes mientras su amplia copa se ramifica por regiones luminosas —habitadas por benévolas deidades—, aunque su base reposa sobre el lomo de un inmenso saurio que simboliza las regiones terrestres, a la vez que sus raíces se hunden hasta perderse en la negrura del inframundo, habitado por ominosos seres de la oscuridad.

Las deidades principales del panteón maya siempre nos asombran por sus atributos, facultades y poderes sobrenaturales, al igual que por su proteica fluidez; son tan capaces de fisionarse en una multiplicidad de aspectos y desdoblamientos como de fusionarse en torno a un par de principios unificadores generales. Examinaremos algunos de los episodios míticos donde estas intervienen, dentro de las narrativas de origen y fundacionales (capítulo 3), tales como los que narran la Fecha Era del momento de la Creación, acaecido en el 3113 a. C., cuando se manifestaron tres piedras siderales, relacionadas con otros tantos «tronos» de jaguar, serpiente y agua, y quizás también con sucesivas «conquistas» o «victorias», acaecidas en una primigenia cancha de juego de pelota, sin duda una metáfora para representar al cosmos mismo. Hablaremos también del diluvio previo a tal creación —fijado por ellos en el 3298 a. C.—, vinculado con muchas de sus más profundas concepciones, que los llevarían a percibir, por ejemplo, estrellas y planetas como flores enjoyadas u otras fantásticas entidades anímicas, sólo lejanamente comparables a las constelaciones de nuestro Zodiaco occidental.

Veremos cómo la historia maya está repleta de paradojas, desde el desarrollo singular de su grandiosa civilización en un ambiente hostil y selvático hasta la construcción de inmensas acrópolis, basamentos y pirámides en completa ausencia de instrumentos metálicos. Durante toda la obra se muestran algunos de los más importantes logros culturales que alcanzaron los mayas, brindando al lector mayor oportunidad de acercarse a sus sorprendentes avances intelectuales. Sin duda despertarán la admiración del lector sus extraordinarios conocimientos matemáticos y astronómicos, muy superiores a los vigentes en la Roma y Bizancio contemporáneos, así como sus técnicas constructivas y brillantes soluciones arquitectónicas, desarrolladas en condiciones harto inferiores con respecto al Viejo Mundo, como fueron la ausencia de bestias de carga y de transporte a rueda.

Al final del recorrido a través del mundo sin parangón que ahora se abre ante nosotros, veremos cómo los antiguos mayas pueden perfectamente prescindir de toda especulación fútil e imaginación desenfrenada —recursos fáciles, comunes en libros, películas y documentales de nuestro tiempo— para ofrecernos en cambio su verdadero legado, tan vigente en su capacidad universal de fascinar, cautivar y despertar admiración y asombro como lo fue hace más de trece siglos, cuando alcanzaron el pináculo de su desarrollo. Así, sin necesidad de recurrir a la fantasía, el avance de los estudios mayas ha podido en verdad rescatar muchos de los aspectos más extraordinarios de su antigua civilización, que ahora ansían brillar con luz propia en páginas como estas, orientadas a un público más amplio. Lejos de emprender búsquedas infructuosas sobre sus orígenes en la mítica Atlántida o el recóndito Cartago, debemos volvernos hacia la propia Mesoamérica, cuna de otras portentosas civilizaciones.

Tampoco debemos dar crédito a versiones recurrentes sobre una supuesta y súbita «desaparición» de los mayas, como por arte de birlibirloque, puesto que sus lejanos descendientes —desprovistos ya de la gloria de antaño, tras el colapso de su portentosa civilización— habrían de ser subyugados por blancos y barbados conquistadores llegados en extraños navíos, dueños de armaduras metálicas, espadas, armas de fuego, caballos, falsas gemas de cristal y otros prodigios, inauditos en la América precolombina.

Bien es cierto que la gran civilización que crearon se extinguió, junto con las formas más elevadas que cobró jamás su conocimiento y arte, aunque según veremos, ello ocurrió en gran medida por causas muy anteriores a la época del contacto europeo. Pese a ello, una paradoja ulterior —que abordaremos en la última sección— es que aún existan casi seis millones de mayas pertenecientes a más de veintiocho distintos grupos étnicos reconocidos. Dispersos en sus comunidades o entremezclados con la población de grandes ciudades en México, Guatemala, Honduras, Belice y El Salvador, ellos se siguen enfrentando cotidianamente al reto de ser diferentes a quienes hoy les gobiernan. Tras sobrevivir al Colapso y a la Conquista, tras siglos de opresión, los mayas de hoy continúan negándose a desaparecer, manteniendo aún vivos aspectos significativos de sus diversas lenguas y milenarias tradiciones. No hay duda de que algunos, pocos, de los grandes secretos de sus antepasados todavía laten en su sangre y habitan su memoria. Llegó la hora, amigo lector, de que juntos emprendamos la travesía anunciada por su vasto mundo...

1

El mundo maya y los estudios mayas

El mundo maya

Antes de hablar de los protagonistas y eventos en el devenir histórico de toda civilización, es preciso mirar el telón de fondo donde se desenvolvieron. El mundo maya de la antigüedad abarcó un territorio aproximado de 360.000 km^2, es decir, prácticamente la misma área de la Alemania actual. Rodeada por costas, regada por decenas de ríos y atravesada por cordilleras montañosas, se trata de una vasta región con un exuberante medio ambiente, conformado por una diversidad de ecosistemas. Su ubicación al sur del trópico de Cáncer y al norte del Ecuador le confiere un clima tropical, donde la gloria de las cuatro estaciones de latitudes más septentrio-

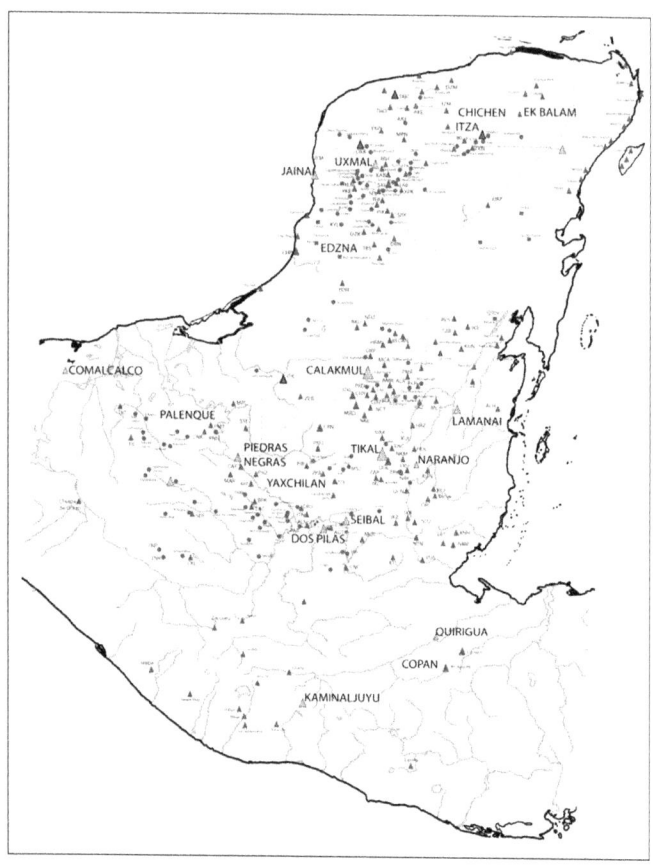

Mapa del área maya donde se resaltan algunas
de las principales ciudades del período Clásico.
Mapa elaborado por el autor.

nales parece reducirse a sólo dos temporadas tajantemente marcadas: lluvias y secas. No obstante, no faltarían motivos de inspiración a genios de la talla de Antonio Vivaldi e Igor Stravinsky, de haberles sido posible contemplar una puesta de sol, una tormenta eléctrica o un firmamento nocturno estrellado, como sólo pueden apreciarse en el corazón del mundo maya. El menor número de estaciones se ve aquí ampliamente compensado por las posibilidades sorprendentes de variabilidad climática, geográfica y ecológica, en función de la altura sobre el nivel del mar, la proximidad a las costas, el tipo de suelos y otros factores.

Para su tamaño, este territorio albergó una diversidad natural pocas veces vista en el mundo. En términos de nuestra geografía actual, la superficie del área maya cubriría el tercio sureste de México, incluyendo los estados de Tabasco, Chiapas, Campeche, Yucatán y Quintana Roo. También abarcaría prácticamente la totalidad de Guatemala y Belice, así como las porciones occidentales de Honduras y El Salvador. Los límites geográficos naturales del área maya resultan claros hacia el norte (el golfo de México) y hacia el sur (el océano Pacífico). Hacia el poniente y el oriente, es más apropiado hablar de fronteras culturales, las cuales naturalmente estuvieron sujetas a períodos de expansión y contracción a través del tiempo, en función del esplendor y decadencia de las culturas dominantes que allí se asentaron. Con todo, podríamos delimitar grosso modo una frontera occidental en torno al istmo de Tehuantepec y el río Copilco —no lejos de las ruinas de Comalcalco— mientras que el límite oriental comprendería sitios como Cerén y Cihuatán, en torno al río Lempa, continuando desde Copán hasta Naco a través de los valles aluviales formados entre los ríos Ulúa, Chamelecón y Motagua, que desembocan en el golfo de Honduras.

Siempre pintorescos, los paisajes que engalanan el área maya van desde las áridas planicies desprovistas de ríos del norte de Yucatán —donde el agua debía extraerse de *cenotes* (*tz'ono'ot*) o cavidades subterráneas de singular belleza y significado ritual— hasta las arenas volcánicas de las costas del Pacífico de Guatemala, situadas 800 km al sur. Al poniente del istmo de Tehuantepec existen pantanos y manglares, aunque también desolados parajes de fuertes vientos. Al oriente están las aguas color turquesa del Caribe. Fue en las tierras bajas centrales, sin embargo, donde la más alta cultura maya tuvo su origen. Lo que allí puede encontrarse es una de las más densas selvas tropicales imaginables, rebosante de exóticas especies de flora y fauna, algunas delicadas y exquisitas, otras mortalmente peligrosas. En su conjunto, configuraron un territorio de abundancia sin par, del que hoy sólo quedan vagos reflejos, aunque otrora permeó el antiguo pensamiento maya e inspiró la mayoría de sus manifestaciones artísticas, las cuales nos ayudarán a vislumbrar su mundo casi perdido, sin duda con admiración, acaso con reverencia.

En muchas publicaciones, el área maya se divide todavía de manera harto simple y esquemática, como «tierras altas» y «tierras bajas», aunque no pocas ciudades importantes se desarrollaron precisamente en zonas transicionales entre una y otra partición. Por ello, hoy en día goza de mayor aceptación describir el área maya en seis grandes regiones, que de sur a norte serían: 1) la costa y piedemonte del Pacífico; 2) las tierras altas del sur; 3) las tierras altas del norte; 4) las tierras bajas del sur; 5) las tierras bajas centrales y 6) las tierras bajas del norte. A continuación se explican las características más generales de cada una de estas regiones.

La costa y piedemonte del Pacífico abarcan la amplia y fértil franja que se forma entre las costas del Pacífico y las cordilleras volcánicas a cuyo pie se inician las tierras altas. Tal franja ocupa entre 40 y 100 km de longitud, desde el sur del istmo de Tehuantepec y la región llamada del Soconusco, a través de Chiapas, Guatemala y El Salvador. Desde el Pacífico, se interna unos 80 km en dirección opuesta a la costa. El clima de esta región es tropical o de tierra caliente, entre los 25 y 35°, y se torna más templado conforme se asciende por el piedemonte, con una temporada de lluvias que generalmente va de mayo a diciembre y alcanza entre 3.000 y 4.000 mm anuales. Este trayecto es atravesado por algunos ríos que fluyen desde el eje geovolcánico hasta la costa, incluyendo el río Lempa. Los fértiles suelos oscuros y la abundante lluvia hacen de esta un área bien dispuesta para cultivos tan apreciados antiguamente como el cacao y el algodón. Contiene sitios arqueológicos de importancia como Izapa, Chutinamit, Takalik Abaj, Ocos, El Mesak, El Baúl, Bilbao y Monte Alto. Respecto a la importancia de la costa y el piedemonte del Pacífico, algunas de las primeras muestras de sociedades complejas en Mesoamérica —como la producción de cerámica— han aparecido en esta región en sitios como la playa guatemalteca de Ocos, al igual que algunos de los textos jeroglíficos más tempranos de toda el área maya, como los descubiertos en monumentos de Takalik Abaj y El Baúl.

Las tierras altas del sur se yerguen por encima de los 800 m de altitud, desde el eje volcánico que corre en forma paralela a las costas a través de Chiapas, Guatemala, El Salvador y Honduras —aunque 80 km tierra adentro— hasta la cordillera llamada Sierra Madre oriental, formada por la unión de dos placas tectónicas que comunican los macizos continentales de Norteamérica y Sudamérica. Incluye el valle de Guatemala y los lagos Atitlán e Ilopango. Algunos de sus picos, como los volcanes Tajumulco y Tacaná, rebasan los 4.000 m de altura. Se trata de una zona que históricamente ha sido asolada por frecuentes terremotos y erupciones volcánicas, suscitando con ello migraciones y repoblamientos cuyas profundas consecuencias están aún vigentes en nuestros días. Su clima es muy diverso, desde tierra templada a tierra fría, oscilando entre los 15 y 25°, con lluvias entre mayo y diciembre, aunque es ligeramente menos lluvioso que la costa y piedemonte del Pacífico. Los suelos volcánicos de las tierras altas son el resultado de masivas erupciones de piedra pómez y cenizas que datan del Pleistoceno, donde milenios de lluvia y erosión han formado un paisaje rugoso, interrumpido frecuentemente por amplios valles de fértiles suelos. Entre los sitios de importancia de las tierras altas del sur están Santa Marta, Zaculeu, Utatlán, Mixco Viejo, Iximché, Kaminaljuyú (antigua capital regional ubicada en la actual ciudad de Guatemala); Ixtepeque y El Chayal (importantes por la extracción de obsidiana), Chalchuapa, Cihuatán y Joyas de Cerén (aldea devastada por una erupción volcánica hacia el 600 d. C., de forma similar a la villa romana de Pompeya).

Por su parte, las tierras altas del norte van de los 750 a los 2.000 m de altitud sobre el nivel del mar. El área que comprenden todas estas regiones abarca partes altas de México, Guatemala y Honduras. Se conforman de cordilleras montañosas de roca metamórfica que atraviesan los valles del alto Motagua y del Grijalva, las tierras altas de Chiapas, la Alta Verapaz y los altos Cuchumatanes, los fértiles valles de Rabinal y Salama, las Salinas de los Nueve Cerros —de donde se extraían grandes cantidades de sal para el comercio a larga distancia—, así como la Sierra de las Minas en el valle medio del río Motagua, rica en depósitos minerales de jadeíta y piedra serpentina, muy cotizados por los antiguos mayas. Una plétora de ríos tributarios del gran Usumacinta —incluyendo al Jataté, el Lacantún y el principal de ellos, llamado Chixoy— riegan generosamente la zona. El clima abarca desde temperaturas templadas ligeramente por debajo de los 15 hasta los 30-35°, más propios de la *tierra caliente*. Su índice de precipitación fluvial es igualmente variable, desde los 750 a los 2.500 mm anuales, concentrados entre mayo y diciembre. Como ciudades principales de esta región, destacaron Chiapa de Corzo, Comitán, Tenam Puente y Tenam Rosario, Chinkultic, Salinas de los Nueve

Cerros, Nebaj, Chamá, Sakajut y El Portón. Son numerosos los sitios olmecas reportados aquí, anteriores al establecimiento de grupos mayas. En forma periférica, esta región fue alcanzada por desarrollos de alta cultura procedentes de las tierras bajas. Como resultado, no pocos de sus sitios produjeron monumentos esculpidos y finas vasijas polícromas, con escritura jeroglífica difundida desde las tierras bajas, aunque con algunos rasgos distintivos regionales que indican el uso de lenguas del tronco k'iche'ano mayor.

Pasemos ahora a las tierras bajas del sur, que abarcan el mayor territorio dentro del área maya. Yacen generalmente por debajo de los 800 m y son también llamadas «transicionales», debido a que presentan algunas características ambientales y culturales situadas a medio camino entre las tierras altas y las bajas. En México, corren a través de la selva Lacandona de Chiapas al oriente de Tabasco, extendiéndose desde allí hasta el norte de los departamentos de El Quiché, Huehuetenango, Verapaz e Izabal, en Guatemala. Incluyen también el fértil valle del bajo Motagua, cuyos ríos desembocan en el golfo de Honduras.

El sur de las tierras bajas se divide a su vez en subregiones más culturales que geográficas, llamadas Occidental, Usumacinta, Petexbatún y Motagua bajo. Las dos primeras comprenden mayormente sitios en torno a las cuencas de los ríos Usumacinta y San Pedro Mártir, a través de los estados mexicanos de Chiapas y Tabasco, así como una parte del Petén Guatemalteco. La tercera subregión se ubica dentro de Guatemala y la cuarta dentro de Honduras. Al sur de este territorio hay elevaciones rugosas de rocas cársticas. El resto contiene formaciones de piedra caliza. Su clima de *tierra templada* cede paso gradualmente al de *tierra caliente* (25-35°) en las partes bajas, hasta convertirse en el propio de la selva o bosque tropical, con un elevado porcentaje de lluvia —por encima de los 3.000 mm anuales— que en ocasiones cae prácticamente todo el año, entre mayo y marzo. Tan elevada tasa de humedad ambiental ha ocasionado que crezcan grandes áreas de bosques tropicales de montaña donde proliferan lianas, musgos y líquenes y habitan especies de aves tan exóticas como el quetzal.

Si Egipto tuvo el gran Nilo —que propició el florecimiento de su avanzada civilización— y Mesopotamia se desarrolló a expensas de los ríos Tigris y Éufrates, un eje fundamental de la civilización maya fue el río Usumacinta. Se subdivide en el Alto Usumacinta, de fuertes corrientes y bravos raudales que dificultaron su navegación —que abarca desde la confluencia de los ríos de La Pasión y Salinas hasta la zona de Boca del Cerro y Pomoná— y el Bajo Usumacinta, de aguas mansas y navegables —que continúa desde allí hasta su desembocadura en el Golfo de México—. Otros torrentes de ancho caudal en las tierras bajas del sur fueron el Jataté, el Lacantún, el Chapuyil, el Chixoy, el de La Pasión, el Sarstoon (que divide Belice de Guatemala) y el río Dulce.

Allí florecieron poderosas capitales de alta cultura, entre las cuales existieron fuertes rivalidades, De poniente a oriente, pueden mencionarse Palenque, Toniná, Piedras Negras, Yaxchilán, Dos Pilas y Copán.

Una plétora de sitios de menor rango fueron controlados por estas, destacando Comalcalco, Pomoná, Tortuguero, Santa Elena, Moral-Reforma, Anaayte', Bonampak, Lacanjá, Seibal, Itzán, Altar de Sacrificios, Aguateca, Cancuén, Machaquilá, Quiriguá y Pusilhá.

Por su parte, las amplias tierras bajas centrales se encuentran por debajo de los 150 m de altitud y han sido referidas como «la cuna» de la alta civilización maya, debido al extraordinario desarrollo que cobraron allí centros muy tempranos que datan desde el Preclásico superior (400 a. C. - 250 d. C.), entre los que se cuentan El Mirador, Nakbé, Uaxactún, Tikal y San Bartolo. Abarca desde la parte sur de los estados mexicanos de Campeche y Quintana Roo hasta la bahía de Chetumal, descendiendo hacia la cuenca de El Mirador y el departamento del Petén guatemalteco, otra gran cuenca interior de 100 km de longitud. Esta porción central se encuentra delimitada hacia el este por el mar Caribe, en cuyas costas hubo también centros importantes. Las temperaturas aquí son de *tierra caliente*, entre 25 y 38°, aunque con menor precipitación fluvial (2.000 mm anuales de promedio).

Tales condiciones favorecen la presencia de una densa selva tropical, cuyos estratos superiores rebasan los cincuenta metros de altura, acompañados de una gran diversidad de especies de flora y fauna. En ciertos tramos, el entorno selvático se ve interrumpido por zonas de pastizales o inhóspitas depresiones semipantanosas, llamadas «bajos», donde predominan matorrales y arbustos espinosos. El número de ríos y el porcentaje de humedad disminuyen en las tierras bajas centrales, ya que cierto número de ellos desaparecen en la época de secas, aunque se originan allí o lo atraviesan ríos de caudal considerable, como el Candelaria, el Mamantel, el San Pedro Mártir, el río Hondo, el New River y el Belize River. A la par, el terreno se torna más plano, adquiriendo incluso características de sabana hacia el sur, parte fácilmente inundable en torno a sus múltiples *bajos*, dando paso a un sistema de trece o catorce lagos, el mayor de los cuales es el lago Petén-Itzá, que abarca 160 km^2. A fin de garantizar el suministro de agua, los mayas de la antigüedad aprovecharon depósitos naturales llamados «aguadas», y en muchos casos los expandieron hasta crear auténticos lagos artificiales capaces de abastecer grandes poblaciones.

A nivel geopolítico, en ninguna otra parte del área maya existieron centros de mayor magnitud que las dos grandes metrópolis que controlaron la mayor parte de las tierras bajas centrales, la poderosa Calakmul —gobernada en su época de gloria por la dinastía Kaanu'ul, o de la serpiente— y su némesis, la majestuosa Tikal que se encuentra bajo la égida de los reyes de la dinastía de Mutu'ul. No resulta exagerado decir que las múltiples confrontaciones protagonizadas por una y otra de estas «superpotencias» de la antigüedad configuraron en buena medida la historia de todas las tierras bajas mayas. Otros sitios de las tierras bajas centrales fueron (de norte a sur) Uxul, Naachtún, Becán, Balakbal, El Palmar, El Perú-Waka', La Corona, Río Azul, Lamanai, Altún Há, El Zotz', Jimbal, Uaxactún, Yaxhá, Nakum, Motul de San José, Itsimté-Sakluk, Ixkún, Naranjo y Caracol.

Por último, las tierras bajas del norte abarcan prácticamente la mitad superior de la península de Yucatán, en México, incluyendo la parte norte y occidente de Campeche, y la totalidad de Yucatán y Quintana Roo, con excepción del tercio sur de este último estado. Tras atravesar una zona transicional llamada Chenes-Río Bec, los gigantescos estratos arbóreos de las tierras bajas del sur van disminuyendo de tamaño hasta convertirse paulatinamente en matorrales. La topografía de esta región es marcadamente plana, con zonas de sabana hacia el oeste, y se ve interrumpida únicamente en forma muy ocasional por serranías bajas, inferiores a los ochenta metros de altura, como la sierrita de Ticul y las colinas de Bolonchén, ubicadas en la región Puuc. Los suelos son muy delgados y no exceden más de cuarenta centímetros de grosor, bajo los cuales aparecen extensos afloramientos de roca caliza del período Cenozoico. Respecto a la agricultura, ello significaba cosechas y densidad de recursos arbóreos mucho menos abundantes que las del Petén y otras regiones. Si bien en la porción sur todavía pueden encontrarse algunos arroyos y riachuelos —e incluso grandes cuerpos de agua como la laguna de Bacalar— conforme el terreno se torna más árido hacia el norte, el agua comienza a escasear, hasta el punto en que sólo es posible hallarla en pequeños depósitos formados por erosión —llamados *sartenejas*— y grandes cavidades subterráneas llamadas cenotes (del maya *tz'ono'ot*), que se forman al colapsarse el techo de las cavidades de porosa capa de roca cárstica del subsuelo.

La precipitación anual en las tierras bajas del norte es generalmente inferior a los 2.000 mm, y en ciertos lugares inclusive menor a 500 mm, mientras que la temporada de lluvias es más marcada, y tiene lugar entre junio y diciembre. Por sus características, esta región está expuesta a una mayor vulnerabilidad frente a fenómenos meteorológicos como huracanes y ciclones procedentes del Caribe, y se halla también afectada por intensos períodos de sequías. Pese a las desventajas comparativas de esta región en cuanto a disponibilidad de agua y delgadez del suelo cultivable, el hecho es que en algún momento de la historia maya, muchos de los grandes centros clásicos del sur «colapsarían» —por razones que vamos a explorar en detalle más adelante— y su población tendría que migrar hacia sitios del norte, entre los que se cuentan (de poniente a oriente) Champotón, Edzná, Xcalumkin, Oxkintok, Uxmal, Kabah, Sayil, Dzibilchaltún, Mayapán, Chichén Itzá, Ek' Balam, Cobá, Tulum y Tancah. Debido a su dinamismo, en esta región son apreciables múltiples innovaciones en el arte y la arquitectura.

Flora y fauna

Pese a la severa deforestación de las últimas décadas, la abundancia de árboles es todavía una de las características más conspicuas del área maya. Ello se refleja incluso en la etimología de vocablos como *Guatemala* (del nawatl *Kwawtimala-tlan*) y *K'iche'*, ambos con el significado de «región donde abundan los árboles». En las partes montañosas de las tierras altas abundan especies de pino y coníferas, mientras que en los valles crecen grandes árboles como el roble. Hoy en día el clima de las laderas montañosas es apto para el cultivo de café de excepcional calidad, aunque este no fue introducido sino hasta el siglo XIX. El principal modo de subsistencia en la antigüedad fue —y hasta nuestros días sigue siendo— el cultivo de la milpa ('parcela' en nawatl), para lo cual se modificaban las laderas en forma de terrazas, técnica que permite ampliar la superficie cultivable, a la vez que capta los ricos depósitos de tierra fértil arrastrados por las lluvia. En estas terrazas se practicó intensivamente la agricultura de «roza y quema», que más adelante discutiremos en profundidad. Desafortunadamente, este tipo de agricultura requiere deforestar grandes extensiones de terreno, lo cual, aunado a la introducción de prácticas occidentales como la ganadería y la tala de maderas preciosas, ha acabado con la mayor parte del bosque tropical de montaña de las tierras altas, diezmando con ello incontables especies de fauna. Como resultado, la otrora gran biodiversidad de las tierras altas y bajas incluye ahora muchas especies animales y vegetales en peligro de extinción. La zona transicional entre ambas regiones, comprendida por las tierras bajas del sur, presenta características medioambientales únicas, como son la vegetación de tipo tropical en las partes bajas y los valles —incluyendo árboles de ramón, caoba y ceiba— y de tipo boreal en las laderas y cumbres montañosas, como los bosques de coníferas, robles, cactáceas, musgo y líquenes.

Sin embargo, el grueso de la alta civilización maya se desarrolló en las tierras bajas centrales, cubiertas por selvas siempre verdes (llamadas bosques tropicales perennifolios), cuyas altas copas llegan a bloquear el paso de hasta el 99% de la luz solar hacia el suelo, cubierto por una gruesa capa de humus conformado de hojas en descomposición. El alto índice de precipitación fluvial permite allí densidades de hasta ciento cincuenta especies arbóreas por hectárea y una diversidad increíble de plantas, muchas con propiedades alimenticias o medicinales que los mayas conocieron mejor que nadie. Los incontables árboles se distribuyen formando entre tres y cinco estratos bien diferenciados. Allí abundan especies como la ceiba, enorme árbol nativo que alcanza hasta setenta metros de altura. Simbólicamente, la ceiba jugó un papel fundamental en el pensamiento maya, al hacer las veces de *axis mundi* o eje del cosmos. En estratos inferiores aparece la caoba —de hasta cuarenta metros de altura—y el ramón —de entre veinte y treinta y cinco metros de altura—, que produce pequeños frutos que pueden molerse en una pasta similar a la masa de maíz con la cual los mayas elaboraban tamales, cuyas partes en ocasiones se combinaban o sustituían por las de maíz en la dieta, especialmente en épocas de escasez. Otras especies son el cedro español y el chicozapote, pudiendo este último rebasar los treinta metros de altura. La dureza de su madera lo hizo ideal para la fabricación de dinteles y postes en la arquitectura, amén de que su savia produce el chicle o goma arábiga, cuya sobreexplotación en tiempos modernos lo ha convertido en un recurso escaso, aunque también ha propiciado el descubrimiento de un sinnúmero de ciudades mayas ocultas en la espesura de la selva.

El árbol de cacao asociado a un dios del maíz en contorsión.
Imagen en vasija cerámica.
Tierras bajas del sur. Clásico temprano.

Por su parte, el amate o árbol de ficus produce un fruto no comestible similar al de la higuera, y de su corteza macerada se extrae una pulpa que es golpeada hasta producir láminas delgadas que son luego puestas a secar al sol, obteniéndose así el preciado *papel amate* que era luego recubierto de níveo estuco, sobre el cual podían pintarse con los más brillantes colores

El árbol *Ficus glabrata* personificado como la entidad AHN, cuyas hojas foliadas contienen numerales de puntos y barras, que indican su uso para la elaboración de códices.

los incontables libros plegables mayas tipo biombo o *códices*, como los que aún existen en Madrid, París y Dresde, según mencionamos previamente. Otra especie arbórea fue el palotinto o «palo de Campeche», del que los mayas obtenían la tintura negra, un pigmento muy apreciado. Había también palmas como la de corozal —que produce un aceite comestible exquisito— o bien la palma de guano, cuyas hojas siguen cubriendo los techos de las viviendas mayas de hoy, tal y como lo

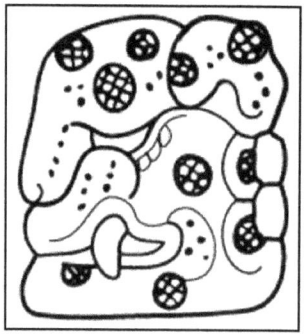

Arriba: el poderoso jaguar (Panthera onca), mayor felino de la selva tropical, otrora abundante en las tierras bajas, muy codiciado por su piel. Izqda.: jeroglífico maya para jaguar *(b'ahlam)*. Dibujo del autor.

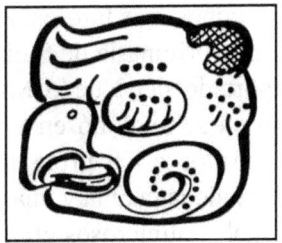

Izqda.: el quetzal resplandeciente de la selva tropical.
Arriba: jeroglífico maya para quetzal *(k'uk')*.
Dibujo del autor.

hicieron más de mil años atrás. En estratos más bajos aparecen árboles frutales como el cacao, de entre seis y diez metros de altura, muy apreciado por las élites mayas y comercializado extensamente a través de Mesoamérica, que llegará a ser usado como moneda

Reptiles de las tierras bajas mayas, en su representación jeroglífica: la serpiente *(chan)* y el lagarto *(ahiin)*.
Dibujos del autor.

en tiempos más tardíos, aunque parece tratarse de una especie originaria de Sudamérica. Fue debido al cacao importado del Nuevo Mundo desde el siglo XVI que Europa se aficionó en tan gran medida al chocolate. Sus frutos están protegidos por una espesa corteza, dentro de la cual hay una pulpa comestible y dulce que envuelve numerosos granos alargados y de forma oval similar a las avellanas, aunque de amargo sabor. Con ellos, los mayas producían exquisitas bebidas fermentadas y espumosas, dignas de ser consumidas por los grandes reyes y sus convidados. Según veremos, el cacao formó parte muy importante de la mitología maya.

Respecto a la fauna, estos distintos estratos selváticos del mundo maya fueron el hábitat de un conjunto de criaturas de mayor o menor inverosimilitud para el conquistador y el explorador del Viejo Mundo. Las copas de los árboles estuvieron —y aún están en ciertas regiones— densamente pobladas de monos araña y monos aulladores, estos últimos capaces de emitir potentes rugidos. Ambos primates jugaron un papel fundamental en la mitología como dioses patronos de artistas y escribas. Aunque sin duda la criatura más imponente de todo el mundo maya fue el jaguar, a juzgar por la obsesiva reiteración de este tema en el arte y la escritura tanto maya como de muchos otros pueblos de Centroamérica y Sudamérica. Llega a alcanzar los dos metros de longitud y es el tercer felino de mayor tamaño en el mundo, únicamente superado por el león africano y el tigre asiático. Este depredador prefiere merodear en las densas selvas, que le facilitan tender emboscadas a sus presas con su mordedura letal. Fue debido a ello que los antiguos mayas lo llamaron *b'ahlam* o el 'animal escondido', cuyos hábitos nocturnos le hicieron ser asociado con el inframundo y la oscuridad. Mientras el hábitat del jaguar tiende a limitarse a las partes bajas, en las zonas transicionales y montañosas cede su lugar en la cadena alimenticia al puma, otro gran felino, llamado *choj* por los mayas. De voraz apetito y fiero temperamento, gusta también de cazar de noche atacando por sorpresa, importándole poco que sus víctimas puedan superarle en tamaño. Otros grandes felinos conocidos por los mayas fueron el ocelote, el leopardo y el jaguarundi, si bien son de dimensiones más reducidas que los dos primeros.

La temible nauyaca *(Bothrops asper)* llamada por los mayas «cola de hueso» *(b'áakne')*, uno de los ofidios más letales de América. Fotografía de Al Coritz.

No menos peligrosas fueron las diversas especies de serpientes venenosas, destacando en primer lugar la *b'aakneh* ('cola de hueso') o *nauyaca* ('cuatro narices'), que alcanza hasta dos metros de longitud y cuya letal ponzoña produce necrosis o muerte de los tejidos afectados. La sigue inmediatamente la víbora de cascabel tropical que gusta de merodear en las selvas y sabanas de centro y Sudamérica mientras agita sus crótalos a manera de advertencia, pues su veneno puede producir parálisis progresiva, ceguera y sordera. Los mayas la llamaron *tzahb'kaan* y la relacionaron con la constelación de las Pléyades. También vive aquí el coralillo, alargado ofidio cuyo cuerpo presenta anillos negros, rojos y amarillos, cuya secuencia ayuda a diferenciar la especie verdaderamente peligrosa de otra inofensiva, que sólo la imita para no ser molestada. Aunque no representa un riesgo para el ser humano, la gran boa constrictor (llamada también serpiente-venado, *chijchan* o *mazacoata*) es capaz de engullir mamíferos de gran tamaño y es uno de los ofidios más representados en la mitología y el arte mayas. También los muy numerosos ríos y cuerpos de agua dulce en torno a las antiguas ciudades estuvieron habitados por enormes cocodrilos de color pardo grisáceo que, si bien distintos al lagarto americano o al caimán, podían alcanzar los cuatro metros de longitud. Con sus poderosas fauces y voraz apetito, este saurio infundió temor y respeto a los antiguos mayas, quienes lo llamaron *ahiin*, haciéndolo protagonista de varios de sus mitos de creación.

Dentro de tan exuberante medio, tanto depredadores naturales como pobladores humanos tuvieron acceso a una amplia gama de carne de caza. Las presas de mayor tamaño incluyeron al enorme tapir de hasta trescientos kilos de peso —llamado *tihl*—, el oso hormiguero, el agutí, la tuza, el tlacuache, el coatimundi, el venado de cola amarilla y el pecarí o jabalí salvaje, llamado *chitam*. Inferiores en tamaño fueron el armadillo, el topo, el zorro, el mapache, el puercoespín y reptiles y anfibios como la iguana, el sapo, la rana arbórea, y las distintas especies de tortugas, algunas de enormes proporciones. También fueron codiciadas por su delicioso sabor y brillante plumaje aves como el quetzal, el tucán, el faisán, el guacamayo, el pavo real, el guajolote, la cotinga y el pájaro carpintero. En ríos, lagos y costas los mayas se proveían de una gran diversidad de peces y otras criaturas marinas, como el

Un enorme lagarto (*Crocodylus acutus*) toma el sol a la orilla del río Usumacinta, en el camino hacia Yaxchilán.
Fotografía de Lucia R. Henderson.

tiburón —*xook* en maya—, la mantarraya, el delfín, el bagre, el pez gato, la mojarra, el robalo y el tarpón, así como caracoles, ostras, almejas y otros moluscos —cuyas conchas podían ser después finamente decoradas—. El amplio menú al que tenían acceso las élites mayas incluía también camarones de río y mar, langostas, piguas, cangrejos, pulpos, calamares e inclusive enormes manatíes o «vacas marinas».

También existían entonces muchos de los mismos insectos y arácnidos que hoy día siguen importunando a viajeros y turistas —en menor medida— y especialmente a quienes pasan largas temporadas o viven allí. Estas especies incluyen hormigas arrieras y hormigas soldado, toda clase de mosquitos —como el de la malaria—, avispas y abejas —que los mayas cultivaban por su miel y cera—, moscardones y moscas como el ruidoso tábano o bien la mosca chiclera, cuyas picaduras pueden causar graves daños, al igual que las de incontables especies ponzoñosas de artrópodos que allí habitan, como la araña y el escorpión. Menos dañinos para el hombre resultan los ciempiés y milpiés, llamados *chapaht* en la antigüedad; las enormes tarántulas que alcanzan el tamaño de un puño humano; los escarabajos (algunos voladores) y las orugas, que se metamorfosean en incontables especies de mariposas de vibrantes colores, algunas de hasta veinte centímetros, que superan en número a sus compañeras nocturnas, las polillas. Entre las especies exóticas está el insecto palo, de cualidades miméticas casi tan extraordinarias como las del camaleón. Por las noches es común escuchar a manera de telón de fondo el chirriar producido por innumerables chicharras y grillos, adornado contrapuntísticamente por el croar de las ranas y sapos. Finalmente, las múltiples cuevas del mundo maya están plagadas de murciélagos, llamados antiguamente *suutz'*, cuyo excremento contiene esporas que, en caso de ser inhaladas, pueden causar grave daño a los pulmones si no se toman las debidas precauciones.

Mesoamérica

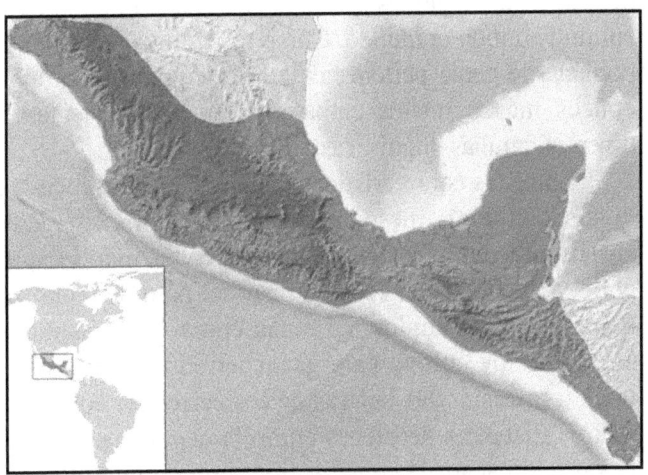

Mapa que muestra la extensión aproximada de Mesoamérica, super área cultural que abarcó porciones de México, Guatemala, Honduras, Belice y El Salvador. Elaborado por Alejandro Covarrubias.

Para entender el mundo maya, es preciso situarlo dentro de un contexto más amplio, pues su brillante civilización no se desarrolló de forma aislada ni brotó por «generación espontánea», sino que perteneció a un conjunto de culturas que se ramificaron a partir de un tronco común que hoy llamamos Mesoamérica. Fue el investigador alemán Paul Kirchoff quien acuñó este término hacia 1943, para referirse a una superárea poblada por distintas culturas que compartían características, creencias, prácticas y orígenes comunes. Así, Mesoamérica llegó a extenderse desde el norte de México hasta las costas del Pacífico de Nicaragua y Costa Rica en el sur. Se trata sin duda de una de las regiones de mayor diversidad biológica y cultural en todo el mundo. Como tal, estuvo densamente poblada de gente perteneciente a un cúmulo de grupos étnicos más o menos emparentados, pertenecientes a diversas familias lingüísticas.

Entre las características comunes que exhiben las diversas culturas mesoamericanas podemos citar una agricultura de subsistencia basada en el maíz, frijol, chile y calabaza, así como el uso del palo de labranza llamado coa; métodos agrícolas como las chinampas —jardines de cultivo para ganar terreno a los lagos— y las terrazas en las laderas de los cerros; el comercio a larga distancia de bienes como la obsidiana, el jade, la sal y el cacao; la construcción de pirámides escalonadas, con frecuencia orientadas astronómicamente; el uso de escritura jeroglífica fonética; un sistema de creencias que incluía un amplio grupo de deidades íntimamente vinculadas con el cielo, la tierra y el agua; el empleo de sistemas matemáticos posicionales para registrar ciclos astronómicos y calendáricos, incluyendo un calendario ritual de doscientos sesenta días más otro astronómico de trescientos sesenta y cinco; la práctica del juego de pelota y el uso de determinados atavíos a manera de símbolos de estatus, tales como bienes exclusivos de las élites: plumas de quetzal, pieles de jaguar, espejos de pirita, orejeras o collares de jadeíta.

Además de la familia lingüística maya que nos ocupa, existieron otras como la familia oto-mangue (de la cual derivan ramas como el otopame, otomí, mazahua, chichimeca y pame); o bien la familia mije-soke (que incluye ramas como el mije oriental y occidental, sayulteco, tapachulteco, soke, popoluca y chimalapa); y la familia uto-aztecana (que engloba ramas como el cora, huichol, yaki, pochuteco y las muchas variedades de lenguas nawas, incluyendo el nawatl clásico, el nawatl del golfo y el pipil). Otras lenguas mesoamericanas menos difundidas que las anteriores derivaron de ramas como la tarasca (o purépecha): la huave de Guerrero; la xinka, del sureste de Guatemala, y la lenca, hablada en el suroeste de Honduras y El Salvador. Si bien muy distintas entre sí, muchas de las diversas lenguas mesoamericanas muestran notorias similitudes a nivel semántico (en significado); fonológico (en sonido) y gramatical (en estructura).

Grupos étnicos y lenguas mayas

La palabra *maya* es usada con mucha frecuencia, y en ocasiones en forma harto indiscriminada e

Hernán Cortés (1485-1547). Nacido en la localidad
española de Medellín, en Badajoz. Artífice de
la conquista de México-Tenochtitlan en 1521.
Fue el más célebre de todos los conquistadores
llegados al Nuevo Mundo.
Grabado de W. Holl.

indistinta. Ante la gran confusión que existe al respecto, vamos a echar mano de la etnohistoria y de la lingüística a fin de penetrar en el significado de los conceptos que subyacen bajo el término *maya*. Hablar de mayas en la antigüedad —o inclusive hoy en día— requiere ser clarificado y entendido. Generalmente, cuando usamos este término pretendemos referirnos a un determinado grupo étnico, que suponemos esencialmente el mismo, ya sea ahora o en el período Clásico. Sin embargo, la realidad no es tan simple.

Cuando los primeros conquistadores españoles encabezados por Hernán Cortés arribaron a lo que hoy es la península de Yucatán en 1519, lejos de vérselas contra un imperio maya conformado por un único grupo étnico, hallaron una región fuertemente dividida en múltiples provincias y controlada por una serie de cacicazgos antagónicos. No existían ya las grandes ciudades de antaño, pues una de las últimas —Mayapán— había sido abandonada un siglo atrás. Las poblaciones que controlaban la costa tenían mayor poderío con respecto a las del interior. Por ello, generalmente se atribuye a los grupos costeros —como los de Chawakha' y Chik'incheel— un mayor desarrollo cultural, mientras que los grupos del interior —como los kupul y kochuwáaj— fueron referidos por los primeros con el apelativo de *aj-màayao'ob'* ('los mayas').

Dentro de la península de Yucatán, la lengua dominante durante el siglo XVI fue sin duda el maya-yukateko, llamado entonces *màayat'àan* ('lengua maya'), aunque este vasto territorio fue en realidad una amalgama, a través de la cual podían hallarse, por un lado, hablantes de varias otras lenguas y dialectos entendidos hoy como pertenecientes a la familia maya (itzaj, mopán, chol, chontal, etc.), y por otro, hablantes de otras lenguas de familias ajenas a la maya (nawa, caribe, mije-sokeano, xinka, etc.), por lo cual, los españoles requirieron el auxilio de varios intérpretes a fin de hacerse entender: la más célebre fue la llamada popularmente *la Malinche*. Desde el punto de vista pragmático que domina todo quehacer militar, resulta entendible que Cortés y sus hombres buscaran simplificar la diversidad étnica de los antiguos pobladores de la península de Yucatán bajo el término generalizante de *mayas*. El problema es que el uso de tal término eventualmente habría de extenderse bastante más allá de la península de Yucatán, ya que desde mediados del siglo XVIII empezaría a asociarse con los numerosos vestigios de civilizaciones extintas que comenzaban a hallarse por doquier en toda la porción suroriental de Mesoamérica.

En 1884, el etnólogo y lingüista suizo Otto Stoll quiso determinar la familia lingüística a la cual pertenecía el maya-yukateko, lo cual le llevó a identificar aproximadamente veintinueve lenguas indígenas que consideró emparentadas con esta —distribuidas a través de México, Guatemala, Belice y Honduras—. Si bien su identificación resultaría esencialmente correcta a la postre, el que haya denominado a todas estas lenguas como mayas acabó por dar un excesivo énfasis a una sola de ellas —quizá a expensas de reconocer la importancia de otras—. De esta forma, los habitantes de muy numerosas comunidades donde el término maya resultaba enteramente desconocido comenzaron a ser identificados por los antropólogos como maya-k'iche's, maya-chontales, maya-ch'oles, maya-kaqchikéeles, maya-tojolab'ales, maya-tzeltales y así sucesivamente.

Si bien resulta dudoso que los antiguos pobladores de las grandes ciudades clásicas de las tierras bajas se hayan concebido a sí mismos como mayas, ello no excluye la posibilidad de que hayan usado otros términos o conceptos étnicos para aludir a su identidad común, así como para diferenciarse de grupos pertenecientes a otras familias étnicas y lingüísticas de Mesoamérica. Entre estos últimos estuvieron los mije-sokeanos, zapotecos, xinkas, lencas y caribes. De acuerdo con lo que sabemos hoy, el término maya pudo aparecer por primera vez entre los siglos VIII y IX d. C., con la llegada de los conquistadores itzáes a lo que hoy es el norte de Yucatán, procedentes de las tierras bajas del sur y del Petén. Si bien la lengua de los itzáes (posiblemente ch'olana oriental) guardaba cierto grado de similitud con la lengua de los habitantes de Yucatán (el yukatekano), los segundos llamaron a los invasores *aj-nu'uno'ob'*, es decir, los hombres 'mudos', y del 'hablar entrecortado'. En sentido inverso, los itzáes quizá fueron los primeros en denominar a los habitantes de Yucatán *aj-may* o bien *aj-màaya'*. De hecho, un título *may* fue escrito hacia fines del siglo IX en Chichén Itzá. Ahora bien, ¿qué podrían haber significado ambos términos dentro de aquel contexto?

La pregunta no es fácil de responder, pues *may* fue el nombre colonial de un ciclo calendárico de trece *k'atunes* (también conocido como «la rueda de los *k'atunes*»). Si cada *k'atun* equivale a veinte *tunes* o años de duración ligeramente menor a los nuestros (de trescientos sesenta días cada uno), entonces el ciclo calendárico del *may* podría expresarse matemáticamente como 13 x 20 x 360 días, equivalentes a prácticamente doscientos cincuenta y seis años en nuestro calendario. A partir de ello, se ha buscado explicar que el término maya pudo aludir a la gente que empleó este ciclo para regir su vida agrícola y social, aunque tal hipótesis resulta aún controvertida.

Quizá la verdadera explicación sea más simple, y entonces el término maya derivaría en última instancia de los antiguos habitantes de la caída ciudad de Mayapán o, alternativamente, de un grupo étnico conformado por hablantes del *màayat'àan*. Como quiera que haya sido, hoy día es correcto considerar que los mayas de la antigüedad —y al menos treinta grupos étnicos actuales— pertenecen a esta misma familia lingüística, y resulta por lo tanto correcto llamarlos mayas, debido a esta característica compartida de su historia, sin por ello dejar de reconocer su extremada diversidad.

Hoy en día, se calcula que existen aproximadamente seis millones de personas capaces de hablar alguna de las treinta distintas lenguas mayas sobrevivientes, aunque sabemos de al menos dos extintas (kab'il y ch'olti'). Su distribución geográfica presenta marcados solapamientos con la ubicación de las ruinas donde los arqueólogos han creído ver rasgos culturales distintivamente mayas. Así, grupos hablantes de lenguas mayas viven hoy en los estados mexicanos de Tabasco, Chiapas, Campeche, Yucatán y Quintana Roo; se los encuentra asimismo en la mayor parte de Guatemala. En menor medida, habitan partes de Belice, Honduras y El Salvador.

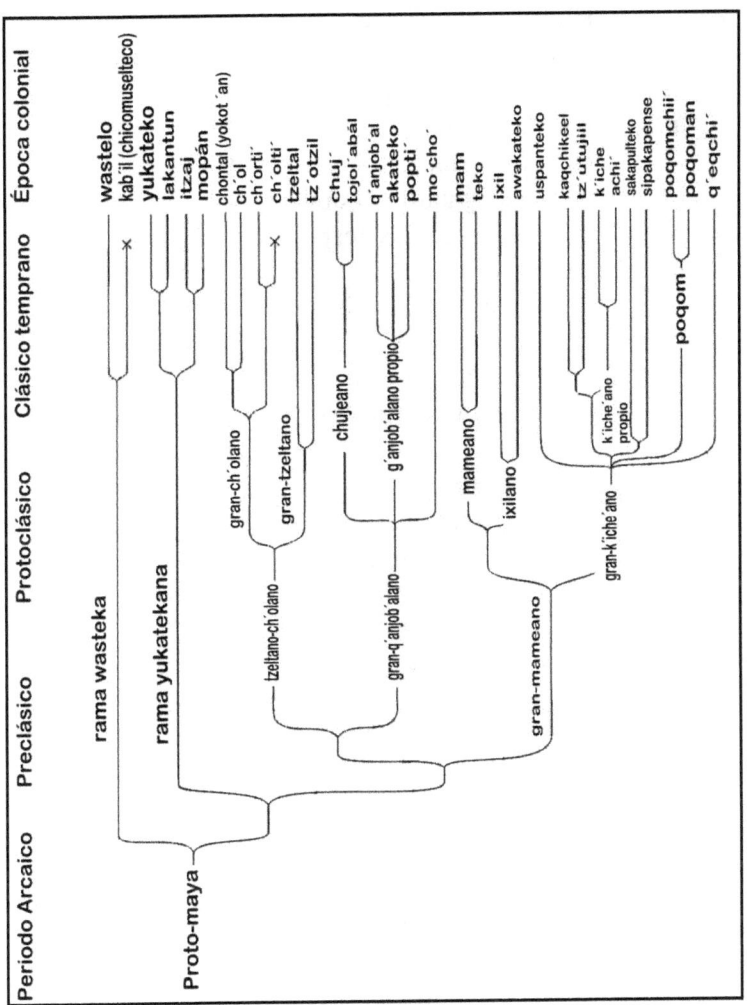

Árbol genealógico de las lenguas de la familia maya a través del tiempo. Las (x) indican lenguas extintas.
Diagrama del autor.

Respecto a la historia de las lenguas mayas, la forma más sencilla en que podemos abordarla es recurriendo al «árbol genealógico» del diagrama anterior. Así, el tronco del árbol corresponde a la hipotética lengua ancestral a partir de la cual todas las demás se originaron (llamada protomaya). Una de las principales causas responsables de ocasionar la diversificación de los grupos protomayas pudo ser su migración hacia distintas regiones de Mesoamérica. Al irse estableciendo en nuevos entornos, habrían comenzado a expandir su población, lo cual se reflejaría en nuevas ramificaciones en leguas regionales y variantes locales (dialectos). De tal forma, el protomaya se dividió inicialmente en tres grandes ramas: la wastekana, la yukatekana y la rama del sur, siendo esta última la de mayor complejidad, debido quizá a la tremenda variación geográfica existente en las regiones donde se distribuyeron —y distribuyen aún— las lenguas que la integraron. A la inversa, la mayor homogeneidad de la península de Yucatán pudo influir en la menor diversificación de la rama yukatekana.

En una segunda fase, la gran rama del sur se partiría en tres grupos: gran mameano, gran qanjob'alano y tzeltalano-ch'olano. De especial interés para nosotros es el último de ellos, pues la gente ligada a él desarrollaría eventualmente la alta cultura de las tierras bajas. Sin embargo, en estas épocas tan tempranas de la historia, las lenguas mayas parecen haber recibido influencias considerables de las mijesokeanas, fenómeno tal vez conectado con el apogeo y predominio de la civilización olmeca, cuando la maya parecía todavía joven.

Por su parte, el grupo tzeltalano-ch'olano —de gran interés para nosotros, por ser de allí donde derivaría la alta cultura maya clásica— habría de partirse en dos ramas: gran-ch'olano y gran-tzeltalano. Esto pudo haber ocurrido en una fecha relativamente cercana a la aparición de las primeras inscripciones jeroglíficas (en torno al 500-400 a.C.). Sin embargo, habrían de pasar algunos siglos para que se produjeran la clase de textos que hoy nos resultan comprensibles. Su desciframiento hizo posible reconocer en ellos algunos rasgos inequívocamente ch'olanos, es decir, posteriores a la división del grupo tzeltalano-ch'olano en los grupos gran-tzeltalano y gran-ch'olano. Siglos después, el gran-tzeltalano aún habría de partirse en sus vertientes occidental —en torno a Chiapas y Tabasco— y oriental. Según sabemos, estas poblaciones ch'olano-orientales fueron quienes fundaron las primeras grandes metrópolis de alta cultura del Preclásico medio (1200-400 a. C.), Nakbé y El Mirador, seguidas por Uaxactún, Tikal y Calakmul en el Preclásico superior (400 a. C. - 250 d. C.), todas ellas en un área comprendida entre el Petén central y el sur de Campeche.

A partir de entonces, la lengua ch'olana-oriental (antecesora del moderno ch'orti' y el extinto ch'olti') se convirtió en la dominante, símbolo de estatus y poder político, llegándose a emplear a modo de *lingua franca* o lengua de prestigio, incluso en regiones tan distantes como el norte de Yucatán o la frontera entre las tierras bajas del sur y las tierras altas. Esta lengua de prestigio fue con mucho la favorita de los grandes reyes —y sus escribas— pues la inmensa mayoría de los textos glíficos se valen de ella, aunque en el mundo maya siempre hubo excepciones y conforme avancemos ello se tornará más evidente.

Así, mientras los hablantes de la rama wastekana emigraron hacia una región distante hacia el norte —lejos del área maya—, la rama yukatekana fue estableciéndose poco a poco en la península a la que debe su nombre, donde eventualmente se ramificaría en cuatro lenguas distintas: yukateko (o *màayat'àan*); lakantun (en uso en la selva Lacandona); itzaj (hablado en torno al lago Petén Itzá) y mopán (hoy relativamente común en Belice). Existen algunos rasgos de lenguas yukatekanas en textos glíficos de las tierras bajas del norte, cuyas peculiaridades contrastan con las de sus contrapartes ch'olano-orientales. Entre ellos, podemos citar ciertos meses del calendario de trescientos sesenta y cinco días (*haab'*), ciertos números o bien términos arquitectónicos.

Si el yukatekano ocupa el segundo lugar entre las lenguas mayas registradas en los jeroglíficos —por la frecuencia con que ocurre—, descubrir el tercero nos lleva al grupo de lenguas ch'olano-occidental, que al paso del tiempo también habría de bifurcarse, conformando comunidades bien diferenciadas de hablantes de ch'ol y de chontal. De hecho, a partir de mediados del siglo VII d. C., surge una tendencia peculiar respecto a escribir cierta clase de verbos —incluyendo el que registraba la entronización de los reyes— en lengua chontal, prefiriéndola sobre la lengua de prestigio previamente usada. Los primeros rasgos de este tipo comienzan a aparecer en inscripciones fechables de Tabasco y el Usumacinta, y se difunden desde allí a capitales cada vez más lejanas, como Tikal, Yaxchilán y Calakmul. Casi ciento cincuenta años después, llegarían a Copán y Cancuén, en el sur de las tierras bajas.

La cuarta lengua identificada en los jeroglíficos muestra rasgos propios del grupo gran-tzeltalano y aparece en Toniná, en el valle de Ocosingo, que sigue habitado hasta hoy por grupos de habla tzeltal. Toniná entabló contacto con sitios distantes como Pomoná, más de cien kilómetros hacia el norte. Curiosamente, también en Pomoná aparecen rasgos tzeltalanos en las inscripciones. Una quinta lengua ancestral inmortalizada en las inscripciones glíficas —última que abordaremos por ahora— podría pertenecer al tronco k'iche'ano mayor y fue plasmada en vasijas cerámicas de la región de Nebaj, en el departamento de El Quiché, en Guatemala. De ser así, nos confirmaría que parte de la refinada tradición escrita de los mayas no se limitó a las tierras bajas.

Viajeros, exploradores e historia del desciframiento

Sin duda la historia del desciframiento de la escritura jeroglífica maya resulta tan apasionante como la proeza de Jean François Champollion al descifrar la escritura del antiguo Egipto, valiéndose para ello de la famosa Piedra Rosetta. Sin embargo, afirmar que el sistema de escritura maya tuvo que ser «descifrado» implica también que en algún momento de la historia el conocimiento sobre su funcionamiento se perdió completamente. En efecto, hacia la primera mitad del siglo XVI aún vivían los últimos escribas mayas capaces de leer y escribir mediante jeroglíficos, e inclusive algunos frailes españoles —en sus afanes por facilitar la conversión de indígenas a la fe católica— parecen haber aprendido de estos escribas nativos los rudimentos de tal sistema. Desafortunadamente, si alguna vez estos frailes consignaron su valioso aprendizaje por escrito —como pudo ser el caso de Alonso de Solana y Luis de Villalpando— lo hicieron en libros que jamás han sido hallados por científicos modernos, con excepción de uno de ellos, que ha resultado fundamental. Nos referimos a uno de los esfuerzos tempranos por describir y registrar el moribundo sistema de escritura, que se encuentra en la *Relación de las cosas de Yucatán*, escrita por el misionero español franciscano fray Diego de Landa (1524-1579). Dentro de su enciclopédica obra, una sección en particular resultó de crucial importancia para el desciframiento. Trata sobre el «a, b, c» o «letras» que usaban los indígenas. Para redactarla, se valió de los servicios de un informante mayayukateko, Gaspar Antonio Chi', sin duda una de los últimas personas con vida que conocían el funcionamiento de la escritura jeroglífica.

Una de las primeras «ciudades perdidas» de los antiguos mayas en ser «descubierta» fue Copán, en el corazón del valle del Motagua, en Honduras. En 1576, bajo las órdenes de la entonces Audiencia Real de Guatemala, Diego García de Palacio escribió una carta a la Corona española donde daba cuenta de la existencia de las impresionantes ruinas de edificios y sofisticadas esculturas de piedra que allí habían sido erigidas con tal habilidad que, en su opinión, jamás podrían considerarse obra de los indígenas ch'ortíes que habitaban el valle en el siglo XVI, tenidos entonces por gente de escaso refinamiento y cultura, aunque después su condición de auténticos herederos de los antiguos habitantes de Copán se vería confirmada, pues hoy sabemos que la lengua ch'orti' es la más parecida que existe al maya clásico de las inscripciones glíficas.

Luego de estos incipientes avances, no sería sino hasta 1746 cuando se asignó a Antonio de Solís —entonces clérigo de Tumbalá— el traslado a la modesta y próxima población de Santo Domingo de Palenque. Cerca de allí, sus familiares pronto habrían de encontrar misteriosas «casas de piedra» ocultas en la vegetación selvática, a tan sólo ocho kilómetros del poblado. La noticia del hallazgo llegaría eventualmente a oídos de Ramón Ordoñez de Aguiar, a la sazón sacerdote de la catedral de la Ciudad Real de Chiapa (hoy San Cristóbal de las Casas). En 1773 Ordoñez envío una expedición a visitar las ruinas, informando de su descubrimiento al brigadier Josef de Estachería, presidente y capitán general de la Real Audiencia de Guatemala. Ávido de satisfacer la curiosidad ilustrada del rey español

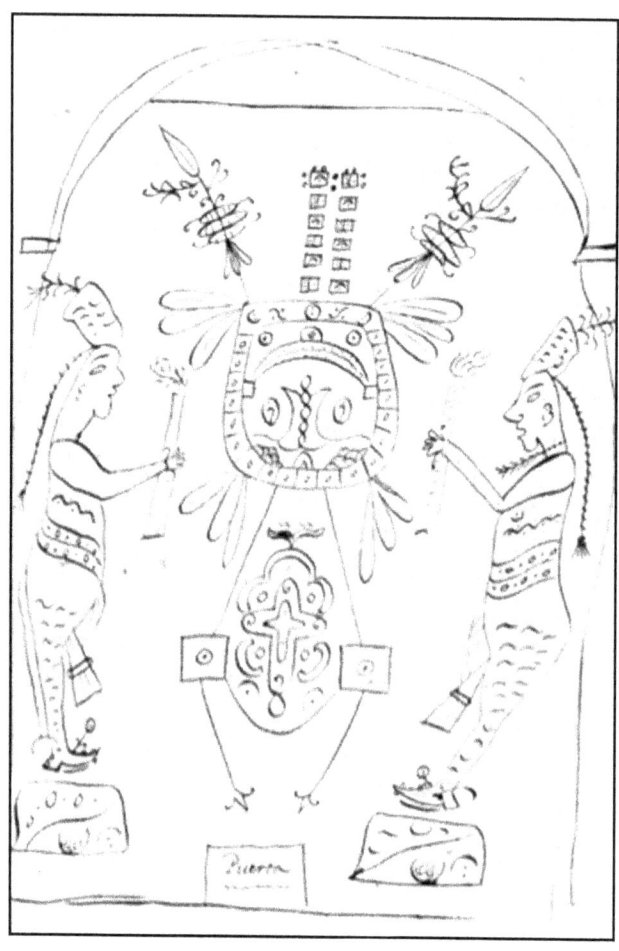

El tablero central del Templo de la Cruz de Palenque, Chiapas, según un grabado del capitán José Antonio Calderón de 1784, publicado en su *Descripción del terreno y población antigua nuevamente descubierta en las inmediaciones del pueblo de Palenque*.

Carlos III, Estachería firmó una orden para investigar las ruinas dirigida al diputado mayor de Santo Domingo, José Antonio Calderón.

Tras organizar los detalles de esta nueva expedición, Calderón no llegaría a la ruinas sino hasta noviembre de 1784. Su informe de la expedición incluyó descripciones de doscientas estructuras en distinto estado de preservación, amén de unos cuantos bocetos elaborados con escasas dotes artísticas. Este reporte inicial no hizo sino exacerbar la curiosidad de Estachería, quien de inmediato despachó otra expedición, esta vez a cargo del arquitecto real de Guatemala, Antonio Bernasconi, quien en 1785 elaboró rigurosos dibujos de fachadas, plantas, cortes y alzados de numerosos edificios, además de múltiples monumentos. Su estricta formación le llevó en ocasiones a «forzar» la geometría de ambos tipos de vestigios, a fin de hacerlos encajar en los rígidos cánones clasicistas de su época, mas ello no resta un ápice su mérito de habernos proporcionado el primer registro fiel de un monumento maya jeroglífico. Los dibujos de Bernasconi impresionaron a muchos. Entre otros, al historiador de la corte española, Juan Bautista Muñoz, quien se dedicó a la tarea de gestionar la autorización real para efectuar una nueva expedición, cosa que consiguió, esta vez con la prerrogativa de excavar y recuperar cualesquiera artefactos y monumentos de valor susceptibles de ser removidos de las ruinas.

Fue en 1787 que se encomendó esta delicada labor al capitán de artillería Antonio del Río, quien se hizo acompañar del capaz artista Ignacio Almendáriz,

Izqda.: grabado de la expedición del capitán
Antonio del Río a Palenque, Chiapas,
elaborado por el artista Almendáriz, 1787.
Dcha.: el mismo monumento de Palenque según aparece
en la célebre obra de Alexander von Humboldt fue la
primera muestra de arte maya publicada en Europa,
aunque se atribuye erróneamente a «Oaxaca».
*Vues des Cordillères, et monumens des peuples indigènes
de l'Amérique*, 1816, lámina 11.

y por más de setenta y nueve indígenas ch'oles de Tumbalá, quienes por primera vez en mil años limpiaron la vegetación acumulada en edificios abandonados tanto tiempo atrás. Tras dos meses, Del Río firmó un reporte donde se entremezclan sus inteligentes y sobrias observaciones con fútiles especulaciones sobre los probables orígenes romanos de los constructores. Tal informe iba acompañado de los detallados dibujos de Almendáriz, donde por primera vez se hacía justicia a los intrincados adornos de estuco modelados en los muros interiores y columnas del edificio conocido como el Palacio —así llamado por considerársele la obvia residencia de los antiguos reyes— incluyendo varios tableros jeroglíficos que desde entonces se han perdido o deteriorado. También durante esta expedición, siete magníficos artefactos fueron extraídos de Palenque, a fin de embarcarlos con destino a la corte real de España. Tras ser recibidos allí, fue ordenado su envío al nuevo Real Gabinete de Historia Natural creado por Carlos III, cuyas colecciones eventualmente pasarían a formar parte del Museo de América en Madrid, donde aún se resguardan.

Paralelamente a los descubrimientos de Palenque, otras ruinas importantes comenzarían a ser reportadas en el valle de Ocosingo, a ochenta kilómetros de Santo Domingo. Diez días antes de que Del Río firmara su informe a Estachería, el bachiller Vicente José Solórzano de Yajalón reporta imponentes ruinas a seis leguas de Ocosingo, cuyo nombre de Toniná ('casas de piedra') fue retomado de los indígenas tzeltales que entonces habitaban —y siguen habitando— la región. En justicia, Toniná fue descubierto *antes* que Palenque, pues desde el siglo XVII fray Jacinto Garrido se cita en conexión con el hallazgo de «muchos edificios de antigüedad».

En 1804, el rey español Carlos IV decidió seguir al pie de la letra una recomendación de su amigo alemán, el gran erudito Alexander von Humboldt, y ordenó en consecuencia que por todos los medios necesarios se produjeran dibujos exactos de todos y cada uno de los edificios que pudiesen contribuir al conocimiento de la historia de la Nueva España. Como resultado, el virrey de la Nueva España José de Iturrigaray Aréstegui designó como responsable a un capitán de dragones retirado de origen francés, Guillermo Dupaix, quien llevó a cabo tres expediciones entre 1805 y 1809, en las cuales se hizo acompañar del artista José Luciano Castañeda. Fue en la tercera de ellas cuando el grupo marchó hacia la entonces provincia guatemalteca de Chiapa —posteriormente el estado mexicano de Chiapas—, desde donde tuvo acceso a las ruinas de Toniná y posteriormente a las de Palenque. En el primero de estos sitios, Dupaix realizó una breve descripción mientras Castañeda dibujaba cuatro de sus monumentos con un grado de fidelidad inusitada para su época. Sin embargo, viajar desde allí a Palenque no era tarea fácil, según indica una frase célebre de Dupaix que describe los intentos por cruzar un pasaje «difícilmente transitable por cualquier animal distinto a un pájaro». A pesar de ello, la expedición acabaría por entrar en 1807 a las ruinas con sus hombres y mulas cargadas de equipo. Al cabo de tres semanas de permanecer allí, se elaboraron amplias descripciones de las ruinas y sus monumentos, junto con veintisiete magníficos dibujos de Castañeda. Mien-

Tablero del Templo del León de Palenque, Chiapas, según grabado del conde de Waldeck, basado en los grabados originales de la expedición de Del Río y Almendáriz de 1784. Reproducido en la edición inglesa de 1822. *Description of the Ruins of an Ancient City Discovered Near Palenque, in the Kingdom of Guatemala, in Spanish America.*

tras tanto, el obispo Domingo Juarros llegaría también a Toniná, sitio que menciona como *Tulhá*.

Previamente, en 1739, había sido adquirido por la Biblioteca Real de Sajonia el primero y más sofisticado de los tres libros mayas conocidos, el *Códice de Dresde*. Desde entonces, ha sido considerado por estudiosos de la talla de Alfred Tozzer como «el más alto logro intelectual conectado con las culturas precolombinas del Nuevo Mundo». En 1810 este manuscrito llamó poderosamente la atención del propio Von Humboldt, quien decidió incluir varias de sus páginas dentro la publicación de los resultados de sus cinco años de viajes de exploraciones a través de Centroamérica y Sudamérica.

Mientras tanto, el emperador francés Napoleón Bonaparte invadía España en 1808, obligando con ello a Carlos IV a abdicar. Tal factor sin duda influiría para que México declarara su independencia en 1821 y Guatemala hiciera lo propio en 1822. Más tarde, un plebiscito llevado a cabo pacíficamente tuvo como consecuencia que la provincia de Chiapa fuese anexada a México en 1824, y con ello las entonces célebres ruinas de Palenque y Toniná cambiaron de país. Estos fueron los años en que la noticia del brillante desciframiento de Champollion de los jeroglíficos egipcios comenzaba a dar la vuelta al mundo, por lo cual las nuevas publicaciones de textos mayas en la década de 1820 —como el *Códice de Dresde* y cierto número de inscripciones de Palenque— provocaron gran interés y no pocos estudiosos estuvieron ávidos de emular la proeza de este insigne epigrafista francés.

La torre del Palacio de Palenque, según un grabado de la expedición del capitán Antonio del Río, reproducido en la edición inglesa de 1822. *Description of the Ruins of an Ancient City Discovered Near Palenque, in the Kingdom of Guatemala, in Spanish America.*

Corrían los tiempos en que haría su aparición en los estudios mayas un personaje singular. Nos referimos al autodenominado *Conde* —en realidad anticuario— Jean-Frédéric Maximilien de Waldeck, quien a la sazón buscaba crearse fama como artista y explorador. Sus primeros dibujos de Palenque, publicados en 1822, estaban basados en los de Almendáriz, si bien no pudo evitar la tentación de retocarlos y añadir «ornamentos» que, entre otras cosas, buscaban aproximar las figuras humanas a cánones neoclásicos entonces en boga. Más que en su fidelidad, su importancia radica en que por primera vez imágenes de este tipo fueron accesibles a un público amplio. En 1832, Waldeck viaja a las ruinas por primera vez, donde vivió por más de un año. Allí se dedicó a la tarea de elaborar incontables dibujos, que abarcan desde representaciones relativamente fieles hasta grotescas fantasías en donde los jeroglíficos son groseramente distorsionados, a fin de asemejarlos a cabezas de elefantes y otras criaturas inverosímiles, quizá buscando con ello avivar extravagantes teorías que atribuían a las ruinas mayas una antigüedad fantástica.

Una de las más ambiciosas obras jamás creadas sobre la América antigua vió la luz entre 1829 y 1848. Se trata de *Antiquities of Mexico*, de lord Edward King, vizconde de Kingsborough. Una de sus virtudes fue la de contener grabados de calidad del juego completo de dibujos elaborados por Castañeda en Palenque. Desafortunadamente, gran parte del texto de la obra se centra en la evidente obsesión de Kingsborough por conectar los entonces misteriosos constructores de Palenque y otras ruinas con las doce tribus perdidas de Israel.

A este período inicial de exploraciones y descubrimientos siguieron las descripciones de viajeros y exploradores, algunas motivadas por el romanticismo que evocaban las ruinas de civilizaciones perdidas, semiocultas por densas selvas tropicales. Afortunadamente, otras recurrían a argumentos con mayor rigor científico. Una de las figuras de esta época fue Constantine F. Rafinesque Schmaltz, naturalista establecido en Filadelfia, quien no sólo mantuvo correspondencia con Champollion, sino también publicó numerosas observaciones sobre los glifos mayas. Rafinesque notó que el sistema de escritura del *Códice de Dresde* y de los tableros de Palenque era uno y el mismo, dado que ambos hacían uso de numerales en forma de puntos y barras. Más importante aún fue la sugerencia de Rafinesque en el sentido de que podía tratarse de un sistema fonético capaz de registrar una lengua maya específica —posición aventurada para un tiempo en que la tendencia general era adscribir las ruinas de Palenque a los egipcios, cartagineses o a alguna de las múltiples tribus perdidas de Israel—. Fue debido a observaciones como éstas que Rafinesque ganó su lugar como una de las figuras principales en la historia temprana de la epigrafía maya, a pesar de su escasa modestia y exageradas afirmaciones, como aquella de haber leído «mil volúmenes» a los doce años de edad, o bien la de ser capaz de hablar «cincuenta lenguas» tan sólo cuatro años después de lograr lo anterior.

Hacia 1860, mientras el pintoresco Waldeck volvía su atención hacia el sitio de Uxmal en Yucatán, Leon de Rosny estudiaba en Francia otro de los códices mayas, que luego habría de conocerse como el de París. Muchos de los estudios que efectuó propiciaron que los análisis de los glifos no calendáricos alcanzaran niveles más refinados, ya que incorporó con gran éxito en su trabajo recursos como el uso frecuente de diccionarios mayas. Por su parte, en octubre de 1839, zarparon desde Nueva York con destino al puerto de Belice el abogado estadounidense John Lloyd Stephens y el arquitecto británico Friedrick Catherwood. Desde allí emprenderían una de las expediciones más famosas en toda la historia de la exploración maya, la cual los habría de llevar en primer término a Copán, después a Palenque y Toniná en 1840, tras lo cual concluyen su recorrido en las grandes ciudades mayas del norte de Yucatán. Catherwood poseía experiencia en expediciones previas, llevadas a cabo en Egipto y en Oriente Próximo, las cuales sin duda le fueron de gran utilidad para retratar con fidelidad por primera vez las intrincadas esculturas tridimensionales de Copán, aunque Catherwood jamás se enfrentó a un reto mayor al que suponía el arte de Palenque, para el cual hubo de valerse de artilugios como la camera lucida, que le permitía proyectar en un lienzo reticulado el objeto que iba a retratar, aumentando con ello enormemente la precisión. Por su parte, Stephens reveló poseer una prosa elegante, aunada a agudas facultades de observación, cualidades que se vieron

Jean-Frédéric Maximilien de Waldeck (1766?-1875).
Anticuario, cartógrafo, explorador, artista y naturalista de origen francés. Retrato autógrafo para la exhibición Loisir du Centenaire de 1869.

complementadas por los setenta y siete dibujos de Catherwood, de calidad muy superior a los que hasta entonces se conocían.

Como resultado de sus extensos viajes, fueron publicados dos magníficos volúmenes en 1841, cuyo éxito fue tal que pronto tuvieron que imprimirse a marchas forzadas más de veinte mil ejemplares para satisfacer la creciente demanda. Quizá como ningún otro factor de su época, estas obras contribuyeron a fomentar el interés del público en los tesoros arqueológicos que yacían en las remotas selvas de Centroamérica, a la vez que renovaron el interés de los estudiosos en dar con la clave que por fin permitiese descifrar los jeroglíficos mayas, ante el astuto reto lanzado por Stephens en el sentido de «¿quién será el Champollion que pueda leerlos?».

De este modo, la única —e imperfecta— copia conocida de la *Relación de las cosas de Yucatán* de Landa no habría de ser descubierta sino hasta 1863, en la Real Academia de Historia de Madrid, cuyas colecciones resguardaban otros tesoros traídos del Nuevo Mundo, como el *Codex Troano* —que hoy conocemos como parte del Códice de Madrid, uno de los tres únicos libros mayas existentes en el mundo—. Debemos el mérito de ambos hallazgos al teólogo, filósofo e historiador francés Charles Etienne Brasseur de Bourbourg (1814-1874). Si bien, desde un punto de vista académico, las obras escritas por Brasseur carecen del rigor científico de las grandes aportaciones imperecederas, no fue precisamente en esta área donde se dieron sus mayores aportes. Las cualidades que le han valido ya un merecido lugar en la historia fueron su celo detectivesco para descubrir manuscritos de inusitada rareza, y su visión para publicarlos y darlos a conocer a un público amplio. Por si los hallazgos anteriores nos parecieran poco, mientras oficiaba como sacerdote en el pueblo de

Rabinal, en las tierras altas de Guatemala, Brasseur se enteró de la existencia del *Popol Wuj* ('Libro del Consejo'), previamente descubierto por el padre Francisco Ximénez, párroco de San Antonio Chuilá (hoy Chichicastenango). Esta obra es considerada la máxima de la literatura y mitología mayas. Brasseur se dedicó a la tarea de publicarla en una edición que la hizo accesible a muchos estudiosos en Europa.

Fue entonces cuando las invenciones del daguerrotipo, y posteriormente de la fotografía, hacia 1860, suscitarían una nueva oleada de intrépidos exploradores, esta vez armados con las nuevas y voluminosas cámaras. El pionero en la introducción de estas técnicas en el área maya fue el viajero francés Desiré Charnay, quien durante nueve días en Palenque fotografió varios de los edificios y esculturas más importantes. Años más tarde, en 1877, llegaría a Palenque por primera vez el temperamental explorador austriaco-mexicano Teoberto Maler, de conocida reputación perfeccionista, y las fotografías obtenidas por él en aquel entonces introdujeron nuevos estándares de calidad en la documentación de monumentos mayas. El inusitado nivel de detalle que propició la introducción de fotografías de alta calidad a los estudios mayas resultaría a la postre crucial para el desciframiento.

Otro gran explorador fue el británico Alfred Percival Maudslay, un fotógrafo cuyas dotes excepcionales rivalizaban con las de Maler. Las imágenes que obtuvo en varios sitios mayas entre 1881 y 1894 sirvieron de base para la elaboración de dibujos a línea de gran precisión, a cargo de Annie Hunter. Maudslay también produjo excelentes mapas de los sitios que visitó, además de numerosos moldes de papel húmedo y látex, que sirvieron de base para elaborar réplicas fieles, aunque desafortunadamente quiso ir un paso más allá, para lo cual juzgó apropiado remover de su contexto original algunos de los mejores monumentos de Yaxchilán —sin contar con los correspondientes permisos del gobierno de México— para trasladarlos después al Museo Británico en Londres. A pesar de ocasionales lapsos éticos como este, las publicaciones de Maudslay —y las de su rival Maler—, acaecidas durante el cambio de siglo, proporcionaron a los mayistas excelentes dibujos y fotografías de las inscripciones de Copán, Palenque, Yaxchilán, Naranjo, Piedras Negras y otros sitios de Campeche y Yucatán, sentando con ello las bases para el trabajo de desciframiento que habría de desarrollarse en las siguientes décadas.

A la par, una expedición del estadounidense Museo Peabody de la Universidad de Harvard, dirigida por George B. Gordon, comenzaría hacia 1890 una década de excavaciones arqueológicas en Copán. Mientras tanto, entre 1880 y 1896, el alemán Ernst Förstemann, director de la Real Biblioteca de Sajonia, publicó el facsímil más exacto del Códice de Dresde jamás producido, tras lo cual comenzó a esclarecer uno a uno el funcionamiento de los principales aspectos calendáricos plasmados en este documento. De mente tan brillante como incisiva, su cercanía cotidiana con el documento original le permitió estudiarlo sistemáticamente y entender el funcionamiento de muchas de las tablas numéricas del antiguo manuscrito, incluyendo la Cuenta Larga, el sistema de cálculo vigesimal, el funcionamiento de los almanaques de doscientos sesenta días (tzolk'in) y gran parte de las tablas de Venus y de la Luna. Esto implicó la identificación de gran parte de los símbolos para los días, meses y símbolos numéricos, de tal forma que debemos a Förstemann el haber descifrado la mayor parte del calendario maya.

Siguiendo los pasos de gigante de Förstemann, diversos académicos continuaron con la investigación del calendario y la astronomía en gran detalle. En 1882, Cyrus Thomas estableció que el orden de lectura de la escritura maya era de izquierda a derecha y de arriba abajo, en pares de columnas. Un poco más adelante, fueron reconocidas por vez primera las variantes de cabeza para cada uno de los números —una forma alterna de sustituir los numerales de puntos y barras por retratos de seres sobrenaturales en vista de perfil— en el libro *The Archaic Maya Inscriptions* del periodista estadounidense Joseph T. Goodman, publicado en 1897. Años después, hacia 1905, el propio Goodman sugeriría un método para correlacionar el calendario maya con los calendarios juliano y gregoriano, que es esencialmente el mismo que se utiliza hoy en día y permite a los epigrafistas calcular las fechas de Cuenta Larga mayas con el escasísimo margen de error de un día en miles de años.

Es aquí cuando aparece una de las grandes figuras de los estudios mesoamericanos, el filólogo y erudito alemán Eduard Seler, a quien debemos el haber integrado muchas de las ideas cosmológicas del México central y de los mayas. Conocedor de las principales lenguas indígenas de Mesoamérica, Seler es reconocido como el fundador de la investigación iconográfica mesoamericana. Si bien el desciframiento del sistema de escritura maya estuvo lejos de ser el renglón donde se dieron sus mayores aportaciones, consiguió identificar los glifos que se refieren a los cuatro puntos o rumbos cardinales y su asociación con colores específicos. Siguiendo los pasos de Karl Sapper, quien realizó un mapa de los edificios de la

Eduard Seler (1849-1922). Estudioso alemán y principal mesoamericanista de su generación; se le considera el padre de la iconografía. Fue un formidable enemigo de la escuela fonetista de desciframiento representada por Cyrus Thomas.

acrópolis de Toniná, Seler visitó estas ruinas con su esposa Cecil en 1896, donde realizaron fotografías y moldes en papel de algunos monumentos. Un año más tarde, aparecería en Alemania una obra de Paul Schellhas, discípulo de Seler, que contenía la primera clasificación de las deidades mayas representadas en los códices, basada en la asignación de letras del alfabeto para cada una de ellas.

Ya en los albores del siglo XX, Alfred Tozzer exploró Toniná y otros sitios en la región del Usumacinta, donde tomó fotografías de algunos monumentos, paralelamente a sus estudios etnográficos sobre grupos maya-yukatekos y lacandones. Poco después, en 1912, R. E. Merwin, también de Harvard, efectuaría excavaciones en el sitio de Holmul, en Guatemala. Hacia 1922, comenzaría su brillante carrera un joven aventurero danés llamado Frans Blom, quien fue comisionado por el célebre arqueólogo mexicano Manuel Gamio para efectuar trabajos de exploración en Palenque. Pocos años más tarde, en 1925, el propio Blom llegó a Toniná y otros sitios de Ocosingo, acompañado por Oliver LaFarge. En su célebre obra *Tribes and temples*, publicaron una detallada descripción de tales sitios, que incluía la descripción e ilustración de unos treinta monumentos jeroglíficos.

Al contarse por fin con un corpus abundante de imágenes de alta calidad, los avances en el desciframiento se suscitaron en forma vertiginosa. En 1934 aparecieron una serie de artículos de corte lingüístico en Francia. Su autor fue Jean Genet, verdadero visionario quien se adelantó varias décadas a su tiempo al

 Una figura extraordinaria que habría de revolucionar los estudios mayas fue Tatiana A. Proskouriakoff (1849-1922). Investigadora de origen ruso, trabajó para la Institución Carnegie, y posteriormente para el Museo Peabody de la Universidad de Harvard.

proponer que los glifos mayas eran signos fonéticos, capaces de registrar aspectos históricos. Armado de su conocimiento de lenguas mayas y fuentes coloniales como el *Popol Wuj* y los libros del *Chilam Balam*, Genet llegó inclusive a descifrar correctamente uno de los glifos asociados con la guerra. No contento con ello, propuso por primera vez que las figuras de cautivos en Yaxchilán podían contener sus nombres grabados en sus muslos, décadas antes de que Tatiana Proskouriakoff llegase a la misma conclusión.

Entre 1926 y 1937, mientras la institución Carnegie de Washington comenzaba el ambicioso proyecto arqueológico de Uaxactún, cuarenta kilómetros al norte de Tikal, el estudioso alemán Hermann Beyer comenzaba a analizar estructuralmente las inscripciones de Chichén Itzá, lo cual le llevó a encontrar correspondencias entre varios textos que parecían indicar que los escribas mayas podían valerse de formas alternas para registrar la misma información, lo que eventualmente llevaría a descubrir el principio de sustitución fonética. Sus resultados, publicados en 1937, sentaron las bases para muchos desciframientos posteriores, si bien no fueron enteramente valorados en su tiempo. Por esa época aparecieron publicaciones como *Introducción al estudio de los jeroglíficos mayas y Las inscripciones de Copán*, de Sylvanus G. Morley, cuyo interés se centraba casi exclusivamente en las porciones calendáricas de las numerosas inscripciones que publicó, a expensas de los demás aspectos de su desciframiento. En esta labor, Morley habría de ser sucedido por uno de los más grandes mayistas de todos los tiempos, sir John Eric Sidney Thompson. Si bien son innegables el conocimiento enciclopédico y las aportaciones de este erudito en ámbitos muy diversos de la cultura maya, también es cierto que la encumbrada posición de autoridad que llegó a adquirir dentro del medio académico se convirtió durante décadas en un obstáculo formidable para el avance del desciframiento, al oponerse tenazmente a toda propuesta basada en el fonetismo. Pese a sus promisorios aportes iniciales sobre el funcionamiento de un principio básico de la escritura maya llamado «rebus» —el uso de símbolos o grafías exclusivamente por su sonido, sin tomar en cuenta su significado, a fin de representar nuevas palabras—, eventualmente Thompson consideraría erróneamente como «ideogramas» los signos del sistema jeroglífico maya. Su método se basó entonces en intentar identificar las imágenes que creyó ver representadas en cada uno de los signos, para después «extraer» su significado a partir de arriesgadas asociaciones simbólicas, altamente subjetivas. Tras años de explorar en vano en esta dirección, llegó a dudar que la escritura maya pudiera ser jamás descifrada en forma satisfactoria. No obstante lo anterior, sus esfuerzos le llevaron a producir un catálogo de jeroglíficos que, pese a sus limitaciones, continúa siendo bastante usado hoy en día.

Un hito en la investigación arqueológica maya tuvo lugar en 1939, cuando el entonces presidente de México, el general Lázaro Cárdenas, tras una visita de Estado a Palenque, firmó el decreto para crear el Instituto Nacional de Antropología e Historia (INAH), que desde entonces es la institución responsable de la exploración, conservación, restauración y difusión del patrimonio arqueológico de México. La década de 1940 fue testigo de la llegada a México del alemán Heinrich Berlin, quien comenzó a trabajar en Palenque a los veinticinco años de edad. Berlin pronto adquiriría experiencia arqueológica, aunque sus mayores contribuciones se darían posteriormente en el terreno de la epigrafía. Entre 1949 y 1952 tuvo lugar quizá el más importante descubrimiento en la historia de la arqueología maya, cuando Alberto Ruz Lhuillier, director del proyecto del INAH en Palenque, encontró un pasadizo secreto en el Templo de las Inscripciones de Palenque, el cual ocultaba una gran escalinata abovedada que descendía por el interior de la pirámide hasta más allá de su base. Su trazado daba la vuelta hasta finalizar en una gran cámara funeraria ricamente decorada. Al centro de esta cámara Ruz y su equipo encontraron un inmenso sarcófago de piedra con un esqueleto humano en su interior, ataviado con joyas dignas de un rey. Fue el propio Berlin quien se dio a la tarea de estudiar los jeroglíficos del sarcófago recién descubierto, y pronto logró conectarlos con otros textos de Palenque, llevándole a la inescapable conclusión —revolucionaria para entonces— de que debían contener nombres personales. Eventualmente, tras años de estudios y sucesivos desciframientos, estos restos pudieron ser identificados como los del más poderoso de los antiguos reyes de Palenque, K'inich Janaahb'nal Pakal.

Así, se retomaban las ideas pioneras de Genet en el sentido de que las inscripciones mayas podían verdaderamente contener información histórica. El brusco viraje de timón que implicaban estos nuevos hallazgos siguió gestándose en 1958, cuando un investigador de la entonces URSS, Yuri Knorosov, demostró que la escritura maya era precisamente de naturaleza fonética. Armado del «abecedario» publicado en la obra de Landa y de reproducciones a dibujo de los Códices de Dresde y Madrid que encontró en su juventud como soldado del Ejército Rojo en la derruida Biblioteca de Dresde, fue capaz de identificar signos análogos en uno y otro documento, lo cual le llevó a darse cuenta de que los signos allí representados no eran «letras», sino «sílabas». Por elemental que ahora pueda parecer, esta contribución colaboró mucho en el regreso de los estudios epigráficos al camino correcto

—alejándolos de hipótesis «ideográficas» y simbólicas como las vertidas por Thompson—. El primer grupo de once desciframientos de Knorosov marcó un hito en la historia de la investigación maya, si bien sus propuestas posteriores carecieron del mismo rigor metodológico y no resistieron la prueba del tiempo.

Tras una brusca confrontación entre las posturas encontradas de Thompson y Knorosov, cargada de tintes de la Guerra Fría que entonces dominaba el panorama político internacional, hacia 1960 el desciframiento entró de lleno en la llamada «era histórica», gracias en buena medida a las aportaciones de Tatiana Avenirovna Proskouriakoff, quien tras analizar monumentos de Piedras Negras concluyó que muchas de las inscripciones que los epigrafistas habían hasta entonces considerado como estrictamente astronómicas y calendáricas contenían en realidad glifos que hacían referencia a eventos de carácter histórico. A este nuevo entendimiento contribuyeron también en forma sustancial nuevos aportes de Berlin, quien identificó regularidades en ciertos cartuchos que lo llevaron a postular su teoría de los «glifos emblema», que hoy sabemos representan los nombres antiguos de los linajes y entidades políticas que controlaban ciudades como Palenque, Tikal, Copán y Yaxchilán. Casi al mismo tiempo, la institución Carnegie llevaría a cabo su último proyecto arqueológico de gran envergadura en el sitio de Mayapán, al norte de Yucatán, bajo la dirección de Harry Pollock.

De 1956 a 1970 tuvo lugar uno de los mayores proyectos arqueológicos de la historia, desarrollado por la Universidad de Pensilvania en Tikal, Guatemala, primero bajo la dirección de Edwin Shook y, posteriormente, a cargo de William R. Coe. La cantidad de información obtenida por este proyecto tuvo un impacto inestimable en los estudios mayas, pues se cuenta sin duda entre los sitios arqueológicos más grandes e importantes de toda el área maya. Allí pudieron encontrarse incontables datos históricos plasmados en docenas de monumentos jeroglíficos, no pocos de los cuales fueron después confirmados como verídicos por la arqueología, como ocurrió con el hallazgo del Entierro 10, perteneciente al poderoso gobernante Nu'un Yax Ahiin.

Durante este intervalo, la corriente fonetista de Knorosov comenzó a ganar terreno en los estudios epigráficos. Entonces comenzó la brillante carrera del explorador británico Ian Graham, cuya visión le llevó a identificar uno de los mayores obstáculos para el avance del desciframiento: la ausencia de un corpus más completo de imágenes de alta calidad que incluyera inscripciones ocultas en un gran número de sitios que aún permanecían sin ser descubiertos y documentados. Surge así en 1971 el proyecto del *Corpus de Inscripciones Jeroglíficas Mayas*, basado en el Museo Peabody de la Universidad de Harvard, y pronto la visión de Graham demostraría ser correcta, pues la abundancia de nuevas inscripciones proporcionadas por este proyecto, en veinte volúmenes soberbiamente publicados, desde entonces ha ocasionado un profundo impacto en el avance del desciframiento, a la vez que ha fijado los exigentes estándares que demanda la investigación moderna.

Casi al mismo tiempo, varios investigadores, principalmente estadounidenses, entre los que estaba el lingüista Floyd Lounsbury, el arqueólogo David Kelley y su alumno australiano Peter Mathews, así como la historiadora del arte Linda Schele, adoptaron un enfoque multidisciplinario que los llevó a desarrollarse en campos ajenos a los de su formación original. A iniciativa de Merle Greene Robertson surge la serie de «Mesas Redondas de Palenque», reuniones anuales enfocadas en los aspectos fundamentales del desciframiento, la iconografía y la historia mayas.

Tras esta etapa se inicia la llamada «era moderna», donde se ha dotado a las valiosas aportaciones de la generación anterior de un rigor metodológico del que en ocasiones carecían. Con creciente cientificidad, la investigación epigráfica actual finalmente comienza a integrarse con los avances suscitados en otras disciplinas, como la arqueología y la lingüística histórica. En esta última etapa del desciframiento, merecen mención aparte las aportaciones de figuras de nuestro tiempo, encabezadas por David Stuart, el propio Peter Mathews, Nikolai Grube, Stephen Houston, Alfonso Lacadena, Simon Martin y otros brillantes epigrafistas de varias nacionalidades. Por su parte, en México y Guatemala, la investigación mayista cuenta con una larga tradición, y son numerosos los exponentes que hoy día se ocupan de sus variados campos de especialización. Las aportaciones de la epigrafía moderna han abierto de par en par las puertas al conocimiento directo de aspectos de su cultura como los orígenes y desarrollo de la escritura, la geopolítica, la guerra, la mitología, la religión, además de la tradición poética y literatura prehispánicas.

Un resultado importante de la era moderna es su creciente integración con la arqueología, hasta el punto de que en muchos proyectos arqueológicos es frecuente ver a arqueólogos, epigrafistas, ceramistas, antropólogos físicos y restauradores trabajando codo con codo, ampliando con ello el alcance de las interpretaciones y haciendo justicia a la dimensión histórica de la civilización maya, superándose así métodos obsoletos de estudio, más aptos para el conocimiento de sociedades prehistóricas.

Tras doscientos años de afanosa labor, los estudiosos han logrado decodificar los intrincados mecanismos del calendario. Posteriormente, pudieron hallarse las claves fonéticas del desciframiento. El saldo hasta hoy es que aproximadamente el ochenta por ciento de los signos puede leerse con certeza. Ello ha permitido que —tras mil trescientos años— vuelvan a pronunciarse los nombres de ciudades y gobernantes largo tiempo olvidados, así como relaciones de seres y eventos míticos escritas un milenio antes del épico *Popol Wuj*. Sin embargo, la gran aventura del desciframiento aún no concluye y habremos de vivir aún algunos de sus episodios más importantes.

2

Orígenes y desarrollo

Para muchos, resulta difícil admitir la posibilidad de que una alta civilización haya podido florecer en un ambiente selvático y hostil. Los mayas han mostrado al mundo que tal paradoja es posible, aunque bajo ciertas condiciones. Pero antes, ¿cómo lo lograron?, ¿de dónde vinieron? Ciertamente no es preciso invocar a la fabulosa Atlántida de Platón, o a la perdida Cartago, para explicar los orígenes de su portentosa civilización. De hecho, la historia de los primeros pobladores de la zona maya no es muy distinta a la de otras partes del continente americano.

El modelo tradicional nos dice que las primeras oleadas de migrantes procedentes de Asia arribaron a través del estrecho de Bering —los ochenta kilómetros que dividen la actual Alaska de Siberia— con anterioridad a la última Era Glacial, concluida doce mil años atrás, cuando se cree que, debido al congelamiento

El temible *smilodon* del Pleistoceno norteamericano, recreado en su entorno natural.
Fotografía de Charles R. Knight (1905).

que se extendía desde los polos, el nivel de las aguas de los océanos Ártico y Pacífico descendió notoriamente, dejando al descubierto un puente de tierra firme llamado Beringia que comunicaba Asia con América.

Sin embargo, los últimos avances en la decodificación de ADN mitocondrial de los diversos grupos étnicos americanos podrían apoyar la tesis de que existieron múltiples oleadas migratorias posteriores (entre 6000 a. C. y 1500 a. C.), procedentes del archipiélago de islas que conforman la Polinesia y la Melanesia. Apoyados por las fuertes corrientes marinas del Pacífico, estos intrépidos navegantes habrían alcanzado primero posiciones como Hawai'i y la Isla de Pascua, desde donde encontraron relativamente ventajoso avanzar hasta el continente americano.

De esta forma nos explicamos por qué en Mesoamérica existen restos humanos de al menos quince mil años de antigüedad, que se remontan al Pleistoceno. Estos primeros americanos —que llamamos amerindios— habrían encontrado a su paso vastas extensiones de naturaleza virgen, plagada de enormes bestias hoy extintas, como el mamut, el mastodonte, el bisonte, el megaterio (un perezoso gigante de hasta seis metros de altura) y el temible *smilodon*, mejor conocido como tigre dientes de sable. A fin de poder vérselas contra criaturas tan superiores en tamaño y fuerza, los amerindios tuvieron que mejorar notoriamente sus armas de pedernal (sílex) u obsidiana. Surge así la tecnología Clovis, caracterizada por puntas de lanza acanaladas y talladas por presión, que también deben su nombre a estos primeros grupos nómadas y su complejo cultural, que abarcó entre el 11500 y el 10900 a. C.

La presa principal de la gente de Clovis fue el mamut, y cazar una de estas criaturas significaba para ellos poder abastecer de carne a toda su tribu, de treinta a cincuenta habitantes, durante un mes. Así, en los actuales valles de México y Puebla se han encontrado osamentas de estos grandes mamíferos, cuyos costillares muestran heridas producidas por puntas de pedernal tipo Clovis. La destreza de estos cazadores, los dramáticos cambios en el clima y el desequilibrio ecológico, resultado de ambos factores, propiciaron la extinción de la fauna pleistocénica.

De esta forma, milenios antes de que podamos siquiera hablar de la existencia de mayas, el área que estos habrían de habitar posteriormente tuvo que atravesar sucesivas etapas, a saber, el período Lítico y el período Arcaico. El primero abarcó desde aproximadamente el 12000 al 8000 a. C. Si pudiéramos remontarnos a esta época, tarde o temprano nos encontraríamos con pequeñas bandas de cazadores-recolectores, sumamente diestros en el uso de herramientas de piedra lasqueada, primero de tipo Clovis y posteriormente Folsom (con una mayor acanaladura). Veríamos también que su fuente primaria de subsistencia consistía en el consumo de proteínas de origen animal, complementadas por plantas silvestres, raíces, bayas y tubérculos, algunas de cuyas variedades encontraríamos difíciles de reconocer. Tales bandas fueron adaptándose paulatinamente al medio ambiente de las diferentes regiones por donde iban extendiéndose, lo cual les llevó a desarrollar un creciente grado de especialización y dependencia respecto al aprovechamiento de cierta clase de alimentos, algunos de los cuales lograrían eventualmente domesticar. Ello les permitió comenzar a establecerse en pequeñas aldeas semipermanentes, como un primer paso hacia la posterior sedentarización. En las tierras altas de Guatemala, el sitio de Los Tapiales presenta huellas de ocupación hacia el 9000 a. C. También se han hallado puntas de proyectil tipo Clovis en sitios como Ladyville y Colhá, en la región costera de

Belice. Otros grupos sin duda navegaron mar adentro desde las costas, pues desde el 8000 a. C. ha podido fecharse la evidencia de actividad humana en las Antillas y las islas del Caribe.

A continuación, entre el 8000 y el 2000 a. C. tuvo lugar el período Arcaico, donde gradualmente fueron estableciéndose comunidades sedentarias, que aparecieron primero en torno a las costas y lagunas del Pacífico y del Caribe, debido a la mayor abundancia y facilidad de obtención de recursos en estas áreas. Nuevas investigaciones muestran que tales recursos fueron explotados por grupos seminómadas mucho antes de que existiesen allí asentamientos permanentes. Paralelamente, unas cuantas especies de plantas comenzaron a ser manipuladas mediante la selección intencional de los mejores granos, a fin de incrementar el rendimiento de sus cosechas y su tamaño: principalmente el maíz, la calabaza, el frijol, el chile, el camote (patata dulce) y la mandioca, así como valiosas especies no comestibles, tales como el algodón. Existen evidencias del cultivo y la domesticación del maíz anteriores al 5000 a. C., aunque los primeros ejemplares consistían en mazorcas pequeñas con pocas hileras de grano, llamadas *teocinte*. Se cree que de esta época podrían datar las herramientas de piedra asociadas con restos de animales extintos, halladas en sitios como la cueva de Loltún en el norte de Yucatán, o bien en el Petén central, así como en la región de Huehuetenango, en las tierras altas guatemaltecas. Cabe destacar que el abrigo rocoso de Santa Marta, en Chiapas, presenta una secuencia de cinco etapas de ocupación, que podrían abarcar desde el 7600 al 4000 a. C.

Estos desarrollos dieron origen a un período transicional llamado Precerámico, cuya fecha de inicio varió de región en región, si bien en sitios de Belice, como Pulltrouser Swamp y Colhá, parece haber abarcado desde el 2500 hasta el 1400 a. C. A partir de aquel entonces se encuentra evidencia de disturbios en la flora y fauna de la región, sin duda ocasionados por la presencia de asentamientos humanos, aunque se cree que en estas etapas incipientes, la agricultura habría jugado un papel relativamente secundario, dentro de una economía aún fuertemente dependiente de la recolección y la cacería. Sin embargo, el hecho de que aparezcan cada vez con mayor frecuencia instrumentos tales como piedras de molienda —llamados *metates*— indica un aumento significativo en el consumo de alimentos procesados, entre ellos la harina de maíz.

¿A partir de cuando dejamos de hablar de amerindios y comenzamos a referirnos a grupos mayas propiamente dichos? Precisamente un momento clave de nuestro relato nos lleva al surgimiento y gradual difusión de la agricultura a través de Mesoamérica, un suceso acaecido alrededor del 2000 a. C. en los valles de México y Oaxaca y poco después en el valle de Tehuacán (en el actual estado mexicano de Puebla). Al mirar la evidencia del área maya, este hito parece haberse dado también en una fecha en torno al 2000 a. C.

El Preclásico

Llegamos así a un umbral, detrás del cual quedan la era prehistórica y sus períodos Lítico y Arcaico. Hacia adelante se avecina un nuevo horizonte, el del período Preclásico (h. 2000 a. C. - 250 d. C.). Su milenaria extensión nos exige dividirlo en tres partes. A saber, el Preclásico inferior o temprano, el medio y el superior o tardío. Estamos ante un momento decisivo, pues fue a través del Preclásico cuando surgieron y se desarrollaron muchas de las manifestaciones culturales que asociamos con las más altas culturas de Mesoamérica. Una vez traspuesto este parteaguas, podremos comenzar a hablar ya de grupos mayas, aunque tal término fuese desconocido para ellos mismos, y no dejaría de serlo sino hasta quince siglos después, cuando los europeos comenzarían a usarlo en Yucatán de forma harto generalizadora.

Los mayas y sus precursores de la antigüedad —que apenas comenzaban a diferenciarse— atesoraban en su memoria colectiva el recuerdo de una época previa al advenimiento de la agricultura. Recordaban un entorno salvaje, peligroso, plagado de fieras criaturas y malignos demonios, pero también de abundantes especies de carne de caza, frondosos árboles rebosantes de fruto y exuberante vegetación, donde anidaban las más exóticas aves. Escenas de este tipo aparecen en algunas de sus más antiguas imágenes, como aquellas pintadas en un mural de San Bartolo, Guatemala, en donde una figura ancestral surge de una cueva inmersa en la naturaleza más salvaje (metáfora de una

Escena de un plato de cerámica Estilo Códice, Cuenca de El Mirador (Clásico tardío). El mito del renacimiento del dios del maíz desde el interior de la Montaña de los Sustentos, representada por una enorme tortuga cuyo caparazón es quebrado por los dioses de la lluvia que flanquean la escena. Dibujo de Linda Schele.

época de cazadores-recolectores), que contrasta con el ordenado mundo del culto al dios del maíz, símbolos de la nueva comunidad que abraza los beneficios de la agricultura.

El cómo la humanidad logró trascender de una etapa a la otra es descrito por los mayas en el mito del origen del maíz: En los albores del mundo actual, los hombres sufrían por la escasez de alimentos, y decidieron rezar al señor de las montañas (también dios de la lluvia), quien intercedió por ellos para liberar los preciados frutos encerrados en el vientre de la Montaña de los Sustentos, partiéndola por la mitad tras arrojarle un relámpago con su prodigiosa hacha de serpiente. El dios de la lluvia dijo entonces a los hombres —con voz potente como el trueno— que con esa planta iban a vivir, que la sembraran y él se ocuparía de regarla. Así es como llegó el maíz al mundo y por ello la gente de la creación actual —posterior a la previa arrasada por un diluvio— es gente de maíz y de maíz es su carne. Existen muchas versiones de este mito —que pronto conoceremos más a fondo, pues nos resulta fundamental para penetrar el pensamiento maya y de buena parte de Mesoamérica.

Preclásico inferior (h. 2000-1000 a. C.)

Todo progreso en el desarrollo agrícola siempre va unido a una fuerte necesidad de ordenar el espacio y conocer los ciclos astronómicos y meteorológicos. Para el caso de Mesoamérica, la urgencia que cobró tal necesidad eventualmente daría origen al calendario, precisamente uno de los rasgos más distintivos de esta superárea cultural. A la postre, de todas las culturas que allí habitaron, serían precisamente los mayas quienes habrían de refinar el calendario hasta niveles superlativos de complejidad y precisión matemática, aunque para ello aún debemos esperar varios siglos más.

También el campo de cultivo (llamado *kol* en lengua maya y *milpa* en nawatl) no tardaría en convertirse en un espacio sagrado, limpio de malezas, bañado por los protectores rayos del benevolente dios solar, es decir, todo lo opuesto a los densos bosques y las rocosas cuevas donde apenas penetraba la luz y el calor, infestados de serpientes y criaturas aún peores. La milpa bien pudo ser un principio para ordenar el cosmos, pues aún hoy sigue siendo considerado un espacio cuadrado, cuidadosamente delimitado, con cuatro esquinas orientadas hacia los rumbos cardinales y un centro. Por extensión, esta división cuatripartita comenzó a aplicarse a los pueblos y ciudades construidos a partir del Preclásico inferior, o antes, ya que conceptos mitológicos originados muchos siglos atrás describían así la estructura del cosmos mismo.

Aún incipientes en el método, los agricultores del Preclásico inferior —algunos de ellos ya mayas— dependieron en gran medida de un rudimentario sistema de cultivo que pronto cobraría gran difusión, llamado de roza y quema, o bien de milpa. Consistía en limpiar la tierra de hierbas silvestres y árboles, que posteriormente eran quemados. Las cenizas resultantes hacían las veces de fertilizante y, una vez preparado el suelo de esta forma, podían sembrarse en él los granos cuidadosamente seleccionados. Tal sistema se conoce como *rotativo*, debido a que únicamente permite dos o tres cosechas consecutivas, tras las cuales se agotaban los nutrientes esenciales del suelo. Entonces debía dejarse descansar durante al menos cinco años, antes de reutilizarlo, lo cual implicaba seleccionar una nueva parcela cada vez que daba inicio un nuevo ciclo, exigiendo con ello grandes extensiones de terreno para resultar eficaz.

Por simple que parezca, el éxito del sistema de roza y quema dependió en gran medida de una cuidadosa sincronización con los ciclos naturales, particularmente con el comienzo de la temporada de lluvias, pues cualquier excesiva anticipación o retraso podía tener consecuencias catastróficas en las cosechas, de las cuales dependían comunidades enteras para su subsistencia. De este modo, sobraban los motivos para buscar métodos más eficaces, menos vulnerables a las inclemencias del tiempo y los vaivenes meteorológicos.

Uno de los resultados de estos profundos cambios en gestación, según opinan numerosos expertos, fue que algunas de las mayores ciudades mayas bien pudieron haber trascendido al precario sistema de roza y quema desde algún momento del Preclásico (h. 2000 a. C. - 250 d. C.). Ello implicaría que debieron contar con tecnologías agrícolas más intensivas, a juzgar por las enormes poblaciones que fueron capaces de sustentar en entornos tan poco favorables. Entre las soluciones de las que se habrían valido para intensificar la producción a tales niveles, aparecen en primer término los campos artificialmente levantados, los extensos sistemas de terrazas y las obras hidráulicas de gran envergadura, incluyendo sistemas de canales y represas.

Las terrazas se construían en las laderas de montañas y muchas veces se reforzaban con muros de mampostería, formando así grandes cajones, capaces de aprisionar la tierra arrastrada por los deslaves, rica en nutrientes. Ello permitía incrementar significativamente no sólo el rendimiento de las cosechas, sino también su frecuencia. Cientos de miles de terrazas han sido detectadas en Campeche y otras regiones de la península de Yucatán. En contraste, los campos levantados consisten en el apilamiento de desechos orgánicos, suelos y vegetación en montículos relativamente rectangulares, rodeados de canales de agua, que configuran una retícula de tierra constantemente irrigada, solución verdaderamente ingeniosa que permite aprovechar inclusive áreas pantanosas como los bajos. La magnitud de algunas de estas retículas ancestrales creadas por los mayas para su subsistencia es tal que aún hoy en día puede apreciarse en fotografías aéreas y satelitales.

Así, el paulatino perfeccionamiento de técnicas agrícolas intensivas siguió su curso, lo cual tuvo un impacto favorable en la disponibilidad de recursos de subsistencia que incluían granos y tubérculos capaces de ser almacenados durante todo el año. Tales condiciones propiciaron el establecimiento de villorrios sedentarios, que gradualmente fueron desplazando a las bandas de cazadores-recolectores como estrategia social de subsistencia. Esta nueva forma de vida fue a su vez atrayendo poblaciones cada vez más abundantes, incrementando también con ello la fuerza de trabajo disponible para emprender obras colectivas de mayor envergadura, como las grandes pirámides que pronto aparecerían. De esta forma, los precursores de los mayas superaron su dependencia hacia una agricultura relativamente precaria de roza y quema, valiéndose en cambio de soluciones sofisticadas basadas en el máximo aprovechamiento de una amplia gama de recursos, y no sólo maíz.

El Preclásico inferior fue testigo del desarrollo de las primeras sociedades complejas en Mesoamérica, fenómeno conocido como «el surgimiento del Estado». No debe sorprendernos en absoluto que la especialización y división del trabajo haya fomentado el surgimiento de sociedades fuertemente estratificadas, en las cuales un segmento minoritario de la población fue adquiriendo progresivamente el control político, apoyado en una fuerza coercitiva de tipo militar, aunque también se sustentara por una ideología que afirmaba su derecho a gobernar con base en una supuesta descendencia divina.

Un cambio importante fue la aparición de los primeros tipos de cerámica en las regiones del golfo de México y de las costas del Pacífico, en sitios como Barra y Ocós. Sorprendentemente, estos tipos cerámicos muestran características avanzadas que han hecho pensar en que el conocimiento para producirlos pudo haber llegado desde otra región. De ser así, Sudamérica resultaría el candidato más viable. El surgimiento de la cerámica es un hito en todas las culturas de la humanidad. No pocos arqueólogos la consideran su mejor aliada, ya que facilita enormemente la paciente labor de reconstruir la historia, especialmente en aquellas épocas y regiones carentes de registros escritos, como la que ahora nos ocupa. Mediante la cuidadosa observación sistemática de las diferencias en la forma y decoración de los fragmentos de cerámica, el arqueólogo es capaz de definir «secuencias», las cuales pueden irse refinando progresivamente hasta resultar suficientemente confiables, permitiendo así determinar el fechamiento de eventos y objetos asociados a ellas, con márgenes de precisión de aproximadamente cincuenta o cien años.

Ejemplos de arte olmeca del Preclásico medio. Placa de jadeíta procedente de Río Pesquero, Veracruz, en el Museo de Arte de Cleveland. Dibujo de Linda Schele.

De esta forma, una reducida élite se volvió la encargada de concentrar y administrar la riqueza común, valiéndose para sus propios fines de la fuerza agrícola y laboral de la mayor parte de la población, y basando gran parte de su derecho exclusivo al poder en la fuerza de las armas y el dominio ideológico. En la cima de una pirámide social de este tipo hallaríamos al gobernante, cuya figura bien pronto comenzaría a atribuirse cada vez de mayores facultades y poderes sobrenaturales, a fin de justificar sus privilegios.

Desde aproximadamente el 1200 a. C. comienzan a surgir las primeras grandes civilizaciones propiamente dichas en Mesoamérica, aunque ninguna otra de esta época parece haber logrado un desarrollo comparable al de los llamados olmecas. Este apelativo significa 'aquellos de la tierra del hule', y fue acuñado por arqueólogos del siglo XX para aludir a los antiguos habitantes de centros urbanos relativamente grandes, como San Lorenzo, La Venta, Río Pesquero y Tres Zapotes, ubicados en torno a la llanura costera del golfo de México, a través de los actuales estados mexicanos de Veracruz y Tabasco, entre los ríos Papaloapan y Grijalva. Sin embargo, la influencia olmeca no se limitó a estas áreas y se expandió a zonas como Teopantecuanitlán (en el actual estado de Guerrero) y Chalcatzingo (en el también mexicano estado de Morelos), mientras que dio pie al desarrollo de culturas afines, como las de Tlatilco o Cuicuilco, en el altiplano central de México.

El término olmeca ha sido usado con suma discrecionalidad, factor que oculta el hecho de lo poco conocido que aún nos resulta. ¿Quiénes fueron en realidad estos olmecas? ¿Qué lengua o lenguas hablaron? ¿Cómo adquirieron o desarrollaron las innovaciones técnicas y artísticas de que hacen gala? Si bien difícilmente puede considerárseles como un grupo étnico enteramente homogéneo, las últimas investigaciones no descartan que al menos un segmento minoritario de su población —socialmente encumbrado— haya hablado alguna lengua de la familia mije-sokeana, pues la pronunciada expansión territorial de rasgos y centros olmecas —aunada a la relativa ventaja de que gozaban desde el punto de vista ideológico y técnico sobre la mayoría de los demás grupos— los ubica entre los mejores candidatos a ocupar el nicho de la cultura dominante de su tiempo, en un momento histórico durante el cual otras lenguas de Mesoamérica parecen recibir fuertes influencias de origen mije-sokeano, incluyendo «préstamos lingüísticos» o «calcos léxicos» (términos usados por los lingüistas para denotar la introducción de palabras de una lengua en otra).

Así, de una forma no muy distinta a la gran difusión de la que goza el idioma inglés en nuestro tiempo, se ha planteado que la abundancia de términos mije-sokeanos asimilados por otras lenguas mesoamericanas podría derivar de la época en que la civilización olmeca ejerció su influencia en una porción importante del territorio de Mesoamérica. Investigaciones posteriores podrían apoyar tal teoría, pues ciertos rasgos de su cultura material, incluyendo tipos cerámicos y convenciones escultóricas, acaso podrían revelar afinidades con grupos posteriores, llamados «epi-olmecas» o «istmeños», portadores ya de una escritura sumamente desarrollada, cuya sintaxis podría mostrar ciertas peculiaridades propias de lenguas mije-sokeanas.

Anteriormente considerada la «cultura madre» de Mesoamérica, hoy sabemos que la civilización olmeca fue contemporánea de otras que florecieron en la cuenca de México, el valle de Oaxaca y la costa pacífica. En sus orígenes, los olmecas se asentaron en sitios costeros tempranamente, adaptándose posteriormente a un entorno ribereño de tierras bajas donde establecieron sus ciudades principales, las cuales ya contaban con grandes montículos con templos en su parte superior, precursores de las posteriores pirámides o basamentos escalonados. En su escultura, lograron desarrollar un arte espléndido, centrado en motivos religiosos como la figura del «bebé-jaguar», aunque también contaron con versiones prototípicas de los dioses de la lluvia y del maíz. Destacan en este renglón las colosales *cabezas olmecas*, monolitos que en ocasiones sobrepasan las tres toneladas de peso, de los cuales se han encontrado más de treinta ejemplares hasta la fecha. También es admirable la maestría que alcanzaron en la talla de objetos portátiles hechos de jadeíta o de piedra serpentina. Actualmente se debate si los olmecas contaban ya con un sistema de escritura plenamente desarrollado o únicamente con una iconografía altamente codificada. Lo primero implicaría que habrían sido capaces de registrar los sonidos de su lengua con fidelidad, y con ello los nombres de sus gobernantes y ciudades. Lo segundo los habría limitado a preservar únicamente conceptos expresados gráficamente, a expensas de la precisión que únicamente puede otorgar el lenguaje escrito. Como quiera que haya sido, el impacto olmeca sobre la cultura maya del Preclásico es apreciable en sitios que abarcan desde Chalchuapa, en El Salvador, hasta San Bartolo, en el Petén guatemalteco.

Los escasos vestigios arqueológicos de una antigüedad comparable que se conocen en el área maya nos hablan de asentamientos más bien modestos, donde la gente construía viviendas simples de materiales perecederos, según la evidencia recuperada en el sitio de Cuello, Belice, que documenta catorce fases de desarrollo arquitectónico entre el 1200 y el 800 a. C. Es aquí cuando surgen los primeros tipos cerámicos en las tierras bajas mayas, correspondientes a la llamada fase Swasey (1200-900 a. C.), de diseño relativamente simple, aunque con sólidas bases técnicas, bien diferenciados de los tipos producidos en las regiones del golfo de México, la costa del Pacífico o las tierras altas mayas. También en esta época comienzan a aparecer entierros sofisticados en el mundo maya que denotan su participación en amplias redes de comercio a larga distancia, incluyendo conchas del tipo Spondylus y pendientes de jadeíta azul, probablemente de origen olmeca.

PRECLÁSICO MEDIO (1000-400 A. C.)

Es durante el Preclásico medio cuando la idea de civilización comienza a difundirse a otras regiones

El Mirador, Guatemala (Preclásico).
Un enorme mascarón con el rostro del Ave Celestial
de la mitología maya, descubierto por el arqueólogo
Richard Hansen y su equipo en la Pirámide Garra de Jaguar.
Fotografía de Rudel M. Álvarez.

de Mesoamérica, al tiempo que el área maya vería florecer muchos de sus primeros asentamientos, resultado de un notorio proceso de colonización hacia su interior desde al menos dos regiones claramente diferenciadas. Paralelamente a los desarrollos que se suscitaban en la costa del golfo y el área olmeca, dentro de los fértiles valles centrales de Oaxaca prosperaría la civilización zapoteca, de filiación étnica oto-mangue, en asentamientos como San José Mogote, Dainzu y su gran capital de Monte Albán, la cual alcanzó un alto grado de sofisticación, según se aprecia en su refinada arquitectura. Desde aproximadamente el 600 a. C. se conocen esculturas zapotecas que atestiguan el uso de una escritura jeroglífica y un sistema calendárico plenamente establecidos. Ello no necesariamente implica que la escritura jeroglífica surgió en Oaxaca, pues sólo ligeramente después aparecen ejemplos de escritura maya más sofisticada, lo cual denota su origen varios siglos atrás. Aunque todavía no han podido descifrarse plenamente los aspectos no calendáricos de la escritura zapoteca, parece fuertemente enfocada en registrar antropónimos (nombres de personas), teónimos (nombres de deidades) y topónimos (nombres de lugar), además de fechas calendáricas representadas ya con numerales en el sistema de puntos y barras, de cuyo funcionamiento nos ocuparemos más adelante.

El surgimiento de los primeros centros urbanos —o sociedades estatales— en el área maya nos resulta tan fascinante como todavía poco entendido. Por un lado es claro que este proceso ocurrió antes entre las culturas del golfo de México, lo que explicaría el porqué se atribuye a uno de los grupos colonizadores —los portadores de cerámica de la fase Xe— un origen mije-sokeano (no-maya) procedente del occidente, puesto que se sabe que la cerámica Xe se produjo en la desembocadura del Usumacinta, hacia el golfo. En contraste, un segundo grupo colonizador se habría internado tierra adentro, procedente quizá de las costas de Belice, al oriente, y de las tierras altas al sur del área maya. Los reconocemos por los fragmentos de cerámica Swasey que dejaron a su paso, que para entonces comenzaría gradualmente a ser reemplazada por la fase Bladen (900-650 a. C.), que a nivel cerámico muestra un mayor repertorio y variabilidad en forma y decoración, resultado de la mayor complejidad social que comenzaba a asomar. Pero existe aún un tercer grupo, portadores de una tradición cerámica ligeramente distinta, la llamada Eb', quienes, procedentes de las tierras altas del sur, harían del Petén Central su territorio, en torno al área de Tikal, donde a la postre se desarrollaría una de las mayores metrópolis jamás vistas en Mesoamérica.

Los antiguos portadores de cerámica Swasey (o Bladen) y Eb' sin duda fueron étnicamente mayas,

Uaxactún, Guatemala. Reconstrucción de la Estructura E-VII Sub según pudo verse durante el período Preclásico. Dibujo de Tatiana Proskouriakoff.

con cierto grado de afinidad lingüística y cultural, por lo cual resulta lógico plantear que conformaron un frente común ante la expansión de los grupos mije-sokeanos de la tradición Xe. Ello explica por qué las dos primeras tradiciones parecen converger hacia nuevos tipos comunes, como los de la fase Mamóm, que aparecería hacia el Preclásico medio (650-400 a. C.). ¿Habrá sido entonces cuando surgieron las primeras sociedades estatales en el mundo maya?

Como se ha visto, la supervivencia en un entorno salvaje planteaba retos formidables, por lo cual la promesa de un mayor control —real o ilusorio— sobre las impredecibles fuerzas y fenómenos naturales llevaría al naciente mundo maya a refugiarse en el bálsamo de la religión y en la regularidad del calendario. La creciente demanda por servirse de ambos aspectos hizo que la sociedad encumbrase a un reducido número de especialistas, a expensas del trabajo de subsistencia en que estaba sumida la mayor parte de la población. Bien pronto estos elegidos —y por extensión, las dinastías a las que pertenecían— comenzarían a regir la vida ceremonial y las faenas agrícolas y de subsistencia, valiéndose para ello de las instituciones políticas y religiosas que ellos mismos creaban a fin de perpetuar sus recién ganados privilegios. Surgen así el sacerdocio y el señorío (en maya llamado *ajawlel*) que reemplazan a los antiguos chamanes y jefes tribales de antaño. El sacerdocio se va a encargar en lo sucesivo de diseminar ciertos preceptos ideológicos y fomentar la práctica de determinados cultos, algunos ya con raigambre en la tradición popular y la memoria colectiva. Las plegarias ya no se dirigirán con tanta frecuencia a dioses arcaicos como Huk Sip Winik (patrón de la cacería), sino a formas más abstractas que personificaban a los fenómenos astronómicos y las fuerzas naturales más vitales para la subsistencia, fundamentalmente el dios solar (K'inich Ajaw) y la diosa lunar (Ix Uh), el dios de la lluvia (Chaahk), el relámpago (K'awiil) y el dios del maíz (Ixi'm). todos ellos estrechamente relacionados con la germinación y el ciclo agrícola. Por su parte, el *ajawlel* o señorío regía los asuntos de gobierno y su jefe supremo era el *ajaw*, literalmente 'el de la voz potente' (o voz de mando).

Lo anterior no deja de ser revelador, ya que tan sólo unos pocos siglos después de los procesos de colonización descritos, surgiría la gran ciudad de Nakbé. Previo a su descubrimiento, era común ver los centros mayas del Preclásico medio como relativamente modestos, reflejo de sociedades —según se creía— escasamente estratificadas. Este panorama cambió cuando el famoso explorador británico Ian Graham reportó en 1962 que las dos estructuras principales de Nakbé rebasaban los treinta y tres y cuarenta y seis metros de altura. Más aún, el sitio se hallaba comunicado por una calzada de trece kilómetros de longitud con otra ciudad aún mayor, bautizada como El Mirador, cuya historia examinaremos en breve. En sus orígenes, Nakbé parece haber sido modesto, con una arquitectura sencilla no muy distinta a la de otros sitios arqueológicos de la fase Mamóm. Sin embargo, por motivos que aún se desconocen, entre aproximadamente el 600 y el 550 a. C. tuvo lugar una profunda transformación. Comenzaron a construirse entonces gran número de ambiciosas estructuras, que sobrepasaban en muchos casos los diez metros de altura, situadas sobre una gigantesca plataforma de nivelación.

Aunque sin duda revelador, hoy sabemos que Nakbé no constituye un caso aislado, ya que otros centros dentro del Petén y regiones adyacentes experimentaron desarrollos casi tan súbitos y explosivos. Es como si los mayas de esta época hubiesen cobrado de pronto conciencia de su grandeza y se dispusiesen a reclamar el lugar que la historia les tenía reservado, aunque ello no podría darse sin antes entablar fuertes disputas territoriales con los grupos mije-sokeanos que tenían sus propios planes de expansión. Ignoramos en gran parte los pormenores, aunque el resultado de tales disputas debió reflejarse en fluctuaciones correspondientes en las fronteras del territorio maya, que sin duda atravesaron por varias etapas de expansión y contracción, hasta que eventualmente los grupos mayas habrían de emerger victoriosos de esta contienda, forzando a los mije-sokeanos a retraerse hasta el occidente de las tierras altas y al istmo de Tehuantepec.

Así, dentro de este nuevo y acrecentado «mundo maya», tendría lugar la primera de las épocas doradas de esplendor, cuyos habitantes a partir de entonces pueden denominarse con justicia *ciudadanos*, al ser testigos del florecimiento de urbes de la majestuosidad de El Mirador o el refinamiento de Uaxactún, cuyo legado, sin embargo, pronto sería eclipsado con el surgimiento de dos gigantes en ciernes, como lo serán

Tikal, en los exuberantes bosques tropicales del Petén central, y Calakmul, en el sureste de Campeche. Llegamos así a la delgada línea que separa la época prehistórica de la histórica, definida por la aparición de los primeros textos jeroglíficos en el área maya.

El origen de la escritura

Fue en una región más amplia, ubicada en torno al istmo de Tehuantepec, donde parecen haberse consolidado las principales características de las más altas civilizaciones jamás vistas en Mesoamérica. Si bien tanto olmecas como zapotecas parecen haber mantenido cierto grado de coexistencia con los mayas durante el Preclásico medio, posteriormente entrarían en escena ciertos grupos portadores de la cerámica Xe, posiblemente descendientes de los olmecas y, al igual que estos últimos, quizá hablantes de alguna lengua mije-sokeana. Estos grupos comenzarían a producir muestras verdaderamente brillantes y sofisticadas de arte y escritura fonética en ciertas regiones de Veracruz, Oaxaca, Chiapas y Tabasco durante el Preclásico superior y el llamado Protoclásico, una época de transición previa al Clásico temprano.

Debido a lo poco que conocemos sobre esta cultura, por ahora nos limitamos a referirla como istmeña o epi-olmeca. Desafortunadamente, no han podido hallarse aún con claridad las ciudades desde donde emanó esta gran cultura y donde fueron producidos poco más de una docena de monumentos, que

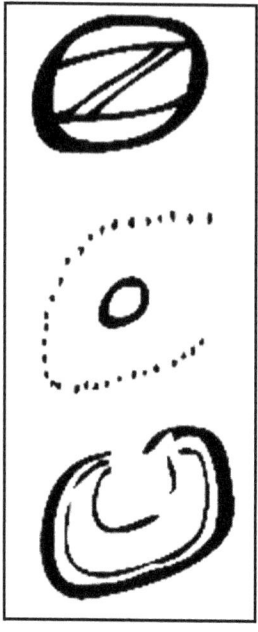

Escritura temprana descubierta en San Bartolo, Guatemala, por el arqueólogo William Saturno y su equipo, hacia 300 a. C. (Dibujo del autor basado en el dibujo de David Stuart).

brindan testimonios sobre su existencia tan brillantes como la Estela de la Mojarra, actualmente exhibida en el Museo de Xalapa, en Veracruz, aunque ciertas porciones de las tierras altas de Chiapas —incluyendo la región de Izapa— parecen promisorias para hallar huellas más concretas de esta alta civilización extinta. La sofisticación de la escritura istmeña o epiolmeca parece rivalizar con la de los mayas, aunque, a diferencia de la última, los mayores secretos de su funcionamiento todavía se resisten al escrutinio del intelecto occidental. Pese a ello, se sabe que algunos signos istmeños encontraron su camino hasta el sistema de escritura maya, siendo adoptados por los escribas en un proceso de difusión similar a otros registrados entre algunas de las antiguas civilizaciones del Viejo Mundo. Por varios motivos, esta cultura istmeña parece ser la que presenta características más afines a la maya, ya que abundan los paralelismos entre ambas, inclusive en aspectos complejos de la religión, el calendario y el empleo de recursos equivalentes en ambos sistemas de escritura, que han llevado a algunos expertos a sopesar la idea de una fuerte difusión cultural de rasgos istmeños que habrían sido ávidamente asimilados por los mayas, quienes para entonces se expandían paulatinamente dentro del tercio oriental de Mesoamérica, desplazando con ello a otros de los grupos que allí habitaban.

El uso de escritura jeroglífica era ya habitual para los mayas de esta época tan temprana, aunque los signos que producían eran tan distintos de sus variantes más tardías que todavía son muy pocos los que pueden leerse con certeza. Fue también durante este momento cuando surgen las primeras inscripciones mayas que conocemos, como el caso del Monumento 1 de El Portón y otros en el valle de Salama y el valle del río Chixoy, donde, además de tradiciones escultóricas y escriturarias sofisticadas, pudieron originarse otros rasgos importantes de la cultura maya, incluyendo una creciente jerarquización social y un énfasis en la vida ceremonial. Los anteriores hallazgos de escritura temprana se ven complementados de forma importante por otros más recientes en el sitio de San Bartolo, en el Petén central, amén de la Estela 1 de Nakbé, que también ostenta una composición glífica en el tocado de uno de los personajes que retrata. En su conjunto, esta evidencia nos indica que desde al menos el 400 a. C. ya existían ciudades mayas capaces de producir arquitectura monumental y monumentos jeroglíficos de gran sofisticación, así como grandes obras de arte que debemos entender como la manifestación de conceptos religiosos plenamente conformados, incluyendo ya muchos de los antecesores de los dioses del maíz y de la lluvia que después se volverían tan familiares.

Preclásico superior
(400 a. C. - 250 d. C.)

Desde aproximadamente el 500 a. C. comienzan a aparecer muestras claras de un acelerado desarrollo de la alta cultura en sitios del Petén guatemalteco como El Mirador y Tikal, y otros en Belice como Nohmul, Lamanai y Cerros. Los arqueólogos comienzan a percibir incrementos en la población y en la densidad de estructuras arquitectónicas dentro de los sitios, las cuales comienzan a agruparse en torno a «núcleos urbanos». Se lleva entonces más lejos el modelo de las primeras sociedades organizadas bajo un fuerte control estatal centralizado, que data como hemos visto del Preclásico medio, aunque quizá no debamos ver en estas sociedades a poblaciones homogéneamente *mayas*, pues también pudieron incluir grupos de distinta filiación étnica —especialmente mije-sokeanos—. Quienesquiera que hayan sido, estos primeros «ciudadanos» del mundo maya de la antigüedad poseían sus propias tradiciones cerámicas distintivas, lo cual nos permite reconocer algunos de los grupos principales que lo conformaban.

Para el 400 a. C., las sociedades de los siglos anteriores comienzan a volverse más grandes y complejas, y surgen una cantidad importante de centros nuevos. Aparece también un nuevo complejo cerámico llamado Chicanel, caracterizado por una mayor producción de tipos especializados para distintas funciones y de distintas calidades, pues comenzaban a responder a la demanda de consumidores de un creciente número de rangos sociales diferentes. La mayor difusión de la cerámica Chicanel con respecto a la esfera Mamóm previa indica también que existían mejores rutas y mecanismos de comunicación. Por estas vías circulaban no sólo las mercancías y productos propios del comercio a larga distancia —actividad esta última que para entonces comenzaba a competir económicamente con las faenas agrícolas y de subsistencia— sino también las ideas políticas y religiosas que dieron pie al forjamiento de una nueva identidad común acerca de lo que significaba pertenecer al mundo maya.

En cuanto a la organización social que comenzaba a gestarse, la distribución de las estructuras dentro de los complejos residenciales llamados *palacios* sugiere poderosamente que en cada una de ellas habitaba un núcleo familiar, pudiendo vincularse varios núcleos familiares entre sí a través de estructuras unidas por patios. Así, el poder político y religioso comenzó a basarse cada vez más en la autoridad de linajes pertenecientes a dinastías conformadas en principio por vínculos de parentesco, que posteriormente podrían admitir vínculos de tipo político. Surge así la noción de *casas dinásticas*, cada una de las cuales llegaría a ser representada mediante su propio glifo emblema y tendría en la cúspide de su poder a uno de los 'señores divinos' o *k'uhul ajawo'ob'*, quienes gobernaban sus ciudades o *señoríos* de forma análoga a como los monarcas europeos controlaban sus reinos. Cada una de estas dinastías mayas se hallaba estrechamente vinculada con una narrativa de origen, no muy distinta al *mito fundacional* del Viejo Mundo. Así, mientras la fundación de Roma descansa en la leyenda de Rómulo y Remo, o bien los ilustres orígenes de Italia pueden descubrirse en los épicos versos de *La Eneida* compuestos por Virgilio, los mayas del período Clásico (250-800 d. C.) gustarán con frecuencia de aludir en sus escritos a eventos y figuras legendarios que situaban en el Preclásico superior o antes, es decir, por lo menos mil años atrás. En estas narrativas fundacionales, mito e historia solían entretejerse y, con frecuencia, intervenían en ellas héroes y lugares que evocaban el tiempo profundo, el tiempo ancestral.

Así, poderosos reyes en media docena de sitios clásicos se disputaron el honor de ser los legítimos descendientes del gran Ajaw Foliado o 'Jaguar Foliado' (probablemente el mismo héroe cultural), Una inscripción de Copán, Honduras, menciona que Ajaw Foliado supervisa un ritual de «atadura de piedra» en el año de 159 d. C, estableciendo con ello la sede rotativa del poder en su mítica capital de «Maguey-

El héroe cultural 'Ajaw Foliado' efectúa un ritual de «atadura de piedra» acompañado del Señor Guacamayo en la fecha maya de Cuenta Larga 8.17.0.0.0 (equivalente a 376 d. C.). Grabado en un cráneo de pecarí descubierto en la Tumba 1 de Copán, Honduras. Dibujo de Barbara W. Fash.

Trono» en el norte del Petén, uno de los lugares de origen más recurrentes. Doscientos diecisiete años más tarde, reaparece otro personaje de idéntico nombre, aunque esta vez retratado en un cráneo de pecarí descubierto en el propio Copán. De esta forma, pareciera que con ello se está mudando la sede del poder desde el Petén a esta capital, evento que parece dar origen a la dinastía local de Copán. ¿Se trata aquí de mito o de historia? Siempre que nos remontamos suficientemente atrás en el tiempo acabamos por toparnos con la frontera entre ambos. ¿Fundó Heracles en verdad los primeros juegos olímpicos en la antigüedad helenística?

Probablemente nunca lo sabremos, o bien algún día un arqueólogo mayista emulará la proeza del millonario prusiano Heinrich Schliemann al descubrir en Hissarlik (Turquía) las ruinas de la célebre Troya evocada por los épicos versos de Homero, recordando al mundo una vez más que algunos mitos pueden tener sólidas bases históricas. Aquí la comparación entre mayas y griegos viene al caso, porque ambos pueblos gustaron de representar episodios esenciales de sus mitos fundacionales en vasijas cerámicas finamente pintadas por los mejores artistas de mundos sumamente distintos, que sin embargo rivalizan entre sí por su extraordinaria calidad plástica. Los primeros en la cerámica del estilo «códice» (así llamada porque su decoración y caligrafía simulaban un libro de papel de corteza), elaborada por los prestigiosos artistas del reino de Chatahn, en la misma región donde pudo estar el arquetípico lugar de «Maguey-Trono», aunque muchos siglos después. Los segundos en los jarrones del período helenístico, muy cotizados dentro del comercio mediterráneo, y plagados también de escenas míticas donde intervienen Heracles, Aquiles y otros héroes.

Precisamente una de las cunas dinásticas que se ha planteado como parte del sustento histórico que pudieron haber tenido estas narrativas semi-míticas fue el sitio arqueológico Preclásico de El Mirador, notorio por sus colosales dimensiones, y situado muy cerca de la frontera de Guatemala con el estado mexicano de Campeche. Cuando Ian Graham sugirió por primera vez que un sitio tan masivo como este podía datar de fechas tan tempranas, encontró fuerte resisten-

Vista del Grupo Pavas sobre la gigantesca pirámide Danta de El Mirador, Guatemala. Preclásico medio.
Fotografía de Geoff Gallice.

cia, debido a que las teorías vigentes atribuían a los mayas un desarrollo más lineal, que predeciblemente postulaba que los centros tempranos debían ser limitados en tamaño, en contraste con las grandes metrópolis, entendidas como exclusivas del Clásico tardío o de fechas posteriores. De El Mirador irradia un vasto sistema de calzadas que lo comunica con otros sitios de menores dimensiones, lo cual nos indica que fue un centro de importancia capital durante el Preclásico. El centro urbano en El Mirador cubre un área de dos kilómetros, comparable a la de Tikal, aunque el volumen de las estructuras de El Mirador supera por mucho a los de Tikal o Calakmul. La estructura Danta se eleva a más de setenta metros de altura por encima del suelo selvático, sobre una plataforma artificial de trescientos metros de lado. El Mirador cuenta además con otra estructura gigantesca conocida como El Tigre, una pirámide triádica que domina el sector oeste del sitio.

Los monumentos de El Mirador exhiben afinidades con aquellos relativamente contemporáneos descubiertos en centros urbanos como Takalik Abaj, Kaminaljuyú y El Portón. Además, la cerámica allí encontrada que data del Preclásico tardío muestra similitudes con la de las tierras altas del sur del área maya. Sin embargo, es muy poco lo que se sabe sobre la historia antigua de El Mirador, puesto que tan sólo se han encontrado un puñado de fragmentos de textos glíficos. Sabemos más acerca de la región otrora controlada por esta gran metrópolis, debido a que algunos reyes mayas muchos siglos después quizá se refirieron a ella mediante signos que combinan una planta de maguey con un altar de piedra, como la sede de origen de sus linajes y dinastías. Incluso el más poderoso de los gobernantes conocidos, Yuhkno'm el Grande de Calakmul, se autodefine como miembro de la casa dinástica de esta enigmática localidad: aunque en discursos que aluden a eventos tan tempranos como este, la historia se nos presenta aún entretejida con fuertes resonancias míticas.

Los desarrollos que se suscitaban entonces en las tierras bajas, como el caso de El Mirador recién expuesto, encuentran paralelo en las tierras altas. Así, en los límites al sur y occidente de la zona maya, en el eje volcánico del piedemonte del Pacífico, se encuentra el sitio de Takalik Abaj. Su núcleo ceremonial equivale a prácticamente la mitad del asentamiento de El Mirador, lo cual implica un tamaño considerable. Sin embargo, difícilmente puede considerarse a Takalik Abaj como una ciudad típicamente maya, pues a través de su historia muestra influencias cambiantes, desde la presencia de cabezas colosales y otros rasgos olmecas o mije-sokeanos, similares a los de Izapa, hasta monumentos que encajan bien dentro de la tradición escultórica maya del Preclásico. La última parte del Preclásico tardío (desde principios de nuestra era hasta aproximadamente el 250 d. C.) es con frecuencia referida como el Protoclásico. Durante este intervalo, se produjeron en Takalik Abaj estelas como la 2 y la 5, que registran fechas mayas en un sistema de notación posicional llamado Cuenta Larga. En la última de ellas son legibles las posiciones 8.4.5.17.11, equivalentes al 126 d. C.

La moderna ciudad de Guatemala se yergue hoy en día donde otrora tuvo su esplendor la antigua Kaminaljuyú, la mayor y más poderosa de las ciudades mayas de tierras altas que conocemos hasta ahora. Sus orígenes se pierden más de tres mil quinientos años atrás, en las profundidades del Preclásico temprano, sobre el cual sabemos muy poco en realidad. Para el Preclásico medio, cuando los olmecas alcanzan su esplendor, Kaminaljuyú contaba ya con grandes estructuras arquitectónicas y producía monumentos tallados, aunque fue en el Preclásico tardío cuando el sitio alcanzaría su apogeo, manifiesto en la sofisticación de su arte y en los indicios acerca de su control político sobre un gran número de poblaciones del altiplano guatemalteco, a unos mil quinientos metros sobre el nivel del mar. Algunos de los monumentos de Kaminaljuyú —como la estela 10— representan el pináculo del arte maya en piedra desarrollado durante el Preclásico, y superaban a todo lo que se conocía de aquella época, hasta el descubrimiento de los murales de San Bartolo. Resulta claro hoy en día que Kaminaljuyú controló gran parte del comercio a larga distancia que desde las tierras altas fluía hacia el norte y el occidente del área maya y la costa del golfo de México, incluyendo la producción de la codiciada obsidiana procedente de El Chayal, ubicado cerca de allí, y desde donde se distribuía a centros a cientos de kilómetros de distancia.

Mientras tanto, en el corazón del Petén, nuestra comprensión sobre el refinamiento alcanzado en el Preclásico superior cobraría nuevas alturas con el hallazgo de las pinturas murales de San Bartolo, efec-

Breve historia de los mayas

Reproducción de los murales de San Bartolo, muro oeste.
Figuras ancestrales surgen de la boca de una caverna rodeada
de un entorno salvaje y entregan ofrendas al dios del maíz.
Dibujo de recontrucción de Heather Hurst, del proyecto
arqueológico San Bartolo que dirige William Saturno.
Fotografía de John Pittman.
Museo Peabody de Arqueología y Etnología, EE. UU.

tuado por un equipo de reconocimiento de la Universidad de Harvard encabezado por William Saturno. Las escenas que aparecen allí pintadas al fresco sobre el estuco por manos verdaderamente expertas nos permiten echar un vistazo único a aspectos centrales de su mitología, incluyendo la presencia del dios del maíz, el dios de la lluvia y los cuatro árboles direccionales o *axis mundi* alimentados por diversos tipos de sacrificios animales y autosacrificios humanos. Más allá de esta iconografía tan sofisticada, las escenas aparecen anotadas con algunos de los textos glíficos más tempranos que se conocen, pues la madera carbonizada que se encontró asociada a estas obras maestras arroja fechas en torno al 300 a. C.

No muy lejos de allí, se erigía en Tikal una peculiar pirámide, llamada del Mundo Perdido, que, con sus veinte metros de altura y ochenta metros de base, resultaba modesta en comparación con las de El Mirador y Nakbé. Sin embargo, mientras estos últimos pronto comenzarían a languidecer, Tikal apenas comenzaba su desarrollo. En el grupo norte se registra por primera vez en el área maya el uso del arco falso (o bóveda maya) en la arquitectura. Diversos indicios apuntan a que esta ciudad recibió influencias procedentes de algún centro importante hacia el sur, posiblemente el propio Kaminaljuyú, con el cual bien pudo entablar desde entonces importantes vínculos comerciales, pues tanto la cerámica como las pinturas murales de Tikal recuerdan con fuerza los rasgos decorativos de la fase Miraflores de aquel sitio.

Un segundo gigante entre los sitios mayas estaba aún por despertar plenamente. Se trata de la gran ciudad de Calakmul, que para el Preclásico tardío ya parece haber contado con edificios de importancia que serían luego recubiertos por las gigantescas estructuras I y II a las que el sitio debe su nombre, pues tras su descubrimiento en 1931 fue bautizado como Calakmul (o *Kalak'mul*), que significa 'dos cerros juntos', nombre que nada tiene que ver con sus antiguas denominaciones jeroglíficas de *Chihk Naahb'* ('lago de los coatíes') y *Uxte'tuun* ('lugar de las tres piedras'). Ya desde el 400 o 300 a. C. Calakmul comenzaba a ser poderosa. De ello da fe la imponente arquitectura que data de esta época, con fachadas decoradas con grandes mascarones de estuco en algunos templos, amén de otras innovaciones arquitectónicas que competían seriamente con las de Tikal, tales como una bóveda de cañón corrido y un imponente friso de veinte metros de longitud, cuyo motivo central muestra al dios de la lluvia *Chaahk* representado en forma prácticamente análoga a la que exhibe el arte de Izapa.

De esta forma, el desarrollo de la civilización maya parece haber atravesado una etapa de gran crecimiento y expansión durante los más de dos milenios que conformaron el Preclásico; sin embargo, por motivos que nos son aún desconocidos, varios de los principales centros de esta época —incluyendo a Nakbé y El Mirador— habrían de colapsar, tras lo cual serían abandonados durante siglos. Otros como Kaminaljuyú perderían buena parte de su hegemonía regional, quedando a expensas de potencias extranjeras que pronto fijarían sus intereses en la abundancia de materias primas para el comercio que desde allí podían ser estratégicamente administradas. Un tercer grupo de sitios hasta entonces secundarios habrían de sobrevivir a este primer colapso Preclásico, factor que les llevaría a convertirse en protagonistas de la siguiente era. Nos referimos aquí a Tikal y Calakmul, cuyos reyes divinos acabarían por disputarse la supremacía de las tierras bajas mayas, aunque antes de que ello sucediera, el mundo maya habría de conocer la inmensa fuerza de Teotihuacán, la mayor metrópolis que jamás existió en Mesoamérica, ubicada en el México central.

3

El Clásico temprano

Hemos visto en el capítulo anterior que la alta cultura maya surge desde el Preclásico. ¿Por qué entonces se habla de una transición hacia el período Clásico hacia el año 250 d. C.? Si bien los principales rasgos de lo que llamamos «civilización» ya se habían configurado plenamente durante el período previo, también es cierto que el cierre del Preclásico no estuvo exento de fuertes cambios, cuyo reflejo en el registro arqueológico es tan notorio que ha llevado a algunos investigadores a plantear que ocurrió entonces un primer colapso del orden establecido, pero ¿lo hubo realmente? Los motivos por los que se habla de ello tienen que ver con el franco declive —incluso el abandono total— de muchas de las grandes capitales que dominaron la era anterior —entre ellas Nakbé y El Mirador al norte del Petén, el sitio de Cerros, en Belice y Kaminaljuyú en las tierras altas de Guatemala—. Es cierto que no se trató de un fenómeno generalizado, pues algunas ciudades preclásicas perdurarían, aunque con una capacidad muy disminuida. De entre los centros sobrevivientes, fueron muy pocos en realidad los que crecerían en estatura política, económica y militar, al capitalizar las nuevas circunstancias a su favor, incluyendo los vacíos de poder resultantes. Nos referimos aquí a Tikal y Calakmul, quienes siglos más tarde protagonizarían la más encarnizada lucha por le hegemonía y el poder jamás vista en la historia maya.

Tras ocurrir los eventos que marcan el final del Preclásico, llegamos a un período transicional llamado Protoclásico (0-250 d. C.). La arqueología tradicional considera que fue aquí cuando surgieron muchos de los rasgos distintivos que solemos asociar con la civilización maya, tales como el empleo de cerámica con decoración multicolor (llamada polícroma), la aparición de determinados estilos arquitectónicos, o bien la erección de estelas (monumentos clavados en el suelo con fechas glíficas). Sin embargo, ahora sabemos que —al menos en algunas regiones— tales rasgos pudieron desarrollarse algunos siglos antes del Protoclásico. Por otra parte, la tradición cerámica del Petén —representada por la llamada «esfera Tzakol» de Uaxactún— no parece mostrar cambios abruptos durante el paso del Preclásico tardío al Clásico temprano. Ciertas tendencias en cuanto a formas y tipos continúan, aunque se añade la decoración polícroma, ante la mayor abundancia de pigmentos disponibles, resultado de la profusión de nuevas rutas de comercio y los crecientes vínculos económicos y políticos entre regiones relativamente distantes.

Podemos percibir con mayor facilidad los cambios en el sistema de gobierno. En este ámbito resulta claro que durante el Clásico temprano se consolidan y adquieren mayor complejidad las principales instituciones políticas y religiosas que venían desarrollándose desde hacía siglos. La presencia de un sistema político desarrollado queda de manifiesto con la aparición de los primeros glifos emblema, plasmados en monumentos de esta época. A grandes rasgos, un glifo emblema es una convención para representar el título de un supremo gobernante, a través de indicar su pertenencia a determinado linaje o dinastía. A su vez, los nombres de algunos linajes pueden derivar de la geografía, es decir, de su lugar de origen, aunque no siempre es el caso. Hoy día la mayoría de los glifos emblema pueden leerse casi por completo. Su descubrimiento ha permitido a los investigadores estudiar cómo interactuaban entre sí una buena parte de las ciudades mayas que conocemos. Cuáles fueron aliadas y cuáles rivales. Qué linajes tenían vínculos de parentesco o políticos y cómo se creaban y se mantenían tales vínculos. Así, los reyes de Tikal —y posteriormente los de Dos Pilas— se hicieron llamar *k'uhul Mutu'ul ajaw* ('señor divino de Tikal') y aquellos de la poderosa dinastía que gobernó primero Dzibanché y después Calakmul se autodenominaban *k'uhul Kaanu'ul ajaw*. Por su parte, Palenque y Tortuguero estuvieron controlados por ramas distintas de la dinastía de B'aaka'al, y Yaxchilán por la de

Pa'chan ('Cielo Partido'), vinculada también con el sitio de El Zotz' en el Petén.

Si bien muchos aspectos de la transición hacia el Clásico temprano —es decir, del Protoclásico— permanecen oscuros, el inicio del Clásico estuvo marcado, como hemos dicho, por fuertes cambios en el orden establecido. Tuvieron que pasar algunos siglos de gestación, tras el colapso de urbes de la magnitud de El Mirador y Nakbé, para que las tierras bajas mayas pudieran recomponerse y recobrar su dinámica, otrora floreciente. Entre otros procesos, la inmigración masiva pudo ayudar a lograrlo. Se ha hablado mucho

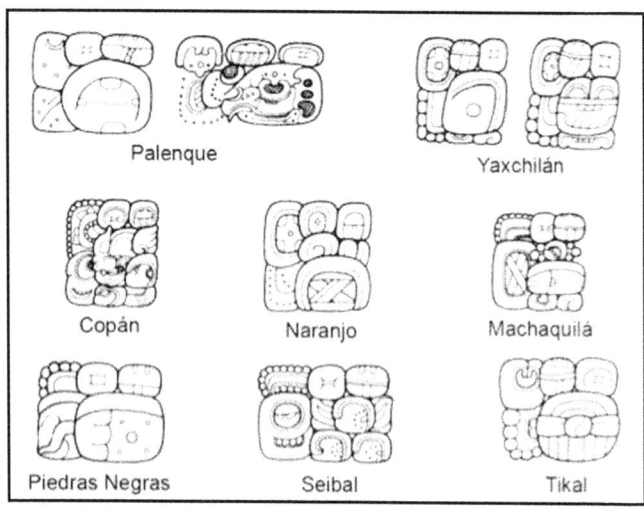

Glifos emblema identificados por Heinrich Berlin en 1958. Obsérvese que algunas ciudades poseían más de un emblema o variantes del mismo (por ejemplo, Palenque y Yaxchilán). Dibujo de Heinrich Berlin.

acerca de un notorio incremento de la población en la región central que habría tenido lugar hacia el año 250. Las causas que lo propiciaron son difíciles de determinar, aunque algunos expertos consideran que la erupción del volcán Ilopango, en lo que hoy es El Salvador, propició un éxodo masivo de población desde las tierras altas del sureste —incluyendo a grupos portadores de la tradición cerámica Usulután— que se habría refugiado eventualmente en el Petén, fenómeno apreciable en sitios como Nohmul, Barton Ramie, Holmul y posiblemente Tikal. Así, la llegada de diversas oleadas de gente procedentes de las tierras altas pudo ser uno de los factores que propiciaron un auge y revitalización cultural y artística en las partes bajas del Petén.

Fue entonces que la composición étnica de regiones enteras cambió drásticamente, pues al tiempo que los grupos mayas consolidaban su dominio, las poblaciones mije-sokeanas fueron empujadas hacia fronteras cada vez más distantes, o bien forzadas a integrarse a una nueva dinámica «maya», regida por grupos ch'olanos de alta cultura, al parecer originarios de alguna región al sur de las tierras bajas. A manera de analogía, quienes hoy llamamos «griegos de la antigüedad» fueron en realidad un conjunto de grupos étnicos en mayor o menor medida vinculados por lenguas y tradiciones relativamente afines, entre los que se cuentan jónicos, dorios, tracios y frigios. De la misma forma, si queremos penetrar más allá de las apariencias y sumergirnos en el mundo maya de la antigüedad, debemos dejar de verlos como un único bloque conformado por gente «maya», y comenzar en cambio a diferenciarlos en grupos de tierras bajas —como ch'olanos, tzeltalanos y yukatekanos— y un buen número de grupos adicionales en las tierras altas —como k'iche'anos, mameanos y chujeanos—. Sin embargo, de alguna forma las mayores o menores diferencias étnicas y lingüísticas habidas entre estos grupos quedarían relegadas ante la gran cantidad de rasgos compartidos en sus culturas, los cuales los conferían una gran identidad común, más allá de la imperiosa necesidad de unirse para prosperar y resistir el embate de grupos «no-mayas», tanto al sur como al poniente, como los caribes, xinkas, lencas, mijesokes y nawas, entre otros. Pero ¿cómo es que llegó a forjarse tal identidad «maya» en el agitado crisol que era entonces el sureste de Mesoamérica?

Décadas atrás, nos habríamos hallado en severa desventaja para responder una pregunta de tal naturaleza, ante la ausencia de fuentes escritas descifrables que pudiesen arrojar luz sobre este período tan antiguo. Hoy, tras una sucesión de avances en el desciframiento maya, sabemos que parte de la respuesta tiene que ver con el establecimiento de un nuevo modelo de gobierno, marcado por el advenimiento de «la era de los señores divinos». Fueron encumbrados nuevos linajes, cada uno encabezado por su respectivo K'uhul Ajaw ('señor divino'), quien hacía las veces de rey o dinasta. Valiéndose del sólido respaldo que le confería el tener bajo su cargo una plétora de sacerdotes, escribanos y otros nobles de la clase gobernante —incluso en sitios subordinados— amén de jefes militares al mando de guerreros formidables, los señores divinos mantenían celosamente o transformaban el orden establecido, según fuese más conveniente para garantizar sus privilegios, duramente ganados a través de los siglos. Como tales, los señores divinos y las élites en torno suyo fueron propensos a enfatizar, o en ocasiones a imponer abiertamente, sus propias versiones sobre el origen de su linaje, de su grupo o su ciudad, así como las bases mitológicas y sobrenaturales en que éstos se sustentaban (léanse sus propios mitos fundacionales).

Mitología de origen en la región occidental

Fijemos por un momento nuestra mirada en la ciudad de Lakamha', nombre con el que fueron conocidas en su tiempo las portentosas ruinas que hoy llamamos Palenque —término muy posterior y de clara filiación castellana—. Los orígenes míticos del glorioso linaje de B'aaka'al que allí gobernó se pierden en la noche de los tiempos. Sus textos refieren sucesos cósmicos ocurridos más de ochocientos mil años atrás, donde intervienen poderosas deidades, incluyendo a la propia diosa lunar Ix Uh; un gigantesco ciempiés de blanquecino caparazón (Sak B'aah Naah Chapaht), símbolo que parece representar uno de los ejes visibles del firmamento nocturno; así como el dios —o conjunto de dioses— referido como B'alu'n Yokte' K'uh (de los nueve pilares o soportes), quien adquiriría celebridad debido a la profecía sobre su inminente

Códice de Dresde, página 74. Muestra una escena asociada al Diluvio que habría arrasado la última creación del cosmos. En el extremo superior, el enorme Lagarto-Venado celestial vierte torrentes de agua de sus fauces, al tiempo que la anciana diosa O Chak Chel invierte su jícara inagotable para causar la lluvia.
En el mito, el dios jaguar del inframundo (dios L), armado de lanzas, es el responsable de matar al lagarto —en ciertas versiones decapitándole—.
Dibujo de Paul Schoenmakers.

regreso, situado justo durante nuestra época moderna, según narra un texto jeroglífico del reino de Tortuguero, cuya historia se entrecruza con la de Palenque, según veremos más adelante. Mientras tanto, una tradición registrada en el Altar 1 de Piedras Negras señala una fecha de 19.8.19.0.4.16 (17 de febrero de 4710 a. C.) como el origen de la gloriosa dinastía de Yokib', a la cual pertenecieron sus más grandes reyes.

De nuevo en Palenque, en un magnífico trono descubierto en el Templo XIX fue plasmado con singular claridad y detalle un evento de importancia trascendental —acorde con las principales tradiciones de Mesoamérica—. De acuerdo con David Stuart, a quien debemos su desciframiento, se trata de un gran diluvio, que habría arrasado con la creación previa del cosmos, en una fecha 19.12.10.12.14.18 1 Etz'nab' 6 Yaxk'in (18 de febrero de 3298 a. C.). Todo ocurrió cuando la deidad ancestral GI decapitó a un lagarto cósmico —quizá una alegoría para representar al eje de la eclíptica en forma personificada—. Los torrentes de sangre —o agua, según otra versión— que brotaron de su cuerpo, cuya descomunal escala rebasa la imaginación, habrían inundado el mundo. Del mismo diluvio se harían eco después tradiciones mesoamericanas tan diversas como las que reflejan la portentosa Piedra del Sol, creada por el imperio mexica —o «azteca»— del período Posclásico tardío, o bien la obra cumbre del *Popol Wuj* descubierto en las tierras altas de Guatemala, en ambos casos, muchos siglos después de que Palenque fuera abandonada. La imagen más vívida plasmada sobre este catastrófico suceso fue plasmada en la página 74 del *Códice de Dresde*.

Después, correspondió a un rey legendario de Yokib' supervisar la celebración del final de período ocurrido en la Fecha Era —momento de la Creación del cosmos actual— en 13.0.0.0.0 4 Ajaw 8 Kumk'u (13 de agosto de 3113 a. C.). La misma fecha fue consignada en el Monumento 151 de Toniná, por órdenes de los reyes del linaje de Po', en asociación con enigmáticos eventos ocurridos en una montaña sagrada, referida como Sinan Witz. Existen también dentro de las narrativas de Palenque múltiples alusiones a la misma fecha de creación, sin embargo, por alguna razón, el énfasis que se les otorga es secundario, en comparación con otros eventos cósmicos, vinculados con su tríada de dioses «patronos» —aspectos de deidades del maíz, el relámpago y el sol nocturno —. Ante las dificultades para descifrar sus nombres, Heinrich Berlin los denominó simplemente GI, GII y GIII. Incluso antes de la Fecha Era, en 3121 a. C., las inscripciones de Palenque registran el nacimiento de una entidad progenitora —masculina, femenina o asexuada—que dio a luz a la tríada de dioses, relacionada con un aspecto del dios del maíz y referida como Nal Ixi'm Muwaan Mat. Ello ocurrió en un lugar mítico de origen llamado Matwiil, cuya geografía buscaría luego ser recreada en la arquitectura del emplazamiento que se convertiría en Palenque-Lakamha', tal y como lo conocemos hoy.

En 3309 asciende al trono mitológico del poder la forma ancestral del dios GI —GI el viejo— bajo la supervisión del dios D, Yax Naah Itzam Kohkaaj. Con toda precisión, se especifica el 21 de octubre de

2359 a. C. como la fecha de nacimiento—o quizá de reencarnación— de una nueva advocación de GI, la cual prevalecería desde entonces. Cuatro días después nace GIII, el temible aspecto del dios jaguar del inframundo. Finalmente, el 8 de noviembre de ese mismo año llegaría al mundo el miembro más joven de la tríada, la deidad GIII, cuyo nombre podemos leer hoy día como Unen K'awiil (dios-relámpago infantil). Tan sólo unos años más tarde, le tocaría el turno de ascender al trono a la propia deidad progenitora Nal Ixi'm Muwaan Mat, en 2324 a. C., cuando contaba con setecientos noventa y siete años de edad.

Esta sucesión de eventos claramente mitológicos es seguida después por otra cadena de sucesos que se ubican en la frontera entre la leyenda y la realidad histórica. Así, en 993 a. C. —la época de esplendor de los centros olmecas del Preclásico medio como San Lorenzo y La Venta—los textos de Palenque narran el nacimiento de un personaje llamado Ukokaan Kaan (serpiente del perforador), quien veintiséis años más tarde ascendería al trono. Más adelante, en tiempos del Preclásico tardío —contemporáneos a las muestras de alta cultura de San Bartolo en el Petén—, las inscripciones de Palenque registran un evento ocurrido en 252 a. C., supervisado por un primer fundador dinástico semimítico, referido como el gobernante Ch'a. Hemos visto antes que algo similar ocurre con el linaje de Cielo Partido o Pa'chan en 325 d. C., cuando el héroe cultural Yopaat B'ahlam funda la dinastía que luego gobernaría Yaxchilán. Referencias como estas nos transportan a los albores de la historia de esta vasta región.

Carlos Pallán Gayol

El comienzo de la era histórica en la región occidental

Pocas experiencias en el mundo maya despiertan con tanta intensidad la maravilla de descubrir una era perdida como el navegar a través de los soberbios paisajes del río Usumacinta y desembarcar en el muelle de la gran ciudad de Yaxchilán. Una serie de cuatro magníficos dinteles producidos allí contienen el listado de los reyes históricos más tempranos de la región occidental, al menos hasta donde conocemos. Las primeras fechas jeroglíficas contemporáneas —no retrospectivas— del sitio datan del 514 d. C., aunque ignoramos el momento exacto en que la dinastía de Cielo Partido emigró o se ramificó desde el Petén central —léase El Zotz' y posiblemente la región de San Bartolo— para terminar estableciéndose en Yaxchilán. El hecho es que el gran fundador dinástico Yopaat B'ahlam tendría un sucesor, llamado quizá Kohkaaj B'ahlam I, cuyo nombre continuaría inspirando siglos después al de varios sucesores suyos. Su reinado comenzó algún tiempo antes de 378, pues después de tal fecha asumiría el trono Yaxuun B'ahlam I, tercero en la lista de sucesión, y también dueño de un nombre que cobraría gran celebridad en el futuro. Posteriormente, la narrativa del Dintel 11 señala la fecha de 389 como el momento en que el cuarto rey —quizá llamado Yax Xukub' Jo'l— asumió el trono de Pa'chan.

Trasladémonos ahora noventa kilómetros río abajo, a la región de Boca del Cerro y Pomoná en Tabasco.

Desde allí surgía una ruta tierra adentro que comunicaba cincuenta kilómetros hacia el poniente para acceder a la majestuosa ciudad de Palenque. Poco sabemos en realidad sobre la historia temprana del linaje real de B'aakal que allí gobernó. Comúnmente se considera como el fundador «histórico» a un rey llamado K'uk' B'ahlam I (Quetzal-Jaguar I), quien habría nacido al parecer en el 397 d. C. y asumió el gobierno en el 431. Se le otorgó entonces el título de Señor Divino de Toktahn. Parece aludir a un enigmático «centro de nubes», lugar de origen dinástico que algunos creen ubicado en las cercanías, y otros a considerable distancia. Existe un retrato de K'uk' B'ahlam en una de las magníficas columnas del Templo de las Inscripciones, finamente modelado en estuco, que lo muestra vestido con un elegante faldellín de piel de jaguar y tocado de largas plumas de Quetzal, al tiempo que mece paternalmente una efigie del dios-relámpago infantil (GII), de cuyo pie izquierdo surge una feroz serpiente. K'uk' B'ahlam fue contemporáneo del rey de Sihajiiy Chan K'awiil de Tikal, y en efecto, durante esta época Palenque no debió permanecer al margen de los desarrollos que tenían lugar en el Petén central, donde se implementaba el nuevo orden traído desde Teotihuacán. Hemos mencionado ya cómo una subestructura del Templo V muestra un retrato modelado en estuco de un guerrero con anteojeras y *átlatl* o lanzadardos, que combinada con la mención a Sihajiiy K'ahk' en un Tablero del Palacio, nos brinda testimonio del profundo impacto que tuvieron aquellos sucesos, no sólo en el corazón del Petén, sino también hacia la periferia.

Después asumiría el poder en el 435 un joven de trece años de edad, el Gobernante 2 (Gobernante Ch'a... II), nacido en un día 11 Lamat —equivalente a 11 Conejo en otras tradiciones mesoamericanas—, quien eventualmente se mantendría casi medio siglo en el poder. Su nombre, inspirado en el de una deidad poco conocida, es idéntico al del semi-mítico fundador referido líneas arriba, y nos resulta igualmente difícil de descifrar con plenitud. Aparece escrito en un exquisito tazón de piedra travertina, donde también se lo retrató como un hombre barbado en ademán de mando, sentado en elegante postura. Poco después de su entronización, le correspondió celebrar el cambio de un calendárico mayor, el de b'ak'tún (400 x 20 x 360 días), ocurrido en 9.0.0.0.0 (11 de diciembre del 435) en Toktahn, dondequiera que haya estado tal lugar. Gracias al descubrimiento del Tablero de K'an Tok, sabemos que este gobernante instaló al menos a dos nobles en cargos sacerdotales importantes en el 445 y en el 460.

Paralelamente, fue hacia el año 450 cuando la dinastía de Yokib' se estableció en Piedras Negras, un lugar antiguamente referido mediante el nombre de lugar de «Garra-Piedra», según sus propias narrativas registradas en el Trono 1. Cuarenta y cinco kilómetros río arriba se accedía a Yaxchilán, donde en algún momento previo al año 454, ascendió al trono el séptimo rey, referido como Luna Cráneo (quizá llamado Jatz'om Jo'l). Fue desde este temprano momento de su historia cuando surgiría en la región occidental la fuerte rivalidad que caracterizaría las relaciones futuras entre los antiguos linajes de los reyes de Yokib', por un lado, y los señores de 'Cielo Partido' o Pa'chan, por otro. Así, hacia el año 460 el rey Itzam K'an Ahk I de Piedras Negras parece haber sido capturado por Luna Cráneo. Claramente, los conflictos entre ambas ciudades perdurarían durante la siguiente generación, pues el trono de Piedras Negras quedaría en manos de un nuevo rey, homónimo de su predecesor —llamado Itzam K'an Ahk II—y probablemente hacia el año 478, uno de sus vasallos con el rango de *yajawte'* sería capturado por el siguiente rey de Yaxchilán, Yaxuun B'ahlam II (Pájaro Jaguar II).

Mientras tanto, antes de su muerte, el Gobernante Ch'a... de Palenque parece haber engendrado dos hijos, ambos de los cuales llegarían a gobernar en sucesión. El primogénito pudo ser Butz'aj Sak Chihk (Coatí Blanco Humeante), quien se entronizó en el 487, con tan sólo veintiocho años de edad. Hacia el 490 llevó a cabo un ritual de naturaleza poco clara, aunque relacionado con un cambio importante. El lugar dominante dejaría de ser el centro de nubes Toktahn, y en cambio comienza a referirse un lugar de 'Grandes Aguas', sin duda relacionado con la sede actual de Palenque a orillas del río Otolum.

Posiblemente fue el hermano menor de Butz'aj Sak Chihk —llamado Ahkul Mo' Naahb' I— quien ascendió al poder en junio del 501. Cobraría prominencia en narrativas futuras como un gobernante ancestral de cierta importancia. Mientras tanto, hacia el 508, un nuevo rey de Yokib' referido como 'Diente de Tortuga' II —probablemente llamado Yat Ahk II— perdería también a uno de sus vasallos en una nueva confrontación con Yaxchilán que parece replicar lo ocurrido treinta años atrás. La victoria fue para su oponente, el noveno rey de Pa'chan, 'Jaguar Ojo de Nudo', hijo de Yaxuun B'ahlam II. Durante su gobierno, Yaxchilán crecería en estatura política. Su anhelo de convertir la ciudad en la capital regional del Alto Usumacinta le llevaría a trabar combate también contra fuerzas de Bonampak-Ak'e', e inclusive sus monumentos registran la captura de un vasallo del rey de Tikal, Chak Tok Ich'aak 'Garra de Jaguar'.

Como consecuencia de la derrota ante Yaxchilán, en noviembre del 510 «Diente de Tortuga» II decide emprender un viaje hacia algún lugar distante, que parece haber requerido ciento cincuenta y cinco días, a fin de visitar a un enigmático gobernante hegemónico referido como el «Kalo'mte' del occidente» —llamado Tajo'm Uk'ab' Tuun— quien algunos creen directamente vinculado con la supremacía que Teotihuacán ejercía aún. Recibe entonces de manos de Tajo'm Uk'ab' Tuun una serie de insignias de mando, incluyendo los prestigiosos yelmos de guerra teotihuacanos llamadoa *Ko'jaw*. Valiéndose del poder simbólico de tales objetos, pudo celebrar después una especie de pacto o alianza militar con otros sitios del Usumacinta como Lacanjá y Bonampak, incluyendo también a su rival Yaxchilán.

Quizá fue entonces cuando ocurrió una fractura importante en el linaje de B'aakal, pues una de sus ramas fundó su capital en el sitio de Tortuguero, en Tabasco, sesenta y cinco kilómetros al noroeste de

Palenque, donde un personaje de alto rango llamado Ahkul K'uk' dedicaría un santuario en el interior de un templo (*pib'naah*) hacia el 510. Pronto dejarían claras sus intenciones hacia el tronco principal de su linaje, que refrendaba mientras tanto su capital en Lakamha'.

Sesenta y cuatro kilómetros al sur de Palenque, rodeada de las virtualmente inexpugnables montañas de Ocosingo, llegaba la hora a Toniná, otra de las grandes capitales de las tierras bajas occidentales y sede de la dinastía de Po'. Hacia el 514 tuvo lugar allí un evento clave de su historia, cuando el gobernante 'Cabeza de Reptil' parece efectuar un poderoso ritual fundacional sobre una montaña sagrada. La importancia de tal suceso no debe subestimarse, pues incluso tres siglos después, el undécimo gobernante del sitio le rendiría culto a 'Cabeza de Reptil' mediante un ritual de «entrada de fuego» (ochi k'ahk') en su tumba. Casi al mismo tiempo, Ahkul Mo' Naahb' celebraba en Palenque el final de período ocurrido en 9.4.0.0.0 (18 de octubre de 514), para lo cual ordenó que se hicieran las ofrendas de rigor a los dioses de su tríada benefactora. La misma coyuntura calendárica es observada rigurosamente por su contraparte de Yaxchilán, 'Jaguar Ojo de Nudo'.

Cuatro años después, en el 518, un nuevo rey se había hecho con el control de Piedras Negras, a quien denominamos simplemente Gobernante C. Sin duda le sobraba oficio militar, pues logra superar en combate al tenaz rival de su predecesor —el rey 'Jaguar Ojo de Nudo' de Yaxchilán—, además de a otros dos enemigos procedentes de Lakamtuun y Wak'aab' (quizá Santa

Elena), retratados en el Panel 12 como cautivos hincados y sometidos ante él. Sin embargo, el mérito de este súbito cambio en la fortuna de Piedras Negras no correspondería únicamente al rey local, ya que pudo haber recibido apoyo importante de un poder mayor, identificado por varios autores con la figura del propio Tajo'm Uk'ab' K'ahk', evocando de nuevo nexos con la distante Teotihuacán, aunque de naturaleza difícil de precisar.

En Palenque, Ahkul Mo' Naahb' parece haber sobrellevado el resto de su gestión con relativa tranquilidad, hasta su muerte, que se verificó en noviembre del 524, según sería recordada casi ciento sesenta años después en las inscripciones póstumas del sarcófago de su célebre sucesor, K'inich Janaahb' Pakal, donde aparece un retrato suyo emergiendo de la tierra —a manera de poética metáfora de renacimiento—. Al término de la era de Ahkul Mo' Naahb', Palenque parece haber atravesado por ciertas dificultades, según manifiesta el interregno —o lapso con ausencia de gobierno formal— de cuatro años.

Poco después, en el 526, tocaría el turno de asumir el trono de 'Cielo Partido' a otro de los hijos de Yaxuun B'ahlam II, llamado K'inich Tatb'u' Jo'l II. Sin duda buscó restaurar el prestigio de su ciudad —dañado tras la captura de su hermano por Piedras Negras—, al tiempo que comenzó a preparar a su ejército para reclamar por la fuerza un papel más ventajoso dentro del gran teatro bélico en que se había convertido entonces el Usumacinta.

Tres años más tarde, asumiría el poder en Palenque un posible hijo de Ahkul Mo' Naahb', llamado

K'an Joy Chitam I (Pecarí Amarillo Atado I) —según narra la elegante escritura glífica del Templo de la Cruz—, quien todavía sostuvo ciertos vínculos con el lugar de origen del 'Centro de Nubes' (Toktahn), donde previamente había celebrado un rito iniciático infantil a los cinco años de edad. Poco después de su entronización, le tocaría a K'an Joy Chitam observar en Lakamha' el final de período de 9.5.0.0.0 (5 de julio de 534).

Por su parte, el nuevo rey de Yaxchilán, K'inich Tatb'u' Jo'l II, no tardaría mucho en revelarse como líder militar nato, al emprender una campaña que culminaría con la captura de señores y nobles de Bonampak-Ak'e y de Lakamtuun. No contento con ello, sorprende a propios y extraños al tomar prisionero en 537 a un vasallo del poderoso rey K'altuun Hiix, de la dinastía de la serpiente Kaanu'ul. La infortunada víctima parece haber sido sacrificada en un ritual para satisfacer el apetito de los temibles dioses patronos de su ciudad —aspectos bélicos del dios de la Lluvia y del Sol Nocturno—. Después, K'inich Tatb'u' Jo'l II mandaría tallar cuatro magníficos dinteles para dar cuenta de sus recientes proezas, incluyéndolas dentro del listado de grandes reyes de su linaje, que remontó hasta el tiempo del heroico Yopaat B'ahlam.

Al mismo tiempo que K'an Joy Chitam celebraba en Palenque el final de período de 9.6.0.0.0 (22 de marzo de 554), los reyes de Yokib' en Piedras Negras buscaban llevar a la práctica sus ambiciones expansionistas, aunque tales intentos se verían bruscamente frenados hacia el 559, cuando fueron derrotados inesperadamente por otro señorío de la región Usumacinta, ubicado cuarenta y cinco kilómetros río abajo: Pomoná, la relativamente modesta, aunque importante sede de la dinastía de Pakbu'ul, a la cual Piedras Negras parece haber estado subordinada de algún modo durante sus inicios, inclusive mediante el pago de tributo. Tras el ataque, Piedras Negras parece haber sido quemada, tras lo cual entraría en un período de oscuridad que se prolongaría cerca de cuarenta años.

Regresando a Palenque, en febrero del 561 K'an Joy Chitam dedica lo que parece haber sido la plataforma del Templo XIX, aunque no mucho después, su gobierno de treinta y seis años llegaría a su fin, en febrero de 565, cuando el monarca falleció a la edad de tres cuartos de siglo —sin duda avanzada para aquel entonces—. En mayo de ese año, sus poderes serían transferidos al siguiente rey, Ahkul Mo' Naahb' (II), quien a todas luces debió ser uno de sus hijos. Tras su entronización, le fue conferido el mismo nombre de su abuelo, haciendo eco de la creencia maya respecto a que la transmisión directa de la esencia espiritual y los atributos íntimos de una persona —incluyendo el nombre— podían saltar una generación, pasando en gran medida de abuelos a nietos. De hecho, el término *mam* se empleó para indicar tanto 'abuelo' como 'nieto'. Ahkul Mo' Naahb' celebraría un final de período peculiar, ocurrido en el asimétrico intervalo de 9.6.13.0.0 (13 de enero de 567). El valor trece que contiene la Cuenta Larga (trece tunes = 13 x 360 días) refleja íntimas creencias sobre la estructura del cosmos maya —conformado por trece distintos estratos celestiales— así como del ciclo *tzolk'in* del calendario maya y mesoamericano (análogo al *tonalpowali* mexica), conformado por trece posibles combinaciones para cada uno de los veinte días (13 x 20 = 260 días). Desafortunadamente, el gobierno de Ahkul Mo' Naahb' no tuvo la duración prevista, pues fallecería tan sólo cinco años más tarde.

No conocemos con claridad lo ocurrido durante los dos años siguientes. Presumimos que fue su

El rostro del segundo rey de Toniná, K'inich Sawan B'ahlam Yaxuun Tihl, quien gobernó hacia el 568 d. C. Fotografía de Simon Burchell.

hermano menor, Kaan B'ahlam I —también hijo de K'an Joy Chitam I— quien subiría al poder en el 572, con cuarenta y siete años cumplidos. El año siguiente le llegaría el momento de conmemorar el final de período de 9.7.0.0.0 (7 de diciembre de 573), aunque por alguna razón, sus sucesores darían mayor énfasis al final de ciclo de *ho'tuun* (cuarto de *k'atun*) ocurrida cinco años después, en 9.7.5.0.0 (11 de noviembre de 578). Fue entonces cuando Kaan B'ahlam I efectúo las debidas ofrendas para renovar los atavíos o «bultos sagrados» de las deidades patronas del sitio —seguramente efigies de GI, GII y GIII ubicadas en sus respectivos templos—. Podría parecernos superfluo que se exalte aquí la observación de rituales periódicos que los reyes estaban obligados a observar, aunque tal normalidad contrastaría con la difícil situación que viviría el sitio algunas décadas después, cuando ni siquiera los más elementales deberes del gobernante para con sus dioses podrían ser cumplidos. Los once años de Kaan B'ahlam I en el poder concluirían con su muerte en el 583, tras lo cual daría inicio una época turbulenta, como preludio al caos que se desataría posteriormente. Mientras tanto, en Toniná subiría al poder en el 568 el segundo de los antiguos reyes de Po', llamado K'inich Sawan B'ahlam Yaxuun Tihl, quien se mandaría retratar haciendo las veces de eje del cosmos, incorporando en su tocado el simbolismo de diversos planos astronómicos y cuerpos celestes, en una sofisticada estela de relieve completo, similar a las de Copán, aunque también a las de los monumentos de la mítica región de origen de las Salinas de los Nueve Cerros (B'alu'nte'witz), en las tierras altas de Guatemala.

Tras la muerte de K'an B'ahlam I en el 583, el trono de Palenque quedaría en manos de una de las pocas mujeres gobernantes del período Clásico, la señora Yohl Ik'nal. Parece haber sido hija del primero —aunque carecemos aún de términos glíficos de parentesco que lo confirmen con certeza—. Años más tarde, en la ciudad rival de Toniná, se celebra hacia el 589 un ritual funerario en la tumba de otro gobernante recientemente fallecido, llamado Chak B'alu'n Chaahk. Para entonces los intereses de esta metrópoli podrían hacer alcanzar regiones más de ochenta kilómetros hacia el norte, donde las montañas de Tabasco se encuentran con el valle del Usumacinta. Allí, los señores de Pomoná-Pakb'u'ul, al igual que los de muchos sitios más, tenían la costumbre de celebrar regularmente el completamiento de ciclos de k'atun (20 x 360 días) en distintas sedes, tal y como hace en 9.8.0.0.0 (24 de agosto de 593) el rey local Muyal B'ahlam Chaahk (Dios de la Lluvia-Jaguar de las Nubes).

La misma ceremonia calendárica sería observada cincuenta kilómetros al poniente, en Palenque-Lakamha, por la señora Yohl Ik'nal. Con ello, los reyes mostraban su respeto hacia tradiciones que perdurarían todavía doce siglos después, según testimonian fuentes coloniales como los libros del *Chilam Balam*, según las cuales debían supervisar el final de k'atun en una de trece distintas sedes rotativas, conformándose así un ciclo mayor de trece k'atunes (13 x 20 x 365 días), referido comúnmente como *may*.

Carlos Pallán Gayol

La doble caída de Palenque

A pesar de permanecer en el poder por veintiún años, la búsqueda de prosperidad que emprendió Yohl Ik'nal para su ciudad resultaría infructuosa, pues una oscura sombra comenzaba ya a cernirse sobre Palenque y buena parte de la región occidental: el creciente poderío militar de la dinastía Kaanu'ul. Así las cosas, en una fatídica fecha de 9.8.5.13.8 (23 de abril de 599) sobrevendría el primer ataque de la dinastía de la serpiente contra Palenque. El pasaje jeroglífico crucial nos narra cómo la ciudad de Lakamha' fue «destruida», por obra de una coalición militar liderada por algunos de los antiguos vasallos de Yuhkno'm Ut Chan (Testigo del Cielo), rey de Kaanu'ul, quien para entonces presumimos habría ya muerto, aunque bajo su nombre, su sucesor Serpiente Enrollada concatenaría una nueva serie de conquistas, valiéndose de la ayuda algunos gobernantes aliados, incluyendo a K'ox Luka' —del enigmático sitio de Maguey-Trono— además de un gobernante de Yaxchilán, llamado Kokaaj B'ahlam II (Escudo Jaguar II), también mencionado en un tablero de Bonampak, y homónimo del más célebre gobernante posterior Escudo Jaguar IV.

Orquestadas desde una distancia que nos cuesta trabajo imaginar —más de trescientos sesenta kilómetros separan Palenque de Dzibanché—, ambas aventuras bélicas son las más lejanas jamás intentadas en el área maya, sólo superadas por las incursiones militares efectuadas por Teotihuacán siglos atrás. Dondequiera que haya estado entonces su capital, es claro que la atención de los reyes de la serpiente se mantenía fija en la región occidental y sus abundantes recursos naturales —incluyendo las fértiles tierras del delta del río San Pedro— así como sus estratégicas rutas de comercio y navegación. Evidentemente, Palenque cometió el error de interponerse en sus planes por allegarse el control de esta zona.

El texto de la escalinata jeroglífica de El Palacio narra las catastróficas consecuencias de la invasión: algunos de los templos de la ciudad habrían sido profanados y las efigies de la tríada de deidades patronas de Palenque derribadas. Pese a que todavía no podemos capturar totalmente la esencia de lo que registran estos pasajes, representan sin duda una visión interna —la perspectiva palencana— sobre su propia catástrofe, aunque matizada por el paso del tiempo, ya que fue escrita más de ciento cincuenta años después. Como quiera que haya sido, la derrota inflingida por la dinastía de la serpiente debió dejar la ciudad de Palenque-Lakamha' sumida en el caos. El equilibrio de poderes regional cambiaría entonces súbitamente, mientras los principales competidores buscarían mejorar su posición dentro de la nueva correlación de fuerzas.

Cuatro años después, Piedras Negras parece haber decidido hacer leña del árbol caído —valiéndose de las añejas alianzas militares entabladas con Bonampak y otros sitios—. Aprovechando la debilidad que aún prevalecía en Palenque-Lakamha', ambas ciudades le asestaron sendos golpes en rápida sucesión: en 9.8.9.15.11 (16 de mayo de 603), los escudos y las armas del hombre de Lakamha' fueron abatidos —según narran los textos glíficos— por obra del rey Yajaw Chan Muwaan de Bonampak, frase que alude a la derrota del ejército palencano. En noviembre del mismo año, el trono de Piedras Negras sería ocupado por un nuevo y poderoso rey, llamado K'inich Yo'nal Ahk I. Quizá influyó en su elección su reciente proeza militar, ocurrida un mes atrás, cuando logró capturar a un sacerdote de Palenque, portador de un título exclusivo —el «hechicero de B'aakel» (B'aakel Wahywal)— . Como resultado de esta doble calamidad, la corte real de Palenque parece haber sido forzada por las circunstancias a mudarse provisionalmente a un sitio desconocido, tal vez infestado de mosquitos a juzgar por su nombre (Ta' Us). Allí, la señora Yohl Ik'nal instala a un noble de la clase sacerdotal en 9.8.10.5.8 (20 de octubre de 603).

Lejos de terminar allí, los problemas de Palenque no harían sino recrudecerse. La señora Yohl Ik'nal moriría un año después. Su importancia para los futuros reyes quedaría de manifiesto posteriormente, cuando se la retrata dos veces en los costados del sarcófago del gran K'inich Janaahb' Pakal, emergiendo entre grietas en la tierra, al modo de un ancestro resucitado, con su gran medallón enjoyado con el signo de viento (Ik') que alude a su nombre. En enero de 605 asumiría el trono Ajen Yohl Mat —probablemente su hijo—, quien, pese a la devastadora derrota, parece haber sido capaz de recomponer algún tipo de orden en Palenque, al menos el suficiente para clamar control del sitio de Santa Elena, en Tabasco, noventa y ocho kilómetros al oriente, a orillas del río San Pedro Mártir. Dos descubrimientos efectuados allí resultarían importantes: en primera instancia, David Stuart pudo identificar que sus relativamente modestas ruinas correspondían con un nombre de lugar jeroglífico recurrente en las inscripciones de Palenque y el Usumacinta —llamado posiblemente Wak'aab' o Wab'e'—. Posteriormente, Nikolai Grube encontró en uno de sus monumentos evidencia que denota su posición subordinada ante Palenque, ya que un registro del año 609 narra la entronización de un gobernante local —K'inich... Chaahk— bajo la supervisión de Ajen Yohl Mat, referido con su título usual de «señor divino» de B'aaka'al. Aunque esta vez la ambición de Ajen Yohl Mat fue demasiado lejos. Incomodadas por tales intentos de su enemigo derrotado por recomponerse y ampliar su influencia, las huestes de Kaanu'ul se aprestaban a dar el golpe de gracia a Palenque-Lakamha'.

Entre las maravillas arquitectónicas del mundo antiguo, sin duda debemos contar el Templo de las Inscripciones de Palenque. En la cúspide de esta estructura piramidal de nueve cuerpos superpuestos existe un amplio templo, en cuyos muros fueron empotrados tres grandes tableros jeroglíficos —a los que el edificio debe su nombre—. En su conjunto, conforman uno de los más largos textos mayas jamás descubiertos. Un pasaje en especial del tablero oeste nos interesa ahora: en él se narra cómo en la fatídica fecha 4 Hix 7 Wo' (equivalente al 7 de abril de 611) fue literalmente «destruida» la ciudad de Palenque-Lakamha' (*ch'ahkaj Lakamha'*) bajo la mano del sucesor de Testigo del Cielo —a quien conocemos con el sobrenombre de 'Serpiente Enrollada'—, el señor divino de la dinastía de la serpiente Kaanu'ul. El ominoso pasaje que sigue nos da una vaga idea de las trágicas consecuencias del ataque. Narra como «se perdieron las señoras divinas» de la ciudad (*satay k'uhul ixik*) y «se perdieron los señores» (*satay ajaw*). Posiblemente ello indique el exterminio selectivo de un segmento importante de la nobleza del linaje de B'aakal. Si bien Ajen Yohl Mat y su hermano —llamado Janaahb' Pakal— sobrevivieron a la batalla, morirían durante el próximo año.

Comúnmente se asume que su ejército se movilizó desde Calakmul, aunque hemos visto ya que lo más lógico sería ubicar su capital en el sureste de Quintana Roo. El hecho es que Serpiente Enrollada logró continuar los expansivos planes que su predecesor inició, fulminando a Palenque con un ataque que se antoja aún más devastador que el primero.

Durante el caótico estado de cosas que siguió, cuando los cimientos mismos del sistema de creencias parecían demolerse, ascendería al trono en el 612 la enigmática figura de Muwaan Maat. Quienquiera que haya sido, ostenta el mismo nombre mitológico de la deidad progenitora de los dioses de la tríada palencana, sin embargo, hay buenos motivos para dudar que fuese un gobernante convencional, pudiendo tratarse en cambio de una metáfora para camuflar lo indecible: que la ciudad hubiese caído en manos de un líder foráneo —quizá impuesto por la dinastía de la serpiente— o bien que se encontrase simplemente bajo el resguardo de sus dioses protectores, es decir, desprovista de cualquier gobierno funcional.

Así, ante la ausencia de buen gobierno, algo más grave ocurriría aún, pues dejarían de observarse las ceremonias de fuego y los rigurosos rituales prescritos. Los textos narran que no se otorgaron las debidas ofrendas a los dioses de la ciudad. Desde la perspectiva palencana, una retórica de este tipo podría servir —según hemos visto— para justificar todo tipo de catástrofes actuales o venideras, con base en el debilitamiento, o negligencia en el cuidado, del vínculo vital entre súbditos, reyes y dioses. Causa última de todos los infortunios.

Los orígenes de las dinastías del Petén

En los últimos tiempos han sido descubiertas inscripciones muy tempranas en sitios como San Bartolo, en el Petén central, al tiempo que han podido comprenderse de mejor manera pasajes glíficos que hablan de eventos fundacionales remotos —en metrópolis tan distantes entre sí como Tikal, Copán y Yaxchilán—, de tal forma que por fin podemos leer en buena medida los nombres de lugares asociados con el origen de la alta cultura maya ch'olana. De entre estos destacaremos aquí

Reproducción de los murales de San Bartolo, Muro Oeste. Muestra el advenimiento del sistema de gobierno basado en «reyes divinos» *(K'uhul Ajawtaak)*. En la escena un gobernante recibe el tocado *(hu'unaal)* de manos de un sacerdote, al tiempo que sostiene la barra ceremonial serpentina. Dibujo de reconstrucción de Heather Hurst, del proyecto arqueológico San Bartolo que dirige William Saturno. Fotografía de John Pittman.

cuatro: Maguey-Trono; B'alu'nte'witz (las nueve montañas); Kaanek'witz ('montaña de la serpiente-estrella') y Pa'chan ('Cielo Partido').

Todos los grandes reinos de la época clásica intentaron vincularse con un pasado mítico y remoto, con un mito de origen y con fundadores dinásticos o héroes culturales. El linaje de la serpiente de los señores de Kaanu'ul no fue la excepción. El más poderoso de sus grandes reyes fue Yuhkno'm el Grande, quien gobernó entre el 636 y el 686. Aún él clamaba su descendencia a partir de un linaje originario del sitio de Maguey-Trono: una fina vasija para tomar exquisito cacao fermentado, preservada en el Museo de Schaffhausen, en Suiza, contiene el único retrato bien preservado de Yuhkno'm el Grande, plasmado dentro de un signo jeroglífico de 'día', a fin de evocar connotaciones ancestrales que veían al gobernante por encima de las leyes del tiempo y el cosmos que regían la vida de los mortales bajo su divina protección. Aparece allí magnánimo, con la banda de papel de corteza, símbolo del poder real, fuertemente ceñida a la frente. Una enorme cabeza de jaguar de lirio acuático adorna su tocado. Más importante ahora es que reparemos en los glifos que adornan la tapa de esta pieza, en las cuales Yuhkno'm el Grande se declara como una «persona de Maguey-Trono», y posteriormente como una «persona de la Casa del Origen Dinástico» (Wite'naah).

¿Existió en verdad el mítico sitio de Maguey-Trono? De ser así ¿dónde podríamos buscarlo? Hemos visto que los más poderosos reyes posteriores de Calakmul le relacionan con el origen ancestral de su dinastía, sin embargo, resulta desconcertante que los orígenes de su linaje, representado por el inconfundible glifo emblema de la cabeza de serpiente, no parecen estar en

Calakmul. Si nos trasladamos cuarenta kilómetros al sur de allí, encontraremos la cuenca de El Mirador, donde Richard Hansen y Stanley Guenter creen haber detectado la existencia de los emblemas más antiguos de la cabeza de serpiente, en el barrio de La Muerta y en el sitio de Tintal, aunque se necesitan más evidencias antes de poder vincular con certeza a los reyes preclásicos de El Mirador con el ilustre linaje de Yuhkno'm el Grande en Calakmul. En este sentido, ciertas etapas constructivas de la arquitectura de Calakmul son contemporáneas a las de El Mirador. Se ha planteado que existió un antiguo camino blanco o calzada (sakb'ih) que conectaba ambos centros, aunque los arqueólogos no han podido confirmarlo todavía. Recientemente, el experto esloveno Iván Šprajc ha mostrado que la orientación de la gigantesca Estructura 2 de Calakmul parece apuntar en cierta forma hacia el emplazamiento de la todavía mayor pirámide de La Danta, en el Mirador. De ser así, la teoría de vínculos ancestrales entre estas megalópolis ganaría sustento. También reforzaría la noción de que el mítico lugar de Maguey-Trono —como origen de la dinastía de Kaanu'ul— haya podido corresponder a la cuenca de El Mirador. Tal cuestión resulta de vital importancia en los estudios mayas, puesto que pronto veremos cómo otras dinastías también refirieron a Maguey-Trono como su lugar de origen. Poder identificarlo con El Mirador o cualquier otro sitio representaría descubrir por fin uno de los lugares concretos desde donde emanó el nuevo sistema de gobierno de los «reyes divinos», es decir, los fundamentos mismos del poder que habrían de permear la época clásica.

Aún si concedemos que el legendario sitio de Maguey-Trono pudo tener su sede en El Mirador, ¿qué ocurrió entonces con los antiguos reyes que allí gobernaron, tras el colapso y el abandono de su gran capital? Sorprendentemente, una escalinata jeroglífica descubierta en el sitio de El Resbalón —en el estado mexicano de Quintana Roo— registra una fecha que se remonta hasta la antigüedad Preclásica de El Mirador: 337 a. C. De acuerdo con el experto alemán Nikolai Grube, la misma inscripción menciona a un gobernante del linaje de la serpiente (Kaanu'ul), quien nos resulta enteramente desconocido en otros contextos. Sin embargo, resulta claro que la fecha es retrospectiva, pues la escalinata en cuestión fue construida muchos siglos después y parece datar de la época de 'Testigo del Cielo' (Yuhkno'm Uhut Chan) —a quien conocemos por orquestar ataques contra Palenque, Tikal y Naranjo, entre otros centros— en algún momento de su reinado, hacia fines del Clásico temprano (entre el 561 y el 572). El mismo nombre fue identificado recientemente trece kilómetros al sur, en el sitio de Polbox. Sin embargo, ¿en cuál de estos lugares tuvo entonces su capital Testigo del Cielo? Un equipo dirigido por el arqueólogo mexicano Enrique Nalda podría haber encontrado la respuesta en el cercano centro de Dzibanché. Allí, en el llamado Templo de los Cormoranes, fue encontrada una tumba que bien podría contener los restos óseos de Testigo del Cielo, pues junto a su pelvis fue hallado un punzón de hueso para el autosacrificio ritual, el cual contiene el nombre jeroglífico de Yuhkno'm Uhut Chan. Este ha sido el último de una cadena de hallazgos que confirman la presencia de la dinastía Kaanu'ul de la cabeza de serpiente en la región de Quintana Roo durante el Clásico temprano.

Algún tiempo atrás se había detectado que un rey de finales del siglo v, llamado Yuhkno'm Ch'e'n I —de nombre idéntico al del temible Yuhkno'm el Grande o Yuhkno'm Ch'e'n II— aparecía mencionado en Dzibanché, a través de una serie de escalones jeroglíficos repletos de imágenes de cautivos, esculpidos como registro de sus exitosas campañas militares. Asimismo, un espejo de pizarra en forma de disco, descubierto en este mismo lugar, contiene el nombre de Yax Yopaat, quien gobernó entre el 572 y el 579. De esta forma, la gran mayoría de los gobernantes de Kaanu'ul del Clásico temprano parecen haber gobernado en una región delimitada por El Resbalón, Dzibanché y Polbox, en Quintana Roo. El intervalo de sus reinados abarca desde aproximadamente el 490 al 579, y por extensión, todo indica que debió englobar también al gobernante K'altuun Hix (520-546 d. C.).

Ahora bien, si la dinastía de Kaanu'ul no estuvo en Calakmul durante el Clásico temprano, sino en Quintana Roo, cabría preguntarnos ¿quiénes controlaban Calakmul en aquel momento? La respuesta aparece en dos monumentos tempranos allí descubiertos. La Estela 114 registra el nombre de un rey llamado Chan Yopaat, perteneciente a un enigmático linaje de «Murciélago», quien se entronizó hacia el 411 en algún otro sitio de la región, tras lo cual celebro su vigésimo aniversario (o primer período de K'atun) en el poder, en el 431. Interesantemente, Chan Yopaat no parece haber gobernado desde Calakmul, sino en una capital superior en jerarquía, pues un segundo personaje asume el poder en Calakmul para el 431, referido simplemente como un señor de Chihk Naahb' (nombre antiguo del sitio). Las últimas investigaciones de Nikolai Grube revelan que, durante el Clásico temprano, este poco entendido linaje de «Murciélago» pudo haber tenido su capital en Uxul, un yacimiento relativamente importante a unos treinta kilómetros al sur de Calakmul, en la región fronteriza que divide México y Guatemala.

La siguiente referencia fechable aparece en la Estela 43 de Calakmul, con fecha del año 514. Fue erigida por un gobernante que ostenta el título de «persona divina de Chatahn» (k'uhul Chatahn winik). Los portadores de este título parecen asumirse como los herederos de una gran tradición preclásica, que algunos creen emanada directamente de la cuenca de El Mirador, y que también muestra ciertas asociaciones con el mítico lugar de Maguey-Trono. Lo cierto es que no sólo reyes, sino algunos de los más grandes artistas del mundo maya usaron Chatahn en sus títulos de origen. La presencia de esta dinastía en Calakmul durante el Clásico temprano se ve confirmada en excavaciones recientes desarrolladas por Ramón Carrasco y su equipo, en el interior de la Estructura XX, donde fue descubierta una magnífica banqueta con pintura mural, comisionada por otra «persona divina de Chatahn», en una fecha quizá cercana al 514. Interesantemente, el gobernante mencionado parece también subordinado a otro de mayor poderío político, referido como el Kalo'mte' (o líder hegemónico) de «Tres Piedras» (Uxte'tuun), que, al igual que Chihk Naahb', funcionó como uno de los nombres antiguos del sitio donde se yergue esta metrópolis, más de mil quinientos años antes de que fuera bautizada como Calakmul —que significa 'dos montículos juntos'— por el biólogo Cyrus L. Lundell en 1931.

Hasta aquí hemos visto cómo Maguey-Trono parece conectarse de algún modo con la región en donde se irguieron grandes capitales preclásicas como Nakbé y El Mirador, y los reyes de Kaanu'ul lo concibieron como el lugar de origen de su poderosa dinastía. Sin embargo, resulta claro que su importancia rebasó con mucho tal región. Este nombre podría contener entre sus componentes el término *chih*, que significa 'agave' (planta de maguey) o bien la bebida fermentada que de allí se extraía, llamada pulque. Su consumo estuvo —y aún está— muy difundido en México central, aunque también se han descubierto numerosas vasijas mayas elaboradas ex profeso para su ingestión. Inclusive en el sitio de El Zotz', trabajos recientes de la Universidad de Brown han detectado restos que bien podrían ser de pulque en una vasija que forma parte de las ofrendas de una ostentosa tumba real que data del siglo IV d. C.

En el capítulo anterior mencionamos una inscripción de la distante ciudad de Copán, con fecha de

8.6.0.0.0 10 Ajaw 13 Ch'en (18 de diciembre de 159), que registra la celebración de un final de período en la ciudad de Maguey-Trono por el héroe cultural Ajaw Foliado. Ahora añadiremos que el mismo personaje es referido en idéntica fecha, incluso el mismo día, en Pusilhá (Belice), ciento cincuenta kilómetros al norte de allí. Doscientos ocho días más tarde parece tener lugar la fundación de Copán, presumiblemente ligada de alguna forma a este personaje. ¿Estamos ante un hombre de carne y hueso, o será mejor entenderlo como una figura legendaria? En el primer caso, Ajaw Foliado simplemente representaría un concepto de suprema autoridad, evocado por muy distintos gobernantes en el tiempo. De concederle lo segundo, no tendríamos que preocuparnos más por su aparente don de la ubicuidad, ni tampoco por su propensión a «reaparecer» siglos después en regiones distantes. A través de Mesoamérica aparecerían otros héroes culturales. La Serpiente Emplumada, Ketzalkōatl, K'uk'ulkáan, Q'uq'umatz y Nakxit son tan sólo algunos de sus nombres, aunque la tradición escrita sobre Ajaw Foliado es la más antigua que conocemos por mucho. Inclusive en Tikal, las estelas 29 y 31 brindan referencias sobre un Ajaw Foliado 'Jaguar', quien quizá gobernó esta gran metrópoli en algún momento previo —o en torno— al año 292. Su influencia debió ser considerable, pues su nombre aparece escrito también en un pendiente de jade descubierto en Costa Rica, aunque sin duda se trata de material importado desde el Petén —quizás del propio Tikal—. También es posible que Ajaw Foliado

'Jaguar' guarde relación con un personaje retratado en relieve completo en un monumento de Salinas de los Nueve Cerros, en la distante Alta Verapaz, en Guatemala. Posteriormente, hemos visto que la figura —o al menos el nombre— de Ajaw Foliado reaparece en el cráneo de pecarí labrado descubierto en la Tumba 1 de Copán, esta vez supervisando un ritual de «atadura de piedra» (*k'altuun*) en 376, transfiriendo con ello ecos del poder dinástico derivados de Maguey-Trono a esta ciudad. Significativamente, este objeto extraordinario pudo pertenecer a una «persona divina de Chatahn», evocando de nuevo inquietantes vínculos con la cuenca de El Mirador, situada a más de trescientos treinta kilómetros de allí.

Regresando a la inscripción de Copán del año 159, además de mencionar a Ajaw Foliado, intervienen en estos eventos fundacionales otros cuatro personajes aún más enigmáticos, llamados *chante' ch'oktaak*, es decir, los 'cuatro jóvenes' —quienes posiblemente personificaban a cada uno de los cuatro días en que podía caer el año nuevo maya—. De una manera que despierta nuestro interés, son asociados allí con otro lugar mítico de origen: 'las nueve montañas' (*B'alu'nte'witz*). Este lugar ancestral tiene algo en común con la mítica Troya de Schliemann, pues ninguno carece de una contraparte en el mundo de los hechos históricos, susceptible de ser escudriñados por los arqueólogos. Así, han sido detectados yacimientos arqueológicos en las Salinas de los Nueve Cerros, en Guatemala, en las cercanías del río Chixoy, unos sesenta kilómetros al sur del sitio de Altar de Sacrificios. Es en torno a esta región que parecen tener su génesis ciertos mitos fundacionales de otro importante grupo étnico maya: los itzáes. Usualmente se les reconoce como los artífices de las majestuosas construcciones de su gran capital tardía de Chichén Itzá, en Yucatán —del maya-yukateko uchi'ch'e'enitza', literalmente 'ciudad de los itzáes', en lugar de 'la boca del pozo de los brujos del agua', como comúnmente se asume—. De hecho, el clérigo y cronista del siglo XVI, el español fray Diego de Landa, nos refiere que entre los itzáes que poblaron Chichén Itzá reinó un gran señor llamado K'uk'ulkáan (Serpiente Emplumada). Paradójicamente, hoy sabemos que no debemos buscar el origen de este pueblo entre las vastas planicies de Yucatán, sino tal vez en las zonas de ríos y montañas ubicadas más de quinientos sesenta kilómetros al sur de Chichén Itzá. Aunque seguir la pista a los mitos de fundación itzáes no es tarea sencilla, pues las referencias más antiguas no aparecen escritas en las elegantes letras latinas de los documentos del período colonial, sino en ornamentados jeroglíficos pétreos, esculpidos muchos siglos antes de que Europa sospechase siquiera de la existencia de América.

Podemos detectar la presencia de poblaciones itzáes por los nombres y títulos que usaban sus grandes reyes. De la misma forma en que el célebre Don Quijote proclamaba a los cuatro vientos su origen manchego, los reyes itzáes gustaban sobremanera de llevar en el apellido su lugar de origen, la mítica montaña de Serpiente-Estrella o *Kaanek'*. Así, una magnífica vasija del período Clásico temprano (250-600 d. C.), que puede admirarse actualmente en el Museo Etnológico de Berlín, retrata el funeral de un gobernante maya, en una escena plasmada con incomparable maestría. La figura central yace ricamente enjoyada y amortajada. Gracias al texto contenido en sus soportes, sabemos que su dueño original fue el hijo de un gobernante *itza'*. Si bien se desconoce el lugar de origen exacto de esta pieza, debió proceder de un área ubicada entre Altar de Sacrificios e Itzán (en el sur de Guatemala) y Motul de San José e Itsimté-Sakluk, en el corazón del Petén. Dentro de este territorio donde aparecen las primeras menciones a individuos que portan apellidos Kaanek', o bien, el título de «señor de los itzáes», siglos antes de que tales referencias se desplacen hacia la península de Yucatán.

La primera aparición de un personaje itzá en el norte del área maya ocurre hacia el 650 d. C. en Campeche. Un monumento del importante sitio de Edzná menciona a una señora de origen extranjero llamada Jut Kaanek', quien al parecer llegó allí desde el lejano sitio de Itzán, en el Petexbatún guatemalteco, trescientos cuarenta kilómetros al sur de Edzná. Más de un siglo después, un personaje llamado Chak Jutuuw Kaanek' juega un papel importante en la fundación de Ek' Balam, en Yucatán, hacia el 770 d. C. Finalmente, personajes itzáes son mencionados en Chichén Itzá hacia el año 880. Existen referencias posteriores, aunque ya no en los jeroglíficos del mundo precolombino, sino en los caracteres alfabéticos de las fuentes coloniales y etnohistóricas, tras el primer contacto de las antiguas civilizaciones de América y las de Europa.

Nuestra búsqueda de los orígenes de las grandes dinastías del Clásico temprano continúa con Cielo Partido (*Pa'chan*). A diferencia de las anteriores, no se trata de un nombre de lugar —o topónimo— sino de un glifo emblema particular. Como hemos mencionado antes, los glifos emblema son los títulos empleados por los reyes antiguos de unos setenta centros urbanos o políticos, los más importantes que conocemos. Se valían de ellos para denotar su rango como los máximos exponentes —los líderes— de las dinastías que controlaban estos centros. Descubiertos por Heinrich Berlin desde fines de los años cincuenta del siglo xx, todavía bastante tiempo después se creía que cada glifo emblema estaba inexorablemente ligado con una ciudad particular a lo largo de su historia. Sin embargo, hoy sabemos que, bajo la presión de ciertas coyunturas sociopolíticas, una dinastía podía migrar para establecer su sede en otra capital, dividirse —o escindirse— y aparecer en dos o más ciudades a la vez, o bien unirse y entablar alianzas con otras dinastías para formar sistemas políticos de mayor envergadura.

El emblema de Cielo Partido es bastante habitual en el mundo maya. La secuencia Pa'chan ajaw ('Señor de Cielo Partido') bien podría aparecer por primera vez en los murales de San Bartolo, en el corazón del Petén guatemalteco, descubiertos por William Saturno y su equipo, en una época que podría remontarse hasta el 300 a. C. Siglos después, ya en el Clásico temprano que nos ocupa, el experto Stephen Houston de la

Universidad de Brown logra detectarlo nuevamente en el Petén, aunque esta vez dentro del sitio de El Zotz', apenas veintitrés kilómetros al noroeste de la gran ciudad de Tikal. Allí aparece asociado al nombre de un gobernante llamado quizá Chak Ch'amaak ('Zorro Rojo'), quien ostentó los títulos de «Señor Divino de Kaaj» y «Señor Divino de Cielo Partido». Esta referencia data del siglo IV, la misma época en que hicieron su arribo poderosos extranjeros procedentes del México central, quienes habrían de imponer un nuevo orden en las tierras bajas, según veremos enseguida. En este sentido, El Zotz' parece haber tenido vínculos con el cercano sitio de Bejucal, donde quedó registrada la llegada de contingentes de Teotihuacán. Menos clara resulta la relación de El Zotz' con Uaxactún, aunque una inscripción de este último sitio registra un ritual donde alguien «ascendió» a Cielo Partido, fórmula retórica que casi siempre implica a un gobernante local vinculándose con un sitio foráneo.

Sin embargo, la inmensa mayoría de casos que involucran el emblema de Cielo Partido no ocurren en ninguno de los sitios anteriores, sino ciento veinticinco kilómetros al oeste, en la ciudad de Yaxchilán. Descubierta en 1882 por el célebre explorador británico Alfred Percival Maudslay, se levanta majestuosa sobre un emplazamiento estratégico a orillas del río Usumacinta, frontera natural entre México y Guatemala. Los textos de Yaxchilán parecen preservar la memoria de sus orígenes dinásticos en el Petén, ya que hacen referencia a un fundador dinástico llamado Yopaat B'ahlam 'Jaguar del Trueno', quien fue el líder de Cielo Partido hacia el año de 359, aunque ignoramos si para entonces su rama particular aún se encontraba en el Petén —en la región de El Zotz'— o bien ya se había establecido en Yaxchilán. Uno de los dinteles magníficamente grabados de este último sitio nos da una pista adicional sobre su origen, pues Yopaat B'ahlam es mencionado allí en forma retrospectiva como el «señor del linaje de Maguey-Trono, el Señor Divino de Kaaj, el Señor divino de Cielo Partido». Yopaat B'ahlam pertenece a una tradición de nombres (onomástica) que continuó en uso en la cuenca de El Mirador hasta fines del Clásico tardío. Obsérvese que sus dos últimos títulos coinciden perfectamente con los del gobernante Chak Ch'amaak de El Zotz'.

Casos como el anterior ilustran perfectamente cómo los mitos fundacionales aparecen con frecuencia entremezclados. Para el investigador resulta fascinante valerse de los jeroglíficos para seguir la pista a uno de ellos (Maguey-Trono) hasta el punto en que converge con otro (Cielo Partido). Así, las poderosas dinastías de los «señores divinos» que ejercían el control real sobre las principales capitales del mundo maya se valían de los mitos de origen para derivar su legitimidad y consolidar así su poderío. La forma en que estas narrativas míticas se combinaban con la historia verdadera no parece muy distinta a la de las epopeyas del Viejo Mundo, como la fundación de la actual Italia por el héroe Eneas, portador de la espada sagrada, símbolo de la cadena dinástica de los reyes de Troya.

El umbral de la historia en las tierras bajas centrales

En Mesoamérica no conocemos otra línea de sucesión dinástica más larga que la de Mutu'ul o Tikal. Con sus treinta y tres reyes y ochocientos años de duración, tuvo sus inicios históricos desde el primer siglo de nuestra era, aunque sus mitos de origen se pierdan en la oscuridad del tiempo —en forma similar a los que hemos visto sobre Copán y Calakmul—. Después de haber permanecido siglos de su historia preclásica bajo la sombra de poderes mayores, Tikal sabría capitalizar a su favor el colapso de las grandes urbes del Preclásico, consolidándose como el mayor vértice de poder regional en el corazón del Petén guatemalteco. Si Calakmul y Copán fundamentaron sus orígenes dinásticos en la figura de Ajaw Foliado y la mítica ciudad de Maguey-Trono, la floreciente Tikal no sería la excepción y recurriría también a este lugar común, tan arraigado entre las élites gobernantes. Así, estas grandes ciudades se nos revelan como las gruesas ramas de un tronco cultural de tradiciones compartidas —dominado por la cultura ch'olana oriental—, aunque a la postre poco pudieron lograr las afinidades étnicas o vínculos ancestrales para unificarlos bajo un imperio, pues pocos siglos después los reyes de Tikal y Calakmul revelarían su ambición sin límites, en una feroz contienda por hacerse de la supremacía de las tierras bajas.

El gran asentamiento de Tikal abarca unos 60 km^2 y se divide en múltiples grupos arquitectónicos, comunicados con el núcleo central a través de largas calzadas, o *sakb'ih*. Si bien algunos de esos complejos contienen edificios que datan del Preclásico superior —incluyendo el llamado Mundo Perdido o la Acrópolis norte—, la historia que nos narran las inscripciones de Tikal comienza hacia fines del primer siglo de nuestra era. Fue entonces cuando la ilustre dinastía

Placa de Leiden, Clásico temprano (320 d. C.). Grabado en una placa de jadeíta. Muestra el prototipo del rey divino o *K'uhul Ajaw*. Ello significó el surgimiento de un nuevo modelo de gobierno. Dibujo de David Schele.

de Mutu'ul fue fundada por un personaje llamado Yax Ehb' Xook. Es posible que un entierro real que data de esta misma época contenga sus restos. De ser así, estaríamos ante un caso adicional en el cual las pretensiones de gran longevidad que los mayas atribuían a sus linajes reales —según las inscripciones glíficas— pueden ser verificadas por los arqueólogos, indicándonos que constituyen algo más que meras invenciones basadas en su mitología. Sin duda exige gran paciencia deshilvanar los fuertes componentes míticos que aparecen casi siempre entretejidos con las narrativas históricas de fundación, pero en ocasiones el investigador dedicado encuentra su recompensa.

El monumento fechable más temprano de las tierras bajas mayas es la Estela 29 de Tikal. Registra la posición de Cuenta Larga 8.12.14.8.15 (292 d. C.) y su texto menciona por primera vez la existencia de un Mutu'ul ajaw. Muestra el retrato de un gobernante, quien podría ser un descendiente directo, o bien, tratarse del mismo héroe legendario Ajaw Foliado 'Jaguar'. Recordemos que este nombre aparece en la placa de jade de Costa Rica que mencionamos arriba, aunque también fue escrito en la Estela 31 de Tikal, donde su elevado rango se ve ampliamente confirmado, al atribuírsele el título de Kalo'mte', que designa a un gobernante hegemónico, con la capacidad de controlar sitios relativamente distantes desde su propia capital regional. En consonancia con los patrones vistos en Copán, Calakmul y Pusilhá, el nombre de Ajaw Foliado aparece estrechamente vinculado en Tikal con el del lugar de origen Maguey-Trono, aunque se le añade allí una críptica referencia a otra localidad —quizá relacionada con la anterior— que, a falta de un desciframiento más preciso, referimos con el sobrenombre de 'Pájaro Luna Cero', que resulta importante mencionar, pues aparece también registrada en dos altares de Tikal, y en una famosa placa de jadeíta exhibida en el Museo de Antropología de Leiden, en Holanda, la cual ostenta una fecha maya de 8.14.3.1.12 (320 d. C.), asociada con el retrato de un gobernante que bien podría ser también de Tikal.

Llegamos así a la era de Chak Tok Ich'aak I (Garra de Jaguar I). Su reinado comenzó hacia el año 360, y alcanzaría un trágico fin en 378, debido a factores externos que nos resultarán evidentes en el próximo capítulo. El arqueólogo guatemalteco Juan Pedro Laporte atribuyó a Garra de Jaguar la construcción del complejo arquitectónico llamado «Mundo Perdido», cuyo estilo recuerda fuertemente al del México central. Garra de Jaguar celebró en el año de 376 el final del decimoséptimo k'atun (nombre del período de 20 x 360 días). Bajo su mando, Tikal parece haber obtenido importantes victorias militares, a juzgar por su retrato en la Estela 39, que lo muestra posado sobre un cautivo atado. De acuerdo con el texto de una fina vasija descubierta en la Estructura 5D-46 de la Acrópolis Central, Garra de Jaguar tuvo su allí residencia. Su nombre aparece también en una serie de platos cerámicos exquisitamente trabajados, que brindan testimonio sobre los esfuerzos de Garra de Jaguar por hacer de Tikal una capital de gran desarrollo artístico y cultural dentro del mundo maya, apoyada por una boyante economía fruto de su creciente control sobre rutas importantes del comercio a larga distancia. Desafortunadamente para él, tales esfuerzos se verían bruscamente interrumpidos por la intervención de fuerzas de mayor magnitud, que pronto habrían de cambiar el curso de la historia de Tikal, y de buena parte del mundo maya.

Una vez llegados a este punto, nos enfrentamos a un reto monumental: para continuar nuestro recorrido por la historia temprana de Tikal —y de buena parte del área maya— debemos desviar la mirada muy lejos, hacia el occidente, pues mientras emprendía sus ambiciosos proyectos en Tikal, Garra de Jaguar difícilmente pudo haber previsto lo que comenzaba a gestarse a mil kilómetros de allí, en los fértiles valles del altiplano central mexicano, donde existió otra metrópoli mesoamericana de majestuosidad sin par, estratégicamente emplazada, rodeada de montañas: legendaria, distante, poderosa, colosal. Nos referimos, por supuesto, a la gran Teotihuacán.

4

La entrada de Teotihuacán en el mundo maya

Hemos dicho ya que para poder comprender a los mayas hay que situarlos en un contexto más amplio, llamado Mesoamérica, aunque es durante el Clásico temprano cuando la noción de una Mesoamérica interconectada se nos revela con fuerza singular, cuando los contactos de diversas *polis* mayas con Teotihuacán se tornan particularmente intensos. La época dorada de Teotihuacán tuvo lugar entre el 350 y 450 d. C., es decir, mil años antes del apogeo del famoso imperio mexica, la célebre civilización bautizada como *azteca* por Alexander Von Humboldt hacia 1810. Tras un siglo de investigaciones sobre Teotihuacán, resulta claro para los expertos que —con excepción de la tardía capital de Mexico-Tenochtitlan, a la que debe su nombre la actual ciudad de México— no hubo en toda Mesoamérica otra ciudad de mayor poderío

La gran Tulan Teotihuacán. Vista desde lo alto de la Pirámide de la Luna hacia la Calzada de los Muertos, que se extiende cuatro kilometros hacia el sur. La Pirámide del Sol, a la izquierda, alcanza los sesenta y cuatro metros de altura, está cuidadosamente orientada astronómicamente y su contorno se mimetiza con los cerros circundantes. Fotografía de Jack Hynes.

e influencia, o de población tan numerosa —más de ciento cincuenta mil habitantes, unos sesenta mil en Tikal— aunque es aún muy poco lo que sabemos de su historia y religión, pues a pesar de que Teotihuacán contó con su propio sistema de escritura jeroglífica, los textos encontrados hasta ahora son pocos, breves y su desciframiento implica grandes dificultades —al no haber certeza aún sobre la lengua en que fueron escritos—. Paradójicamente, es aquí que la premisa de una Mesoamérica interconectada juega a nuestro favor. Una pequeña —aunque significativa— parte de la historia de Teotihuacán fue registrada mediante jeroglíficos mayas. En los últimos años, un grupo de investigadores —encabezado por David Stuart, Simon Martin y Nikolai Grube— han logrado descifrar muchos de estos textos, en ciudades como Tikal, Bejucal, Uaxactún, El Perú-Waka' y La Sufricaya. Gracias a ello, contamos hoy al menos con la materia prima de la cual se fabrica el entramaje de la historia: fechas, eventos e inclusive los nombres de individuos y lugares asociados con Teotihuacán.

La serpiente de guerra teotihuacana en la fachada del Templo de Quetzalcóatl, precursora de la Serpiente Emplumada. Largas plumas cubren su cuerpo, que remata en crótalos de serpiente de cascabel. Su cabeza posee rasgos felinos y las pupilas de los ojos son incrustaciones de obsidiana.
Fotografía de Jaime de la Fuente.

Arquitectura de influencia teotihuacana en Tikal. Estructura 5D-43, tambien llamada «Plataforma de Venus». Representa una muestra clara del estilo talud-tablero, con decoración de anteojeras dobles y símbolos de estrella.
Fotografía de Lucia R. Henderson.

¿Quiénes habitaron Teotihuacán? Mentes brillantes han buscado en vano una respuesta satisfactoria, incluso en épocas muy anteriores a la nuestra. Si seguimos a los sabios mexicas herederos de la tradición tolteca —y hablantes de nawatl—, la solución resulta simple: sólo los dioses podían haber construido una ciudad semejante, con sus rectilíneas calzadas de kilómetros de longitud, rematadas en sus extremos y puntos nodales por inmensos edificios, cuidadosamente orientados por sus constructores para producir determinados efectos de hierofanía —manifestación de lo sagrado— en fechas astronómicamente significativas. Aunque aún esta visión de Teotihuacán bajo el prisma mexica resulta idílica, pues la fundación de México-Tenochtitlan no ocurriría sino hasta 1325, y en el curso de un milenio, el tenaz goteo del mito horada la frágil memoria humana, tornando la historia en leyenda. Surgió así la leyenda mexica sobre el nacimiento del Sol y la Luna: en el principio sólo había oscuridad en el mundo, y los dioses viejos decidieron reunirse en la gran

Retrato póstumo del rey de Tikal Yaax Nu'un Ahiin ataviado a la usanza de Teotihuacán. Los glifos sobre su cabeza especifican que es hijo del enigmático rey 'Búho Lanzadardos', de la ciudad de Puh (Tulan). Dibujo de Linda Schele.

Tulan-Teotihuacán y celebrar un consejo. Resolvieron que habría un torneo: uno de ellos se sacrificaría por el bien común, arrojándose a las llamas para convertirse en la luz que iluminaría el mundo, ante la promesa de gloria inmensa. Por un lado asume el mortal reto el vanidoso Tekuksistekatl, quien tres veces corre hacia la hoguera, sólo para descubrir que le abandona el valor en el último salto. Al no consumarse ningún sacrificio, la destrucción del cosmos parecía inminente. Surge entonces la figura de un improbable campeón: Nanawatzin, el buboso (llagado), el menospreciado —aunque bajo su pecho latía un corazón gallardo y no titubea en arrojarse al fuego—. Presa de la envidia y ávido de gloria, Tekuksistekatl corre en pos de él, finalmente lanzándose a la hoguera también. Tras unos días, ambos renacen como dos grandes discos luminosos en el firmamento, aunque los dioses juzgan desigual el valor mostrado por ambos, y deciden castigar a Tekuksistekatl, partiéndole la cara con una quijada de conejo a fin de atenuar su brillantez. Por esta razón, en lugar de dos grandes luceros, tenemos el Sol y la Luna. La segunda como un falso sol, capaz sólo de reflejar, mas no emitir, luz verdadera.

A partir de la leyenda se explica el propio nombre de Teotihuacán, otorgado por los mexicas y que en nawatl clásico significa 'donde los hombres se hacen dioses'. Sin embargo, su nombre original parece haber sido harto distinto y evoca leyendas que debieron escucharse entre susurros al calor de las hogueras donde se recitaba la tradición oral. En ellas se hablaba de una mítica ciudad primordial, la ciudad por antonomasia, Wey Tulan, la Gran Tula: 'lugar donde abundan los tulares' (juncias). Son muchos los yacimientos arqueológicos que han querido identificarse como Tulan, no pocas veces por arqueólogos ávidos de emular la proeza de Schliemann al identificar Troya. En 1941 tuvo lugar en el Castillo de Chapultepec la I Mesa Redonda de la Sociedad Mexicana de Antropología. Se generó allí un encarnizado debate protagonizado por figuras prominentes de la época, como Wigberto Jiménez Moreno, Alfonso Caso e Ignacio Marquina. Tras discutirse todos los argumentos —algunos no exentos de tintes políticos— pareció alcanzarse un consenso: la legendaria Tulan —aquella mencionada en el *Códice Florentino,* o en textos indígenas como los Anales de Cuauhtitlán y la Historia Tolteca-Chichimeca— debía corresponder al relativamente modesto yacimiento arqueológico de Tula Xicocotitlan, en el estado de Hidalgo, que no alcanzó su apogeo sino hasta el Clásico terminal. Uno de los problemas de esta formulación resultaba difícil de prever en la década de los cuarenta del siglo XX: las múltiples referencias a Tulan a través de Mesoamérica descubiertas desde entonces —incluyendo su nombre glífico en Teotihuacán y a través del área maya— datan del Clásico temprano, es decir, de una época en que Tula Xicocotitlan no fue un centro de poder importante. Décadas de avances transcurridas desde entonces no han hecho sino reforzar en muchos estudiosos la percepción de que Tula Xicocotitlan, al igual que otros centros de su época a través de Mesoamérica (Cacaxtla, Xochicalco, Tajín, La Quemada y

Chichén Itzá), constituyen en buena medida emulaciones tardías de un concepto más grandioso y primordial: Teotihuacán como la Tulan original, o como la máxima expresión de la noción ultraterrena de Tulan en el mundo.

Valiéndose de un conjunto de rasgos presentes en vestigios arqueológicos de buena parte de Mesoamérica, los estudiosos han buscado determinar el grado de influencia que pudo tener Teotihuacán en otras culturas de esta vasta región. Surge así el concepto del horizonte Clásico medio—de los siglos IV al VI — que postula a grandes rasgos una primera integración o «internacionalización» de las rutas de comercio y las redes políticas de toda Mesoamérica, en una suerte de megacomunidad. Este proceso es visible en una serie de rasgos que denotan un creciente «eclecticismo» (la elección consciente de recursos y tradiciones de diversas culturas en el discurso artístico, político y religioso de un pueblo), resultando en ciudades mesoamericanas que parecen haberse vuelto más «cosmopolitas». Muchos autores creen que este fenómeno fue causado en gran medida por el apogeo de Teotihuacán como una ciudad multiétnica —donde las élites y población local convivían con inmigrantes de lo que hoy son Oaxaca, Veracruz, Michoacán, Guanajuato, del área maya e incluso de áreas al norte de Mesoamérica— que lograría expandir su hegemonía en forma prácticamente imperial —como una especie de Roma del Nuevo Mundo—. De resultar preciso este modelo, ayudaría a explicar la presencia de rasgos comunes derivados de Teotihuacán a través de una constelación de sitios mesoamericanos. Tradicionalmente, se ha considerado que tales rasgos culturales incluyen una tradición cerámica distintiva —que incluye vasijas del tipo «Anaranjado Fino», vasijas cilíndricas con soportes trípodes, incensarios tipo «teatro», figurillas de molde, candeleros, copas y floreros—; la arquitectura estilo Talud-Tablero —originaria de la región de Puebla-Tlaxcala y adoptada extensivamente por Teotihuacán—; la obsidiana verde de las regiones de Otumba y Tepeapulco, cuya explotación y comercio fueron controladas por Teotihuacán; la presencia de simbolismo (iconografía) teotihuacano en representaciones pictóricas o escultóricas, que con frecuencia ponen énfasis en temas bélicos —como armas, escudos y atavíos guerreros predilectos de Teotihuacán, además de emblemas de órdenes militares de búhos, águilas, felinos y coyotes— o en los cultos a ciertas deidades y seres sobrenaturales de Teotihuacán, principalmente el dios teotihuacano de las tormentas —Tlālok—, la serpiente de guerra y una enigmática deidad con probóscide de mariposa, entre otras.

Recientemente, los avances en el desciframiento han permitido sumar glifos particulares y textos completos a los elementos anteriores. El primer nivel donde se manifiesta este fenómeno es el calendárico, pues el uso de glifos teotihuacanos de «trapecio y rayo» —también conocidos como signos del año— adquirió gran difusión a través de Mesoamérica, e incluso siglos después del apogeo de Teotihuacán fueron utilizados como elementos de gran prestigio por gobernantes de muchos sitios mayas, y también en grandes capitales como Cacaxtla y Xochicalco. La regularidad de los ciclos calendáricos siempre estuvo profundamente arraigada en el pensamiento maya. Es difícil creer que sea mera coincidencia el que algunos de los principales sucesos que influyeron al área maya hayan tenido lugar en fechas próximas a grandes coyunturas calendáricas. De esta forma, en el año 435 se verificó el cambio del octavo al noveno ciclo de b'akt'ún (período de 400 x 360 días), y desde las décadas previas el mundo maya atravesó por una profunda agitación, provocada por el advenimiento de un nuevo orden en las tierras bajas.

Tikal y el Petén central

Los vínculos de Tikal con la gran metrópolis de Teotihuacán son ahora admitidos por un creciente número de estudiosos. Las excavaciones desarrolladas por la Universidad de Pennsylvania en la acrópolis norte de Tikal, entre 1956 y 1970, arrojaron gran cantidad de evidencias de contacto cultural con el centro de México. Se ha llegado a saber, por ejemplo, que Tikal disfrutó de bienes de comercio procedentes de esta región distante, como la obsidiana verde de Pachuca, desde el siglo III d. C. Particularmente notoria resulta la cerámica de la fase Manik, que muestra el mismo tipo de influencias teotihuacanas que la fase Tzakol de Uaxactún y la fase Esperanza de Kaminaljuyú. También fueron encontradas numerosas tumbas de personajes de élite, repletas de vasijas que en ocasiones combinaban tradiciones y motivos mayas con otros del México central, aunque otras veces resultan indistinguibles de las producidas en Teotihuacán. Estas y otras excavaciones subsecuentes pusieron al descubierto cierto número de monumentos en los que aparecían retratos de personajes con atavíos y armas ajenos a la tradición maya, y muy similares a los del centro de México, como las estelas 31 y 32 de Tikal, y el enigmático «Marcador» del complejo arquitectónico Mundo Perdido. Si bien estas piezas contenían jeroglíficos, en los años ochenta no era posible penetrar cabalmente su significado. Una verdadera revolución en el desciframiento maya habría de cambiar esta situación. Así, hoy podemos echar un vistazo a uno de los episodios más fascinantes de toda la historia maya: el advenimiento del nuevo orden implantado por Teotihuacán en las tierras bajas.

De gran interés nos resulta el llamado *Marcador*, descubierto en el conjunto arquitectónico de Mundo Perdido, pues se trata de un disco o estandarte en todo similar a otro descubierto en el complejo de La Ventilla, en Teotihuacán. Consiste en un medallón o rosetón con una espiga que se empotraba en un agujero al centro del complejo 6C-XVI de la fase Manik 2 (de mediados del siglo IV), saturado de elementos fuertemente reminiscentes de la arquitectura teotihuacana, como sus múltiples fachadas estilo talud-tablero, sus pórticos o sus numerosos cuartos agrupados en torno a un patio central (grupos-patio). La única diferencia perceptible entre el Marcador y sus equivalentes del México central es que contiene jeroglíficos mayas.

Su desciframiento nos narra una sucesión de eventos históricos. El más importante de ellos, la entronización en el año 374 de un personaje llamado 'Búho Lanzadardos' (Jatz'o'm Ku'), quien fue ungido con el más alto rango posible: el de Ochk'in Kalo'mte', que denota según hemos visto una suerte de emperador o gobernante hegemónico asociado con el occidente. Extrañamente, el Marcador no conmemora el ascenso de Búho Lanzadardos al trono de Tikal, ni a ningún otro sitio maya que conozcamos. En cambio, parece asumir el poder de un enigmático lugar de Ho'no'm Witz 'Cinco Montañas'. Sería difícil —prácticamente imposible— encontrar tal geografía montañosa en las forestadas planicies y bajos pantanosos que abundan en el Petén. ¿Dónde estuvo entonces Ho'no'm Witz, sede del gobierno de Búho Lanzadardos?

Múltiples evidencias indican que Jatz'o'm Ku' fue un gobernante sumamente poderoso. Quizá en toda la Mesoamérica de su tiempo no hubo nadie que pudiese comparársele. Desde el año 2000, el prominente epigrafista David Stuart aventuró la hipótesis de que Búho Lanzadardos pudo haber sido el rey de Teotihuacán en persona. Lejos de diluirse, tal idea ha ido ganando terreno con el descubrimiento de nueva evidencia a su favor. Sólo como ejemplo, múltiples figurillas cerámicas encontradas en Teotihuacán y en regiones entonces subordinadas —como Azcapotzalco— muestran lo que bien podrían ser retratos de este personaje, entre cuyos atavíos aparece un medallón con su insignia. En ella se combinan los signos de la lechuza o tecolote (del nawatl, que significa 'búho') con el implemento que permite arrojar los dardos con gran fuerza y precisión —el átlatl— al extender al doble la longitud del antebrazo. Es posible que Búho Lanzadardos haya estado casado con una princesa maya —la señora Unen K'awiil— procedente de Tikal, cuyo nombre podría haber sido registrado en la Estela 1 de este sitio. De acuerdo con Stanley Guenter, esta mujer ostentó el título Unaahb'nal K'inich —exclusivo de la realeza de Tikal— y habría sido nieta de Unen B'ahlam (posiblemente una reina que gobernó Tikal hacia 317). De ser así, los detallados relatos de su esposa habrían hecho mucho por estimular la insaciable ambición de Búho Lanzadardos, preparando el terreno para que sus fieros guerreros y hábiles emisarios teotihuacanos pudiesen profundizar progresivamente en sus incursiones al interior del área maya, de forma no enteramente distinta al importante papel que habría de jugar más de mil cien años después la intérprete y consorte indígena de Hernán Cortés, doña Marina (mejor conocida como *La Malinche*), durante la Conquista de México-Tenochtitlan.

En el área maya sólo contamos con un posible retrato de Búho Lanzadardos, tallado cuatro siglos después de su época, aunque coincide plenamente con sus abundantes representaciones del México central. Aparece en uno de los dinteles de madera exquisitamente tallados que sostenían los umbrales de acceso al interior del Templo 1. Trae ceñido un imponente yelmo de mosaico de teselas de jade o turquesa, con anteojeras similares a las del dios teotihuacano Tlālok, y un barbiquejo que simula la mandíbula inferior de un saurio. Sostiene un escudo redondo y otro rectangular con flecos, mientras empuña una serie de dardos y probablemente un átlatl, arma favorita de los guerreros teotihuacanos. Más importante aún, la figura aparece sentada en un palanquín o trono, sobre un sitio con vegetación semiárida totalmente ajena a las selvas tropicales del Petén. ¿Vemos allí el auténtico «lugar de tulares», tal y como se describía la mítica ciudad de Tulan? A manera de confirmación, dos enormes serpientes de guerra teotihuacanas flotan sobre él, mientras otra más pequeña aparece bajo sus pies, alternando con motivos identificados como el signo maya de Puh, que alude precisamente a un lugar de tulares o un cañaveral, y que en otros contextos indica precisamente el toponímico de Tulan-Teotihuacán. Siguiendo a María Teresa Uriarte, incluso el Pórtico 2 de Tepantitla, en Teotihuacán, emplea numerosos glifos de Puh o Tulan para indicar que la escena de juego de pelota allí representada tuvo lugar dentro de la gran ciudad. Así, a la luz de la evidencia con que contamos, no resulta descabellado concebir —como empiezan a hacer algunos expertos— que el enigmático lugar de Cinco Montañas pueda corresponder a algunos de los prominentes cerros que rodean Teotihuacán —y que fueron armónicamente integrados en su arquitectura y urbanismo—, entre ellos el Cerro Gordo, hacia el norte, y el Cerro Cuajío hacia el sur. Al respecto, Karl Taube, Jesper Nielsen y otros han identificado numerosos nombres glíficos para distintas montañas, plasmados en distintos murales de Teotihuacán.

Llegados a este punto, la trama de nuestra historia nos exige introducir al resto de los protagonistas. Casi ochenta kilómetros al oeste de Tikal se encuentra el sitio de El Perú-Waka', estratégicamente ubicado sobre el río San Juan, a sólo cinco kilómetros del río San Pedro, lo cual lo convierte en una vía de acceso natural para internarse en El Petén. Allí, el experto Stanley Guenter ha identificado la imagen de un lugarteniente o capitán militar del siglo IV, llamado Sihajiiy K'ahk' ('Nacido del Fuego'), quien es considerado el artífice de la instauración del nuevo orden teotihuacano en el mundo maya. Su retrato lo muestra en vista frontal, mientras sostiene con la diestra un cetro de poder o «dardo flamígero» con la efigie de un búho —símbolo del fuego dinástico traído de Teotihuacán—. Luce las insignias propias de su alto rango: una gran nariguera enjoyada y un tocado idéntico al de los incensarios tipo «teatro» teotihuacanos. Afortunadamente, además de este retrato, contamos con múltiples referencias textuales sobre Nacido del Fuego, y el cúmulo de ellas apunta de nuevo hacia el México central.

La Estela 15 de El Perú-Waka' registra la llegada de Nacido del Fuego a este lugar el 6 de enero del 378. Parece establecer allí una alianza con el gobernante local K'inich B'ahlam I (Jaguar Resplandeciente) y juntos llevan a cabo algún tipo de ritual en un lugar que podría ser la Casa del Origen Dinástico (Wite'naah), donde se llevaban a cabo ceremonias de fuego vinculadas con el establecimiento de linajes. Tan sólo ocho días más tarde, en la fecha 11 Eb' 15 Mak, Nacido del Fuego llega a Tikal. Este evento de vital importancia es referido mediante el verbo *huliiy* ('él llegó') en al menos cinco inscripciones del Petén, en Tikal (Estela 31 y Marcador), Uaxactún (Estelas 5 y 22) y La Sufricaya (Mural 7). El sitio cae de inmediato bajo control de Nacido del Fuego y, en los hechos, una nueva línea de sucesión —completamente ajena a la dinastía previa de Garra de Jaguar— usurpa el trono. Desconcertantemente, las inscripciones no hacen mención explícita a que haya habido una batalla de por medio. ¿Acaso la poderosa Tikal de Garra de Jaguar consideraba fútil oponer resistencia ante el poderío de Teotihuacán? Lo cierto es que los jeroglíficos de la Estela 31 se limitan a narrar en forma poética que Garra de Jaguar «entró» ese mismo día en las aguas primordiales del inframundo —una metáfora elegante para decir que murió, muy probablemente a manos de los invasores recién llegados—. Meses antes de ascender al poder, Yax Nu'un Ahiin llevó a cabo un ritual preparatorio en la Casa del Origen Dinástico, tras lo cual el texto de la Estela 4 nos narra que es designado como rey de Tikal en el año 379 por el propio Sihajiiy K'ahk' ('Nacido del Fuego'), o bien bajo su supervisión directa, cuando todavía era un niño, dentro de su primer k'atún —o primeras dos décadas— de vida. Los arqueólogos han tenido la fortuna de encontrar la tumba de Yax Nu'un Ahiin, el Entierro 10, donde su cuerpo fue rodeado de diez infantes sacrificados, un esqueleto de cocodrilo y cinco carapachos de tortuga —rasgos típicos del culto ancestral a Tlālok—, además de numerosas vasijas finamente decoradas en vivos colores con la efigie de esta y otras deidades del México central.

Sendos retratos de Yax Nu'un Ahiin en los costados de la Estela 31 de Tikal nos revelan a un joven fuertemente ataviado, a la usanza de un guerrero teotihuacano, con el yelmo de mosaico, el escudo cuadrado con flecos, el lanzadardos (*átlatl*), y otros atributos exclusivos del México central, incluyendo el espejo circular *tetzkakwitlapili* en la cadera, y un atado de colas de coyote —animal de hábitat semiárido, desconocido en el área maya—. Sin embargo, es legítimo preguntarnos: ¿cómo pudo hacerse con el trono de la gran Tikal un infante sin mayor experiencia en asuntos de gobierno? Su historia nos recuerda la del último emperador de China, Pu-Yi, quien ascendió al trono

Estela 5 de Uaxactún, que muestra el retrato de un guerrero ataviado y armado a la usanza de Teotihuacán. Los jeroglíficos del monumento mencionan la llegada al sitio de Sihajiiy K'ahk' en el año 378. Dibujo de Linda Schele.

de la Ciudad Prohibida con tan sólo tres años de edad. Sin embargo, en el caso de Yax Nu'un Ahiin, el propio texto de la Estela 31 y de una vasija del Entierro 10 nos dan la clave de su inusitado poder: fue hijo de Jatz'o'm Ku', es decir, del gran Búho Lanzadardos. Asombrosamente, esta vez un prominente glifo de Tulan (o Puh) aparece en el título de Búho Lanzadardos, relacionándole de nueva cuenta con Teotihuacán. Más aún, porciones del texto parecen escritas en una lengua «foránea», valiéndose de la versatilidad fonética del silabario maya para representar términos que muchos creen escritos en la lengua de Teotihuacán. Entre lo poco que ha podido sacarse en claro de allí —gracias a los aportes de Stuart y otros— aparece la palabra nawa para 'joya', escrita como *Koska* y vinculada con un trono de petate o estera, típico del altiplano central, mas no del área maya. A partir de ello se ha suscitado un intenso debate acerca de la posibilidad de que las élites de Teotihuacán hayan sido hablantes de alguna lengua nawa, el cual sólo se resolverá cuando contemos con más evidencias al respecto.

Así, el desciframiento de las inscripciones clave comienza a bosquejar un panorama histórico, según el cual Nacido del Fuego se habría mostrado como un eficaz lugarteniente u operador político y militar, capaz de forjar alianzas estratégicas en sitios como El Perú-Waka' y de instalar a Yax Nu'un Ahiin en el trono de Tikal, siempre bajo las órdenes de Jatz'o'm Ku' o Búho Lanzadardos, quien para entonces habría detentado el trono imperial de Teotihuacán. No obstante, ¿por qué Teotihuacán habría tenido un interés tan grande en hacerse del control de Tikal? Probablemente por las mismas razones estratégicas que llevaron a Hernán Cortés y Pedro de Alvarado —casi doce siglos después— a concluir que para hacerse con el control de Mesoamérica debían a toda costa someter primero a la ciudad de México-Tenochtitlan. La lógica militar dicta que en lugar de construir una nueva y costosa infraestructura que asegure el dominio territorial y político, resulta mucho más operativo valerse de los sistemas y mecanismos de control del enemigo derrotado, quien normalmente resulta ser la mayor potencia regional previamente existente. De ser cierta esta lógica, esperaríamos encontrar amplia evidencia de que —tras derrotar a Tikal— Teotihuacán habría comenzado a valerse de su infraestructura a fin de extender su dominio por el Petén. Precisamente esto es lo que parece ocurrir.

Al igual que en Tikal, las estelas 5 y 22 de Uaxactún registran la llegada de Nacido del Fuego. La primera de ellas retrata además a otro guerrero teotihuacano, con un tocado globular rematado en un ave del que cuelgan largas plumas. Con la mano izquierda sujeta un lanzadardos o *átlatl*, mientas con la diestra empuña un arma insólita en el área maya, propia del México central: la temible macana repleta de navajas de obsidiana llamada *mak wawitl*. Uaxactún se ubica en el corazón del Petén guatemalteco, tan sólo veinte kilómetros al norte de Tikal. Debe su nombre al connotado arqueólogo Sylvanus G. Morley, quien llegó allí en 1916 y puso su nombre al sitio, queriendo dar a entender —por mera aproximación— que había allí muchas «piedras» o estelas que databan del octavo (waxak) b'ak(tún). Diez años más tarde, la Institución Carnegie de Washington D. C. —a la que pertenecía Morley— comenzaría un ambicioso proyecto de excavaciones arqueológicas que, entre otros resultados, permitieron establecer la secuencia completa de desarrollo de los estilos cerámicos empleados en el sitio a través de su historia. Así, el período que llamamos Clásico temprano corresponde a la llamada «esfera Tzakol», cuando aparecen una gran cantidad de piezas con forma y decoración que remiten fuertemente a la cerámica teotihuacana. Entre las piezas que han llamado la atención se encuentran vasos cilíndricos con tapaderas y soportes trípodes, muy similares a los de la fase Xolalpan del centro de México. Si bien la mayoría fueron imitaciones producidas localmente en la región de Uaxactún, una cantidad significativa podrían haber sido importados del México central.

También cerca de Tikal se encuentra el pequeño sitio periférico de Bejucal. Allí existe una estela que registra la instalación de un nuevo gobernante en el poder alrededor del año 381 por obra de Nacido del Fuego. Unos treinta y cinco kilómetros al este de Tikal está el sitio de Yaxhá, en la orilla de una laguna cuya agua (*ha'*) de color azul intenso (*yax*) le da su nombre al sitio. La Estela 11 de Yaxhá muestra un guerrero teotihuacano en vista frontal. Directamente al norte de Yaxhá, a cincuenta kilómetros, se encuentra el sitio de Río Azul, también en Guatemala. Allí las evidencias de una presencia teotihuacana durante el Clásico temprano son más acusadas. La Estela 1 de Río Azul data del año 396. En ella se registra que el sitio cayó bajo el dominio de Sihajiiy K'ahk' o Nacido del Fuego. También en un par de magníficas orejeras de jade procedentes de la región de Río Azul quedó registrado un breve texto en el cual un gobernante de este sitio clama su sujeción a la órbita política de Jatz'o'm Ku', es decir, de Búho Lanzadardos, rey de Teotihuacán.

Veinticuatro kilómetros al este de Tikal se encuentra la gran plaza de Holmul, en el Petén. La Sufricaya es considerado un emplazamiento «satélite» de Holmul. Sin embargo, contiene piezas cruciales del rompecabezas que nos permite hablar del nuevo orden de Teotihuacán. El nombre de Nacido del Fuego aparece en la Estela 6 de La Sufricaya, asociado a una fecha entre el 377 y el 387. Adicionalmente, dos murales de La Sufricaya —el 1 y el 7— muestran una serie de guerreros teotihuacanos enmarcados por líneas rojas, de pie o sentados con los atavíos y armas predilectos de Teotihuacán, incluyendo el *átlatl*, así como una procesión de figuras mayas que llevan regalos u ofrendas a perso-

Imagen plasmada en una vasija trípode descubierta en Tikal (PD 50), que muestra la llegada de un contingente de guerreros teotihuacanos a una ciudad maya.
Dibujo de Linda Schele.

najes vestidos a la usanza del México central. Esta última escena recuerda fuertemente a otra, plasmada en una vasija descubierta en el complejo 6C-XVI de Tikal —el mismo donde se encontró el Marcador— que parece representar en forma idealizada el avance de contingentes teotihuacanos fuertemente armados, seguidos de quienes parecen comerciantes o nobles, desde su ciudad repleta de arquitectura talud-tablero al área maya. En el Mural 7 hay además una referencia a la misma fecha 11 Eb' 16 Mak registrada en Tikal y Uaxactún (378 d. C.), asociada explícitamente con la llegada de Nacido del Fuego, quien es referido mediante su título habitual de Ochk'in K'awiil (Dios Relámpago del Oeste), que alude a su origen en el poniente.

Más interesante aún resulta el Mural 6, pues fue inmortalizada allí una reunión entre dos personajes. Uno de ellos muestra rasgos foráneos, tiene el cuerpo pintado de negro y aparece sentado sobre un templo con arquitectura talud-tablero. Sostiene en su mano una antorcha que extiende hacia la segunda figura, representada con un estilo típicamente maya, en el acto de ascender al mismo templo. Un rastro de huellas —que implican un viaje a larga distancia— conectan al segundo personaje con una procesión de figuras de rasgos mayas, similares a los suyos. Parecería que estamos aquí ante la evidencia de un ritual de «toma de posesión» celebrado en Teotihuacán. Antes de participar en tales ceremonias, los aspirantes a gobernar una capital —en el área maya u otras partes de Mesoamérica— debían emprender largas peregrinaciones, en ocasiones de meses de duración, hasta una ciudad primordial, sede del supremo poder dinástico panregional —como lo fue Tulan-Teotihuacán para esta época, y como posteriormente lo serían otras versiones más tardías de la mítica Tulan original: Tula Xicocotitlán, Cacaxtla, Xochicalco, Tajín, Chichén Itzá y Uxmal—. Un ejemplo tardío serían los líderes del pueblo Kaq'chikeel, quienes tras un largo peregrinar a la región Poqomchi' —al noreste de los Altos de Guatemala— consiguen la bendición del poderoso señor Nakxit, cuya autoridad les confiere legitimidad y poder suficientes para regresar como reyes heroicos ante su propia comunidad.

De esta forma, la evidencia de un control teotihuacano sobre el área maya, lejos de restringirse a Tikal y Uaxactún, en el Petén central, parece seguir un patrón que nos da una idea sobre cómo pudo esta metrópoli extender su dominio hacia otras regiones. Para que contingentes teotihuacanos relativamente numerosos pudiesen penetrar con efectividad al área maya, tuvieron que hacerlo por una o varias rutas ventajosas —y debieron dejarnos allí huellas de su paso—. Sabemos que Nacido del Fuego llegó a adquirir el control de sitios periféricos de Tikal, como Bejucal y posiblemente El Zotz'. Más al oeste, es sabido que entabló una alianza con el sitio de El Perú, aunque es menos conocida la influencia que pudo ejercer Teotihuacán en sitios tan al occidente como Palenque y Piedras Negras. Se ha planteado que la forma más obvia para que Nacido del Fuego y sus huestes alcanzaran el Petén habría sido a través de un corredor que iría desde la sede de Teotihuacán —en el actual estado de México— a través de porciones de Hidalgo y Puebla, desde donde les sería relativamente fácil acceder en paso franco hacia las costas del golfo de México, a través de Veracruz y Tabasco —según se aprecia en sitios como Matacapan, en la región de los Tuxtlas, donde parece haber existido un enclave teotihuacano—. Una vez allí podrían valerse de los múltiples sistemas fluviales interconectados que desembocan en el área en torno a la laguna de Catazajá, a tan sólo veinticinco kilómetros de Palenque.

La región del Usumacinta

Restan pocas dudas respecto a que un contingente de Teotihuacán dejó huellas de su paso por Palenque, ciudad que antiguamente se hizo llamar Lakamha' ('Lugar de las Grandes Aguas'). Inclusive Teotihuacán pudo jugar un papel de importancia en el establecimiento de la dinastía palencana. Además de objetos con clara influencia del México central —dos portaincensarios y una figurilla de piedra verde—, el experto Simon Martin ha detectado el nombre de Nacido del Fuego —líder militar de la entrada de contingentes del México central hacia el Petén en el año 378— en un tablero del Palacio de Palenque, aunque su presencia en esta región estaría siendo mencionada en forma retrospectiva, casi tres siglos después. Como confirmación del indicio anterior, una subestructura del Templo V, en el llamado Grupo

Norte de Palenque, muestra restos de un friso de estuco modelado, en el cual se aprecia el retrato de un personaje ataviado a la más pura usanza de los guerreros de Teotihuacán, que blande en la mano izquierda un lanzadardos, mientras con la diestra empuña lo que podría ser un cetro o «dardo flamígero» —parecido al de El Perú-Waka'—. Porta además un yelmo de mosaico con barbiquejo, las inconfundibles anteojeras de las órdenes militares del México central y un elaborado collar y pectoral del que penden cuentas circulares teseladas.

Sin duda, el contacto temprano con Teotihuacán dejó secuelas en Palenque que habrían de perdurar por siglos. Hacia el año 700 fue producida la lápida de Jonuta, en algún sitio subsidiario de Palenque, y en ella vemos a dos personajes arrodillados, aunque de muy elevado rango —uno de ellos el rey K'inich Kaan B'ahlam II— quienes flanquean a un enigmático tercer personaje no identificado, al cual están entregando reliquias teotihuacanas asociadas con el poder dinástico, que ofrecen en sendos platos. Una de ellas es una máscara de la llamada «deidad mariposa» del México central. La otra es descrita como una «piel» o «capa» en el breve texto que acompaña la escena. Más importante aún, en el fondo de la escena aparece de nuevo el signo de Puh o Tulan, evocando con ello la gloria de Teotihuacán, en una época posterior al colapso de esta gran urbe mexicana.

Otro sitio del Usumacinta que experimentó el poderío e influencia de Teotihuacán fue Piedras Negras, en Guatemala. Los máximos representantes de su dinastía fueron los reyes de Yokib', quienes se establecieron allí hacia el año 450 con la llegada al poder de Yat Ahk I. De esta época datan cierta cantidad de figurillas cerámicas elaboradas en moldes, de clara influencia teotihuacana —con signos del año, tocados de mosaico y anteojeras de Tlālok—. Su sucesor, Yat Ahk II, emprendió un viaje al occidente —de forma no muy distinta a como hizo K'inich Yax K'uk' Mo' en Copán— a fin de recibir las insignias de mando por parte de Taho'm Uk'ab' Tuun, un personaje portador del título capital de Ochk'in Kalo'mte' ('emperador del oeste'), el cual se asocia en cierta forma —como hemos visto— con la hegemonía de Teotihuacán. La alianza resultante permitió a Piedras Negras hacerse con el control de buena parte del Usumacinta, incluyendo el sitio cercano de Yaxchilán y el relativamente distante de Santa Elena, en Tabasco.

Con frecuencia, algunos de los más poderosos gobernantes mayas recurrían al simbolismo derivado de Teotihuacán para enfatizar su legitimidad ante otros aspirantes al trono, así como su capacidad política y militar ante súbditos y rivales. Aún siglos después de la caída de Teotihuacán, parece haber existido una amplia tradición de «revivir» motivos militaristas derivados de esta gran metrópoli. Apreciamos tales prácticas en gobernantes como Itzam K'an Ahk III de Piedras Negras y los reyes Kohkaaj B'ahlam II (Escudo-Jaguar II) y Yaxuun B'ahlam IV de Yaxchilán. De hecho, el Dintel 25 de Yaxchilán, ya en el Clásico tardío, relata la ascensión al trono de Escudo-Jaguar II en la Casa del Origen Dinástico (*Wite'naah*), seguida de un ritual donde aparece una criatura fantástica —identificada como la serpiente de guerra teotihuacana— de cuyas fauces emerge una figura ancestral. Mientras tanto, no muy lejos de allí, el gobernante tardío Yajaw Chan Muwaan de Bonampak fomentaría el empleo de imaginería teotihuacana —como la deidad Tlālok y el signo calendárico del trapecio y el rayo— en las estelas 2 y 3, así como en las vestimentas de una de las figuras de los famosos murales de Bonampak, descubiertos por Carlos Frey y Gilles Healey en 1946, considerados por algunos como una Capilla Sixtina del Nuevo Mundo, aunque este calificativo también podría aplicarse ahora a los recientemente descubiertos murales de San Bartolo en el Petén.

Si regresamos a la época en que el poderío teotihuacano estaba aún vigente, resulta claro que el avance de sus intereses estratégicos se hallaba lejos de restringirse al occidente de las tierras bajas. Unos sesenta y cinco kilómetros río arriba de Yaxchilán, el Usumacinta se bifurca, dando origen al río Pasión, en torno al cual floreció la entidad política del Petexbatún y su capital regional de Dos Pilas. Allí, el Gobernante 3 recurrió también al empleo de simbolismo derivado de Teotihuacán —siglos después de la presencia de teotihuacanos en esta región— tanto en la Estela 16 producida allí como en otra del sitio subordinado de Aguateca (Estela 2), hacia mediados del siglo VIII, aunque durante el Clásico temprano existen indicios más directos de la influencia que ejerció Teotihuacán en el Petexbatún. En el sitio de Machaquilá es mencionada una Casa del Origen Dinástico o *Wite'naah*, sin duda como reflejo de los mismos procesos que afectaron al cercano sitio de Tres Islas, visitado por el gran explorador austriaco Teobert Maler en 1905. Allí fueron esculpidos monumentos que datan del año 475, aunque narran eventos ocurridos entre el año 400 y el 416. Los individuos que aparecen allí retratados semejan guerreros con claros atavíos teotihuacanos. Su asociación con el término *Wite'naah* —reiterada en dos ocasiones— no hace sino reforzar la impresión de que fueron establecidos allí linajes afines a Teotihuacán. Dos de los individuos portan el inconfundible yelmo de mosaico —llamado por los mayas *Ko'jaw*— además de un barbiquejo, al tiempo que empuñan los ya familiares tres dardos y lo que parece ser un *átlatl* para arrojarlos. La evidencia de Tres Islas equivale a decir que tan sólo unos veinte años después de su «entrada» en el Petén central, los teotihuacanos habían logrado expandir su presencia a un área ciento veinte kilómetros al sur de Tikal. Tras continuar su avance hacia el sur de las tierras bajas, eventualmente su influencia alcanzaría el valle del Motagua, manifestándose con mayor fuerza en Copán, aunque en menor medida, también en Quiriguá y en el sitio de Pusilhá.

Copán

La historia que ha podido reconstruirse acerca de Copán durante el Clásico es todavía fragmentaria. No obstante, los datos obtenidos de las inscripciones

La gran acrópolis de Copán, Honduras.
Dibujo de reconstrucción de Tatiana Proskouriakoff.

jeroglíficas parecen concordar bastante bien con los hallazgos arqueológicos de las últimas décadas. Tan sólo veinte años atrás, los arqueólogos dudaban de la propia existencia de su principal gobernante y fundador dinástico, K'inich Yax K'uk' Mo' ('Resplandeciente Quetzal Guacamayo Verde'). Hoy en día, tras el descubrimiento de su tumba en la estructura Hunal, las investigaciones avanzan sobre pasos más firmes. Tal vez ningún gobernante en el área maya se ha asociado con tanta fuerza a Teotihuacán como K'inich Yax K'uk' Mo', desde sus atavíos con anteojeras del dios foráneo Tlālok y su pequeño escudo cuadrado con la serpiente de guerra teotihuacana, hasta los objetos encontrados en su tumba, que incluyen dos espejos de

Retrato de K'inich Yax K'uk' Mo', rey temprano de Copán, ataviado como teotihuacano. Los elementos de su nombre glífico están presentes en su tocado. Altar Q de Copán, Honduras. Clásico tardío. Dibujo de David Stuart.

pirita sin duda traídos de Teotihuacán. Sin embargo, no hay duda de que K'inich Yax K'uk' Mo' fue un rey maya, aunque con fuertes asociaciones foráneas. Los análisis de estroncio realizados en sus restos muestran que creció tomando agua cuyo contenido en isótopos es propio del Petén.

El Altar Q es una magistral síntesis de la historia dinástica de Copán. Alguna vez adornó el frente de la Estructura 10L-16, cargada de fuertes referencias a Teotihuacán. Fue comisionado en el año de 776 por el decimosexto gobernante en la sucesión dinástica, llamado Yax Pasaj Chan Yopaat. En su canto muestra retratos de estos dieciséis gobernantes, cada uno sentado encima de sus glifos nominales. En una escena con una exquisita fuerza simbólica, el fundador del linaje, K'inich Yax K'uk', transmite el bastón de mando —un dardo flamígero que simboliza el fuego nuevo traído de Teotihuacán— al decimosexto, implicando con ello la continuidad ininterrumpida del linaje.

El texto del Altar Q refiere sucesos de crucial importancia para nuestra historia. De acuerdo con el desciframiento de David Stuart, el 6 de septiembre de 426 K'inich Yax K'uk' Mo' recibe un importante emblema de mando llamado K'awiil en la Casa del Origen Dinástico original. ¿Dónde estuvo situado este enigmático lugar? Sin duda en una región muy distante, pues K'inich Yax K'uk' Mo' debió emprender un viaje de ciento cincuenta y seis días para llegar desde allí a Ux Witik (nombre antiguo de la localidad donde se asienta Copán, en el valle del Motagua), donde asume el trono y tiene inicio un culto centrado en su persona que habría de perdurar durante siglos, como indica la propia fecha tardía del Altar Q. A la luz de lo anterior, la Estructura 10L-16 de Copán —asociada al altar Q— parece ser más una recreación que la versión original del Wite'naah. También demasiado cerca de Copán para corresponder a la Casa del Origen Dinástico original se encuentra el sitio satélite de Río Amarillo, donde existe un edificio cuya fachada está enteramente adornada por grandes motivos glíficos de *Wite'naah*, asociados con guerreros y simbolismo teotihuacanos, incluyendo el signo del año o del «trapecio y el rayo». Hemos visto que otras referencias al *Wite'naah* aparecen en Quiriguá, Tikal, El Perú, Tres Islas, Machaquilá y Yaxchilán, aunque en todos los casos parece tratarse de recreaciones o emulaciones de un lugar más más antiguo. Un elemento común a todas estas menciones es su asociación con textos, imágenes o arquitectura conectada con Teotihuacán. Donde quiera que haya estado esta enigmática estructura, K'inich Yax K'uk' Mo' parece haber traído de allí dos magníficos espejos de pirita que luego regalaría a quien parece haber sido su esposa. Los motivos que contienen estos espejos son indistinguibles de representaciones en la pintura mural de Teotihuacán. Los espejos eran parte muy importante del atavío de un guerrero teotihuacano, y el hecho de que se hayan encontrado espejos muy similares a los de Copán en Tikal y Kaminaljuyú —es decir, en sitios con los que Teotihuacán tuvo también amplios contactos— han llevado a Jesper Nielsen a sugerir que K'inich Yax K'uk' Mo' bien pudo haber traído estos espejos desde Teotihuacán.

Así, de acuerdo con las últimas interpretaciones, la Casa del Origen Dinástico original pudo estar frente, dentro o debajo de alguna de las imponentes estructuras de Teotihuacán. En este sentido, recientemente ha sido descubierta una inmensa galería de más de cien metros de longitud, que corre por debajo del Templo de la Serpiente Emplumada en Teotihuacán, a doce metros de profundidad. Por su parte, Karl Taube ha asociado los edificios llamados *Wite'naah* con rituales de fuego. Inclusive el símbolo calendárico teotihuacano del «trapecio y el rayo» constituye una forma abstracta de representar tanto el ciclo de trescientos sesenta y cinco días como otro mayor de cincuenta y dos años, tras cuya terminación era preciso efectuar un ritual de renovación —llamado de «fuego nuevo»—. Esta tradición perduraría muchos siglos después de la caída de Teotihuacán y sería celebrada a gran escala por última vez en 1507, ya que después de la conquista europea sería suprimida por las nuevas autoridades españolas. A través de la metáfora del fuego nuevo, los dardos flamígeros que portan personajes como K'inich Yax K'uk' Mo', Sihajiiy K'ahk' y otros simbolizan la ignición de un nuevo linaje fiel a su origen, al lugar donde ardió la llama original, quizá en la misma ciudad de Tulan-Teotihuacán.

La portentosa Escalinata Jeroglífica de Copán, Honduras. Dibujo de reconstrucción de Tatiana Proskouriakoff.

Carlos Pallán Gayol

Las tierras bajas del norte

Hemos pasado revista a parte de lo que ocurrió conforme la influencia de Teotihuacán se fue extendiendo desde el Petén y el Usumacinta hacia el sur de las tierras bajas. En dirección este, la expansión teotihuacana continuó hacia Yaxhá y La Sufricaya, tras lo cual debió desviarse o ramificarse hacia el norte a fin de alcanzar Río Azul. Desde allí, no les sería muy difícil continuar extendiéndose península arriba, dejando huellas de su paso en sitios cercanos a las costas del Caribe, en el actual estado mexicano de Quintana Roo, aunque también en sitios península adentro, en el estado de Yucatán, según veremos más adelante. Uno de ellos fue Dzibanché, donde el equipo de Enrique Nalda detectó un extraordinario relieve en estuco, que muestra un jaguar sobrenatural con tocado de plumas, que empuña con sus garras dos grandes antorchas cruzadas, símbolos de la Casa del Origen Dinástico (*Wite'naah*). Muy cerca de allí está el yacimiento arqueológico de Kohunlich, donde también se han detectado influencias de Teotihuacán en la decoración de algunos edificios. Otro de estos sitios pudo ser la inmensa metrópoli de Cobá, al norte de la Península, donde se han descubierto vestigios como una plataforma estilo talud-tablero y, de forma quizá más explícita, una escultura en forma de panel que data del Clásico temprano, y muestra un cautivo al lado del signo teotihuacano del trapecio y el rayo. Cuarenta y cinco kilómetros al este de Cobá se llega a las paradisíacas costas del Caribe mexicano, con sus aguas de tonalidades azul turquesa encendidas —un color que los mayas llamaban yax—. Allí se encuentra el sitio de Xel-Há, junto a laguna rodeada de manglares, donde Teotihuacán dejó huellas de su paso en una magnífica estructura abovedada conocida como «Casa de los Pájaros». En su interior se conserva todavía una pintura mural que alberga similitudes con las de Teotihuacán.

Más hacia el interior y el occidente de Yucatán, resulta evidente que Teotihuacán ejerció una influencia significativa en sitios del noroeste de Campeche y Yucatán —en la llamada región Puuc— como Oxkintok, Uayalceh Yaxcopoil, Dzibilchaltún, Acanceh, Ti-ho, Ixil, Chac II y también en Edzná. Tan sólo veinte kilómetros al sureste de la actual ciudad de Mérida se encuentra el yacimiento de Acanceh, con sus cuatro kilómetros cuadrados y más de cuatrocientos edificios, de los cuales destaca el Palacio de los Estucos, cuya fachada norte está adornada por un inmenso friso de estuco que desde los albores del siglo XX llamó la atención del gran mesoamericanista alemán Eduard Seler. El motivo es simple: su extraordinaria semejanza con el arte de Teotihuacán. Muestra representaciones muy poco comunes de animales fantásticos, cada uno dentro de un elemento geométrico escalonado —convención con que se indicaba la boca de una cueva—. La paleta de colores escogida es reminiscente de otros murales claramente influenciados por los de Teotihuacán, como los descubiertos en Monte Albán, Oaxaca o los de Uaxactún, en el Petén. Al examinar con cuidado los animales representados en Acanceh, nos percatamos de que no sólo exhiben ciertos motivos tomados directamente del arte de Teotihuacán sino que la escena está marcada por una sucesión de inconfundibles glifos toponímicos de Puh, cuya función sin duda es la de indicar dónde se desarrolla la escena. Como hemos visto, Puh es el nombre que daban los mayas antiguamente a Teotihuacán y equivale al término nawatl Tulan. Más aún, se trata del mismo signo que los propios teotihuacanos usaron para referirse a su ciudad en el Pórtico 2 de Tepantitla. En su conjunto, el friso de Acanceh nos deja la impresión de que los antiguos reyes que allí habitaron y sus familiares gustaban de recrear su mirada con motivos que probablemente les recordaban la lejana ciudad del México central que alguna vez visitaron, o tal vez incluso donde alguna vez vivieron.

Cincuenta y siete kilómetros al suroeste de Acanceh se yergue el mucho mayor centro de Oxkintok, el cual experimentó un período de intensa actividad constructiva entre el 500 y el 600 d. C., y es aquí cuando las características relacionadas con Teotihuacán se tornan más aparentes —aunque las fechas jeroglíficas asociadas a este fenómeno se remontan hasta el año 475—. Los entierros que se han excavado en Oxkintok revelan objetos cerámicos de claro estilo teotihuacano —como vasijas cilíndricas con soportes trípodes, candeleros y floreros—, encontrados además dentro o en las inmediaciones de edificios repletos de arquitectura talud-tablero. Un poco más al norte de Oxkintok está Chunchucmil, donde también se ha encontrado —en el grupo Lool— un edificio de estilo talud-tablero, dentro del cual fue recuperada una vasija cilíndrica estilo teotihuacano. También en sitios como Sayil y Chac hay fuertes evidencias de este fenómeno. Trabajos arqueológicos en este último sitio revelan que la presencia teotihuacana se refleja de forma evidente en la arquitectura, las orientaciones de los edificios, la cerámica y los entierros. La evidencia indica que pudo haber élites teotihuacanas viviendo allí, aunque también, significativamente, pudo haber personajes foráneos de rango intermedio,

Una sucesión de fantásticas criaturas posadas sobre montañas trifoliadas dan vida a la geografía mítica plasmada en el Friso de Acanceh, Yucatán. Entre cada montaña alterna el jeroglífico de Puh o Tulan (ver detalle del signo a la izquierda) *Dibujos tomados de la obra de Eduard Seler* 1902-23, V: 400.

posiblemente militares o comerciantes. Asimismo en la acrópolis central de Chac fue descubierta una laja de piedra con una escena narrativa sobre un posible evento de «llegada» que se ha comparado con los de Tikal y de La Sufricaya. Las evidencias sobre la influencia teotihuacana en la península de Yucatán comienzan a cobrar tal magnitud que han llevado a algunos investigadores a plantear la existencia de una ruta adicional que Teotihuacán debió seguir en su avance por las costas del golfo de México, la cual los habría llevado desde la región de Laguna de Términos en Campeche hacia Champotón, desde donde les habría sido posible internarse hacia el Puuc —tal vez a través de sitios como Edzná— lo suficiente para fundar enclaves estratégicos en sitios como Chac. Una vez que adquirieron el control suficiente del Puuc, les habría resultado sencillo seguir avanzando hacia el norte, hasta alcanzar Oxkintok y Chunchucmil.

Las tierras altas y la costa del Pacífico

En sentido inverso al flujo de migrantes hacia el floreciente Petén —según vimos en el capítulo anterior—, los primeros años del Clásico fueron muy difíciles de sobrellevar en las tierras altas y la costa del Pacífico, a causa de catástrofes naturales y despoblamiento, aunados a otros factores menos entendidos, que en su conjunto acabarían por provocar un vacío de poder en torno a esta región y a la zona costera del Pacífico. Esta circunstancia parece haber sido aprovechada por la gran metrópolis mexicana de Teotihuacán. No satisfecha con su notoria expansión a través de Oaxaca y Veracruz, Teotihuacán miraba ahora intensamente hacia el área maya, atraída quizá por la promesa de controlar la producción y el comercio de cotizados bienes, como el cacao de la costa del Pacífico, la jadeíta del Motagua y la obsidiana de El Chayal, valiéndose para ello de alianzas —y otros mecanismos de control más impositivos— sobre centros regionales importantes, como Kaminaljuyú y Escuintla.

En el altiplano guatemalteco, donde hoy se yergue la moderna ciudad de Guatemala, rodeada de los volcanes de Agua y de Fuego, tuvo su sede Kaminaljuyú, la antigua capital de una región relativamente amplia de las tierras altas. El gran auge que gozó Kaminaljuyú durante el Preclásico sólo es comparable con su abrupta caída hacia el año 100. Sin embargo, durante el Clásico medio —a fines del siglo IV— tendría un notorio resurgimiento, el cual muchos atribuyen al influjo que recibió tras la llegada de contingentes procedentes de Teotihuacán. Trabajos arqueológicos han detectado allí la presencia de grandes cantidades de fragmentos cerámicos de la llamada fase Esperanza, cuyas similitudes con la vajilla teotihuacana resultan aún más notorias que en el caso de Uaxactún. Esta cerámica aparece asociada además con estructuras de arquitectura talud-tablero, fuertemente reminiscentes de las teotihuacanas. Kaminaljuyú quizá podría tener el mayor número de estructuras tipo talud-tablero de todos los sitios clásicos mayas. Además, los rellenos arquitectónicos dentro de muros y plataformas —tanto en Teotihuacán como en Kaminaljuyú— están formados por porosas rocas volcánicas, llamadas *tepetate*. Existen también al menos dos complejos residenciales de tipo teotihuacano en Kaminaljuyú, que sugieren incluso que pudieron vivir allí élites foráneas. Análisis modernos de isótopos de oxígeno practicados a esqueletos encontrados en Kaminaljuyú revelan que al menos un individuo tuvo orígenes teotihuacanos. Otros más pudieron proceder del Petén central, incluso de Tikal. Muchos de los artefactos encontrados en tumbas parecen haber sido importados directamente de Teotihuacán.

Durante la transición entre el Preclásico tardío y el Clásico temprano, se han detectado evidencias claras de la influencia de Teotihuacán en el área maya en la zona costera del Pacífico sur, en torno a la moderna ciudad de Escuintla. Abundan allí artefactos fabricados con piedra volcánica translúcida (obsidiana) de color verdoso, extraída de las minas de Pachuca, cuya explotación estuvo entonces bajo control de Teotihuacán. También han aparecido allí utensilios culinarios de cerámica Anaranjado Fino. Ambos bienes fueron muy cotizados en diversas regiones de Mesoamérica ávidas de imitar los gustos y tendencias —léanse «modas»— de las élites de Teotihuacán, entonces en boga.

¿Cómo pudo ejercer Teotihuacán su influencia en regiones tan distantes como Escuintla y Kaminaljuyú? Como hemos visto, resulta claro que previo a su llegada Teotihuacán fue haciéndose del control de rutas o «corredores» en torno a las costas del golfo de México, del Pacífico y la zona del istmo de Tehuantepec —que conecta las dos primeras— a fin de controlar el tránsito del comercio a larga distancia, así como la explotación de los abundantes recursos naturales y materias primas a través de vastas regiones. De ello dan fe los patrones similares descubiertos en abundantes «enclaves» o puestos de avanzada con características muy afines a Teotihuacán, aunque muy distantes entre sí, como el sitio de Montana en la región central de Escuintla, quince kilómetros al norte de la costa del Pacífico; Monte Albán, en los valles de Oaxaca —que parece haber caído bajo control del México central durante buena parte del Clásico temprano— o bien el sitio de El Embarcadero, en la Costa Grande de Guerrero, donde han sido encontrados más de seis mil fragmentos de cerámica de indudable estilo teotihuacano.

Así, después de este recorrido por las grandes ciudades del Clásico temprano, hemos observado una constante que impregnó la historia maya de la época: el contacto con Teotihuacán, verdadero hilo conductor de nuestro relato. Encontramos variaciones sobre el mismo tema una y otra vez, desde el occidente de las tierras bajas hasta el corazón del Petén, el valle del Motagua, el norte de Yucatán, la costa del Caribe y las tierras altas de Guatemala. Sin duda las relaciones entabladas por Teotihuacán con el mundo maya —o viceversa— no se caracterizaron por su igualdad. Después de todo ¿quién podría igualar el poderío de esta megalópolis? Aunque ello no impidió que hubiese intercambios en ambos sentidos, mutuamente benéficos o mutuamente perjudiciales, según el caso. Recordemos que grandes cantidades de cerámica maya fueron encontradas en el barrio de los mercaderes de Teotihuacán, y también había un «barrio maya» allí. Inclusive se han encontrado textos jeroglíficos escritos por escribanos mayas. El hecho de que élites mayas vivieron allí queda claro al reparar en los infortunados personajes que fueron víctimas de multitudinarios sacrificios practicados en la Pirámide de la Luna, identificados como tales por el arqueólogo japonés Saburo Sugiyama. Como quiera que haya sido, con excepción de la conquista española, no conocemos en toda la historia maya otro hito que los haya marcado tan profundamente como el advenimiento del nuevo orden impuesto por Teotihuacán, tras el cual su mundo no volvería a ser el mismo. Aunque nunca con la misma intensidad del siglo IV, estos sucesos jamás serían olvidados y se convertirían en un motivo subyacente dentro de su historia posterior, que habremos de abordar enseguida.

5

El Clásico tardío y la era dorada de los grandes reyes

Hemos echado una mirada a los orígenes y la historia temprana del mundo maya, aunque la mayoría de las referencias históricas que hemos encontrado hasta ahora han sido retrospectivas, es decir, fueron elaboradas en una época décadas o siglos posterior a los eventos que narran. Algunas incluso se remontan a las profundidades del tiempo mítico. A un pasado idílico, en el cual los hechos históricos —si acaso los hubo— aparecen entretejidos con toda suerte de elementos fantásticos. En ellos intervienen con frecuencia dioses, criaturas y lugares ultraterrenos. Mediante tal retórica, los gobernantes clásicos y los miembros de su corte real —incluyendo escribas y escultores— buscaban reflejar un ideal: no tanto cómo fueron en realidad, sino cómo preferían recordar a sus ancestros, tal y como hicieron con la memoria del gran héroe cultural Ajaw Foliado.

Sin embargo, a partir de la fundación de las grandes dinastías en las principales ciudades clásicas, tales narrativas y tradiciones se van a volver menos impersonales y subjetivas, viéndose dotadas en cambio de fechas prodigiosamente precisas, nombres inteligibles, eventos auspiciosos o catastróficos, y así sucesivamente. Es decir, nos encontramos por fin frente a registros que podríamos calificar con justicia como «históricos», comparables a otros legados por las antiguas civilizaciones del Viejo Mundo. No pocos de ellos han dejado huellas tangibles de su existencia objetiva, según han podido constatar después meticulosos arqueólogos. Otros aguardan aún pacientemente a que descubramos la evidencia crucial que permita confirmarlos, pero todos ellos confluyen para conformar nuestra historia actual de la antigua civilización maya.

Llegamos así al momento climático de nuestro relato: el Clásico tardío (600-900 d. C.), cuando algunas de las más grandes ciudades pudieron rozar por un instante las áureas cumbres de la gloria y el esplendor, al igual que a las grandes civilizaciones del mundo. Desafortunadamente, el destino acabaría por interponerse, trastocando dichos logros por penurias sin fin. Sin embargo, antes de entrar de lleno en la edad dorada de los grandes reyes clásicos, detengámonos por un momento en los entresijos: ¿Cómo se gestó y cuáles de sus grandes ciudades fueron las protagonistas de nuestra historia?

El Colapso del Clásico medio

A estas alturas, no debería sorprendernos ya que hablemos nuevamente de otro colapso. Esta vez, el ocurrido durante un período transicional, que llamamos Clásico medio (h. 500-600 d. C.). Ante la falta de datos, la mayoría de arqueólogos de la primera mitad del siglo pasado optaron sencillamente por ignorar tales fenómenos. Hoy día, este enfoque ha cambiado. Aunque no es mucho lo que podemos sacar todavía en claro, conocemos al menos varias de las causas que generaciones previas de estudiosos apenas intuyeron. Nos referimos a sucesos de inmensa trascendencia, que trastocarían irreversiblemente el orden establecido

La gigantesca Estructura I de Calakmul se yergue por encima del mar de selva tropical del Petén campechano. Fotografía de Peter Fordham.

durante el Clásico temprano. Entre ellos, el colapso de Teotihuacán y sus inevitables repercusiones en las tierras bajas centrales mayas. El reacomodo de fuerzas resultante propició fenómenos como el vertiginoso ascenso de la dinastía de la serpiente, llamada antiguamente Kaanu'ul, al tiempo que su antítesis —la otrora poderosa capital de Tikal— se hundiría en una edad oscura, de la cual tardaría unos ciento treinta años en emerger.

Mas no nos adelantemos en los sucesos. Es claro que antes de caer en las tinieblas, Tikal disfrutó de un florecimiento durante el Clásico medio. Como resultado de su reciente alianza con Teotihuacán, fue testigo de un período de extraordinaria bonanza. Sus gobernantes no titubearon entonces al emprender ambiciosas remodelaciones urbanísticas, tanto en su zona central como en la plataforma este. Así, sabemos de al menos veinticuatro estelas de piedra que fueron erigidas entre los años del 378 al 525 —en comparación con sólo once construidas después del Clásico medio—. Si nos fijamos en la arquitectura producida entonces, veremos como toda una generación de reyes de Mutu'ul conectados con el nuevo orden teotihuacano ordenarían la construcción de grandes pirámides y extraordinarios proyectos, como el Templo 34 (que encierra la tumba de Yax Nu'un Ahiin), que se erige sobre la tumba de su hijo Sihajiiy Chan K'awiil, o bien el Templo 32.

Precisamente entonces se registran cambios en la tradición cerámica, pues sobreviene la transición entre las fases llamadas Manik 2 y Manik 3. Fue entonces cuando aparece un nuevo rey de Tikal, llamado K'an Chitam (Pecarí Amarillo), quien pronto erigiría al menos cuatro magníficas estelas. Quizás desde sus tiempos se construyó también el primero de los múltiples complejos arquitectónicos de pirámides gemelas en Tikal, cuyo propósito fue conmemorar las ceremonias de final de *k'atun* —eventos que ocurrían aproximadamente cada dos décadas, para ser precisos, 360 x 20 días—. Ya fuera debido a sus crecientes ambiciones de poder o a la necesidad de atraer nuevamente sitios antiguamente aliados a Tikal bajo su control, lo cierto es que, hacia el 486, K'an Chitam pudo ser el artífice de un ataque contra de Río Azul —antiguamente llamado Sak Ha' Witznal ('Montaña de Agua Clara')— situado a más de cuarenta y dos kilómetros de allí, hacia el noroeste, con cuya dinastía previa mantuvo ciertos vínculos de parentesco, pues su madre fue nieta del ilustre rey Wayaan de aquella ciudad, perteneciente a la casta divina de los «señores de Masu'ul», un antiguo linaje vinculado también con la cuenca de El Mirador y con el sitio de Naachtún.

La muerte de K'an Chitam sobrevendría poco tiempo después. Su tumba no ha podido aún ser hallada por los arqueólogos, pero sabemos que fue un digno heredero de la tradición teotihuacana establecida generaciones atrás, tal y como delata su retrato en la Estela 40, erigida en 468. Su hijo —llamado Chak Tok Ich'aak II— estaría destinado convertirse en otro de los grandes gobernantes del sitio. La importancia que adquiriría después queda de manifiesto desde el énfasis precoz que le otorga su padre en el 486, durante la celebración de su primer ritual de sangrado —un rito de paso infantil—, tras lo cual asumiría el trono, tan sólo dos años después. Durante la época de K'an Chitam y Chak Tok Ich'aak II, Tikal parece haber vivido un período de gran esplendor, el cual desafortunadamente no habría de perdurar. Algo que se nos escapa —aunque profundamente trascendente— debió ocurrir hacia 470. Así lo advirtió el genio de Tatiana Proskouriakoff, quien al analizar el arte de Tikal, explicó que la súbita pérdida de motivos e insignias propias del poder real de entonces sólo podría significar que allí tuvo lugar un evento paradigmático, de magnitud comparable a una revolución política y social.

A la par de Tikal-Mutu'ul, otros centros del Petén comenzaban a prosperar. En 484, un gobernante llamado Yajawte' K'inich I ascendería al trono en la ciudad de Caracol (antiguamente llamada Uxwitza'), ubicada en lo que es hoy Belice. Bajo su guía, la ciudad experimentaría un notorio florecimiento. Algunos años después, el rey Chak Tok Ich'aak II celebraría el final de período de 495 en la gran Tikal, erigiendo tres estelas, de estilo y contenido textual notoriamente simplificado —carentes del derroche virtuosístico que solía caracterizar la época anterior—. En efecto, el motivo dominante deja de ser enfatizar las ligas con la gran Teotihuacán y el fuego nuevo traído de allí. En cambio, la austeridad de los nuevos monumentos prefería mostrar a los reyes de Tikal encendiendo sus propios fuegos rituales, como si se tratase de una declaración de independencia. Las extravagantes obras arquitectónicas emprendidas por

Chak Tok Ich'aak II —y previamente por su padre— no hacen sino reforzar esta impresión de autosuficiencia. En particular las modificaciones que efectuaron a los templos 22 y 33.

Remontémonos por un instante a los tiempos en que Chak Tok Ich'aak II construía su magnífico palacio en la acrópolis central de Tikal. Imaginemos el orgullo de sabernos ciudadanos de una metrópoli en franco ascenso, cuya magnitud eclipsaba ya a sus vecinos del Petén. Sin duda nos sentiríamos en el centro del mundo, aunque seguramente ignoraríamos importantes sucesos que comenzaban a gestarse hacia la periferia. Setenta y tres kilómetros al sureste, en Caracol-Uxwitza', Yajawte' K'inich conmemoraría el final de *k'atun* de 9.4.0.0.0 (18 de octubre de 514). Justamente en esta época, aunque doscientos cincuenta y siete kilómetros al oeste de Tikal, se encontraba la zona transicional entre las tierras bajas occidentales y las tierras altas de Chiapas —en el fértil valle de Ocosingo—que había caído para entonces bajo el dominio de los militaristas señores del linaje de Po'. El primero de sus soberanos conocidos asumiría el poder en 514 en su gran capital de Toniná, y nos referimos a él como «Cabeza de Reptil». Sorprendentemente, un magnífico disco esculpido de Toniná parece registrar la muerte del rey de Tikal, Chak Tok Ich'aak II, en la fecha 9.3.13.12.5 (26 de julio de 508). Pocos días después, un vasallo suyo es capturado por los reyes de la dinastía de Pa'chan o Cielo Partido, quizá todavía en El Zotz', o bien en su nueva y lejana capital de Yaxchilán a orillas del río Usumacinta.

Antes de morir, Chak Tok Ich'aak II tendría un hijo, llamado Wak Chan K'awiil, quien eventualmente heredaría el trono de Tikal, convirtiéndose así en el vigesimoprimer gobernante. Sin embargo, por alguna razón hubo de esperar un intervalo considerable antes de asumir el trono, pues en 511, una infanta de seis años de edad —a quien conocemos simplemente como la «Mujer de Tikal»— gobernó de manera conjunta con el decimonoveno rey, Kalo'mte' B'ahlam. A este mandato conjunto seguiría aún el del vigésimo gobernante, del cual muy poco sabemos en realidad. Posteriormente, Wak Chan K'awiil —quien probablemente había estado en el exilio— parece haber retornado para asumir el trono de Tikal en 537, desde una ubicación desconocida que bien podría haber sido Caracol, sitio entonces aliado de Tikal. Allí, un nuevo rey —llamado K'an I— había sucedido a su padre Yajawte' K'inich desde hacía ya seis años. En lo político, sin duda Wak Chan K'awiil hizo mucho por expandir la esfera de influencia de Tikal, aunque tal actividad generaría a la postre funestas consecuencias, al atraer la indeseable atención de poderosos rivales, capaces de interrumpir bruscamente su progreso, según veremos enseguida.

El hiatus de Tikal

¿Cómo es posible que una ciudad de la magnitud de Tikal haya podido caer de forma tan estrepitosa? Parece haber al menos dos buenas respuestas. La primera nos exige viajar más de mil kilómetros hacia el oriente, hasta Teotihuacán, donde por alguna razón, el poderoso linaje instaurado por Búho Lanzadardos parece haber llegado a un abrupto final —según indican las claras señales de destrucción e incendios descubiertas en el Templo de la Serpiente Emplumada—. Parece haber ocurrido allí un drástico cambio de poderes, que sin duda tendría profundas repercusiones en el resto de Mesoamérica. Bajo el nuevo statu quo, Tikal habría perdido de facto su principal soporte político-militar, mermando con ello su aura de invulnerabilidad y poderío transregional —ante los ojos de antiguos aliados y nuevos rivales—. En la cerámica de Tikal, tales cambios parecen reflejarse en el advenimiento de la fase Manik 3 mencionada antes, que data de entre 490 y 550 y se caracteriza por la virtual desaparición de las llamadas «influencias externas», anteriormente dominantes.

La segunda respuesta —para muchos la más importante—también nos incita a viajar lejos de Tikal, esta vez casi ciento setenta kilómetros al noreste, hasta lo que es hoy el estado mexicano de Quintana Roo, donde los temibles reyes de la dinastía de la serpiente (*Kaanu'ul*) habían comenzado a dar rienda suelta a sus ambiciones expansionistas. Para dar una idea de las redes políticas que esta dinastía comenzaba a entretejer, en 537 un vasallo del rey serpiente K'altuun Hix es capturado por las huestes de Cielo Partido (Yaxchilán o El Zotz'), más de doscientos noventa y dos kilómetros al occidente de Dzibanché. Los motivos que le llevaron allí sólo podemos imaginarlos, aunque esto sería sólo el principio, pues pronto comenzarían a dar mayores muestras de su creciente poderío. De acuerdo con Simon Martin, hacia el año 520, los reyes de la serpiente se involucran por primera vez en los asuntos del Petén central, al enviar a la primera de una serie de mujeres de la dinastía de la serpiente —la señora Naah Ek', al parecer hija de K'altuun Hix— para casarse con reyes como el que entonces gobernaba el sitio de La Corona (antiguamente llamado Saknikte', «Flor Blanca»), sellando mediante tal «matrimonio político» una alianza que a la postre perduraría durante siglos y resultaría crucial. Posteriormente, en una fecha cercana a 534, parece haber tenido lugar la primera de múltiples escaramuzas que protagonizarían las fuerzas de la dinastía de la serpiente contra las de Mutu'ul-Tikal. La finalidad de Kaanu'ul en esta ocasión parece haber sido arrebatar a Tikal el control de Caracol, aunque todo indica que, tras el fragor de la batalla, el rey local K'an I se mantendría aún como leal vasallo (*yajaw*) del irascible Wak Chan K'awiil de Mutu'ul.

Sin embargo, este choque inicial no haría sino exacerbar la ambición de Kaanu'ul por hacerse del control de esta región. En 546 el propio K'altuun Hix supervisa directamente la ascensión al trono de Aj Wosal, en Naranjo —antiguamente llamado Wakab'nal, previamente aliado de Tikal—, atrayendo así a otro sitio importante bajo su control, a expensas de Mutu'ul. Sin duda, la incursión directa de un rey de la dinastía de la serpiente en territorios que Tikal consideraba dentro de su esfera de influencia debió encolerizar a Wak Chan K'awiil, ya que comenzó entonces una verdadera contienda por hacerse con el control de esta porción oriental del Petén.

Así, en el año de 553 tuvo lugar la entronización de Yajawte' K'inich II en Caracol —llamado antiguamente Uxwitza', que significa 'Agua de Tres Montañas'—bajo la supervisión directa de Wak Chan K'awiil. Cuatro años más tarde, Wak Chan K'awiil celebraría el final de *k'atun* de 9.6.0.0.0 (22 de marzo de 554), sin advertir que una oscura sombra se cernía sobre él y su gran capital del corazón del Petén.

La alianza Tikal-Caracol no estaba destinada a perdurar. Algo que se nos escapa debió ocurrir entonces, ya que por alguna razón, en 556 Tikal decidió volcar su ira contra su nuevo aliado Yajawte' K'inich II. Uno de los escenarios más plausibles plantea que la influencia de Testigo del Cielo y la dinastía de la serpiente en la región resultó una prueba demasiado difícil de superar para la lealtad de Caracol. Eventualmente, su rey Yajawte' K'inich II habría cedido ante las apremiantes promesas —o amenazas— de Kaanu'ul, volteando la espalda a su alianza con Tikal, quizá en pos de su propia supervivencia. Ello explicaría por qué, de sentirse traicionado, Wak Chan K'awiil no dudaría en atacar Caracol como lo hizo. De algún modo, Yajawte' K'inich II lograría sobrevivir al ataque. Desde entonces, ávido de vengar la afrenta, el rey de Caracol se sometería a los designios del poderoso Testigo del Cielo, y muy pronto ambos comenzarían a prepararse intensamente para llevar a la práctica sus planes conjuntos en contra de Tikal.

A partir de allí, la situación política no hizo sino deteriorarse cada vez más, hasta que seis años después, en 562, los peores temores de Wak Chan K'awiil se volverían realidad, cuando sobrevino por primera vez

El nombre jeroglífico del rey Yuhkno'm Uhut Chan
('Testigo del Cielo') seguido del emblema de la dinastía
de la serpiente, esculpidos en la Estela 3 de Caracol.
Dibujo de Linda Schele.

en la historia un fulminante ataque del tipo «guerra-estrella» —llamado así por la apariencia de los glifos que lo describen— que no pocas veces implica consecuencias catastróficas para el destinatario, seguidas en ocasiones por períodos de «silencio», durante los cuales el sitio derrotado súbitamente deja de producir registros escritos por algún tiempo. Mientras que para los romanos el dios de la guerra fue Marte, hijo de Júpiter —el Ares del mundo helénico— los mayas parecen haber sincronizado en cierta medida algunas de sus batallas más importantes con las evoluciones del planeta Venus en el firmamento, particularmente durante momentos clave de su ciclo de quinientos ochenta y cuatro días, como sus períodos de salida heliacal y sus conjunciones superior e inferior. La primera de las épicas «guerras-estrella» que protagonizaron los reyes de la serpiente y los de Tikal no sería la excepción.

La derrota fue devastadora. Wak Chan K'awiil debió ser a todas luces asesinado, pues no vuelve a ser mencionado. El centro de su ciudad posiblemente fue saqueado e intencionalmente destruido, y la línea de sucesión paterna de su linaje parece haberse roto. Así, la gloria de los grandes reyes de Mutu'ul se extinguió, y la otrora gran ciudad se sumió en una era de tinieblas —un hiato— de la cual tardaría ciento treinta años en salir. Lo que ocurrió en este lapso a duras penas podemos atisbarlo, ante la súbita ausencia de todo registro escrito en los monumentos —o fragmentos de escultura—. Entre lo poco que ha podido sacarse en claro, gracias en parte a una serie de vasijas polícromas, sabemos que en algún momento después de 562 asume el poder el vigesimosegundo gobernante, apodado como «Calavera de Animal» —ante las dificultades para descifrar su verdadero nombre— quien quizá habría muerto poco antes de 613. Parece haber pertenecido a otra línea de sucesión, pues lejos de reiterar sus vínculos con los teotihuacanos, enfatizó su filiación con la rama dinástica de los mitos fundacionales. En forma más explícita, exalta su descendencia materna, como hijo de una señora foránea llamada

Yal Chan Ajaw, de un desconocido sitio llamado simplemente B'ahlam (Jaguar). El descubrimiento de su tumba —el Entierro 195 en el interior del Templo 32 de la acrópolis norte— también arrojó resultados interesantes. Su cuerpo amortajado fue encontrado flanqueado por cuatro magníficas efigies de madera bellamente pintadas del dios relámpago K'awiil. Más aún, una vasija descubierta allí menciona al linaje de Caracol —llamado antiguamente K'antumaak—. Esta evidencia favorece uno de los escenarios posibles: tras la batalla de 562, la alianza triunfante de Kaanu'ul y Caracol pudo haber instaurado en Tikal a un gobernante afín a sus propios intereses —foráneo en gran medida al linaje de Tikal—, aunque también debemos considerar los vínculos de Calavera de Animal con el sitio de Altar de Sacrificios, en el Petexbatún, donde el rey local parece haber sido su hijo y se refiere a él en 628.

El ascenso de la dinastía de la serpiente

Tras su gran victoria, los reyes de Kaanu'ul comenzaron a enseñorearse del Petén, y muy pronto expandirían su influencia hacia otras regiones. En contraste, Tikal descendió a los abismos de la desolación, hasta el punto en que la actividad constructiva parece haber cesado casi por completo durante esta «edad oscura».

Tradicionalmente, se pensaba que Testigo del Cielo gobernaba entonces desde Calakmul —la megalópolis de las densas selvas de Campeche— pero hemos hablado ya de los descubrimientos de los últimos años, que nos permiten establecer —por un lado— que Calakmul era gobernado entonces por una dinastía distinta: los enigmáticos señores-murciélago, uno de cuyos gobernantes, llamado Chan Yopaat, dedica monumentos allí desde el año 411 —valiéndose para ello del título *Kalo'mte'*, que denota, como hemos visto, la máxima jerarquía—. De acuerdo con los últimos hallazgos de Nikolai Grube, el linaje de Murciélago pudo haber tenido su capital principal no en Calakmul, sino en el sitio de Uxul, unos treinta y dos kilómetros al sur, desde donde le sería relativamente fácil controlar Calakmul y otros sitios de la región donde también aparece su característico glifo emblema.

Por el otro lado, parece posible ya ubicar la sede de la dinastía de la serpiente para este momento en alguno de los sitios de un área ubicada a más de ciento dieciséis kilómetros al oriente de Calakmul, cuyos palacios habrían sido la residencia de algunos de los más grandes reyes de la serpiente del Clásico temprano, como Yuhkno'm Ch'e'n I, Yax Yopaat, K'altuun Hix y Yuhkno'm Uhut Chan (Testigo del Cielo). El hecho de que este último aparezca mencionado en conexión con monumentos y grandes escalinatas jeroglíficas en sitios de Quintana Roo —como Dzibanché, El Resbalón y Polbox— hizo pensar a muchos que la sede de la dinastía de la serpiente debió haber estado en algún punto de esta región oriental, cercana a las costas del Caribe. Anteriormente, hemos visto cómo su tumba, aunada a un punzón de hueso, podría haber sido descubierta ya en Dzibanché por el arqueólogo Enrique Nalda y su equipo. Probablemente nuevas exploraciones en el colosal sitio de Ichkabal —semiengullido aún por la espesa selva— nos reserven todavía grandes sorpresas al respecto.

Parece claro que la embestida del ejército de Testigo del Cielo sobre Tikal redujo a la otrora gran capital del Petén central a tinieblas. Sin embargo, ¿qué sabemos del líder que derrotó a Tikal? Bastante poco en realidad: parece haber sido descendiente directo del anterior rey de serpiente, K'altuun Hix. En el 561 Testigo del Cielo instala al gobernante local del sitio de Los Alacranes, en el sureste de Campeche. Tan sólo un año más tarde lograría efectuar la gran proeza que ahora nos ocupa: la derrota de Tikal. También es mencionado en el sitio de Yoko'op, no muy lejos de la zona en que debió estar su capital. La última noticia que tenemos sobre él durante su tiempo de vida proviene de Caracol, en el 572, aunque existen algunas menciones póstumas, como podríamos esperar de un dinasta de su importancia.

Un pequeño espejo de pizarra en forma de disco descubierto en este mismo lugar nos narra cómo un año después, en 573, detentaba ya el trono otro gobernante de Kaanu'ul, llamado Yax Yopaat (apodado «Primer Lanzador de Hacha»), quien celebra el final de período de 9.7.0.0.0 (7 de diciembre de 573). No es mucho más lo que sabemos de este gobernante, salvo que debió permanecer en el poder por espacio de unos seis años, antes de ser sucedido en 579 por «Serpiente Enrollada», quien sin duda mantuvo los vínculos iniciados con Caracol por su antecesor Testigo del Cielo, ya que poco antes de 583 supervisa algún evento efectuado por el rey aliado Yajawte' K'inich II, según quedó consignado en la Estela 4 de Caracol. Serpiente Enrollada debe su fama también a ser el verdadero artífice de las dos derrotas inflingidas a la ciudad occidental de Palenque, en Chiapas, según veremos en el siguiente capítulo. También parece posible que Serpiente Enrollada haya sido el padre del célebre Yuhkno'm el Grande. En cambio, existen motivos para dudar de que este gobernante haya sido responsable de cambiar la sede de la dinastía Kaanu'ul, desde la región de Dzibanché hacia Calakmul, pues no existe ningún monumento suyo en este último sitio que apoye tal idea.

Mientras tales desarrollos tenían lugar en Calakmul, los textos de su aliado Caracol-Uxwitza' registran en el 584 la «llegada» de una joven de dieciocho años, referida como Batz' Ek' —probablemente una princesa más de Kaanu'ul, enviada para afianzar su control sobre Caracol— a fin de convertirse en la segunda esposa del veterano rey Yajawte' K'inich II, quien tras sobrevivir la ira de Tikal y cobrar su venganza con altos réditos, deseaba ahora tener un hijo que fuera un digno heredero al trono, lo que conseguiría en 588 con el nacimiento de K'an II —por cuyas venas pudo haber fluído sangre real de Kaanu'ul, que habría heredado de su madre Batz' Ek'—. De inmediato,

Yajawte' K'inich confiere a su vástago gran prominencia, especialmente durante la celebración del final de período de 9.8.0.0.0 (24 de agosto de 593). Esta misma fecha es celebrada simultáneamente por el rey de Kaanu'ul, Serpiente Enrollada, en una localidad no identificada, cuyo nombre no se corresponde en absoluto con los de Uxte'tuun-Chihknaahb', brindando con ello ulteriores argumentos para dudar de que la sede de Kaanu'ul haya estado ya en Calakmul. Resulta más probable seguir ubicándola aún en su región nuclear de Dzibanché-Polbox y El Resbalón.

Como quiera que haya sido, para 599 Yajawte' K'inich parece haber muerto, no sin antes transferir todos sus poderes a su hijo K'an II, cuya entronización se verifica en Caracol-Uxwitza' ese mismo año, bajo la vigilante supervisión de su poderoso patrón, Serpiente Enrollada, quien ese mismo año emprendería el primero de sus ataques a la capital occidental de Palenque-Lakamha', manteniéndose todavía un *k'atun* más en el poder, suficiente para propinar una segunda derrota —aún más devastadora— a Palenque en 611, sucesos ambos que valdrá la pena examinar en el siguiente apartado.

Así, para 619 había un nuevo rey de serpiente, llamado Yuhkno'm Ti' Chan ('El que sacude la boca del cielo'). Es claro que para entonces la dinastía Kaanu'ul mantenía aún el control de Caracol, pues el gobernante local K'an II es mencionado como subordinado del primero, aunque el reinado de Yuhkno'm Ti' Chan sería breve, pues tan sólo tres años después, en 622, ascendería al trono de Kaanu'ul Tajo'm Uk'ab'

K'ahk', a quien no es posible conectar todavía con los monumentos erigidos en Calakmul tan sólo un año después. Sin embargo, algunos textos de Caracol comisionados por K'an II mencionan su entronización, así como la recepción de un obsequio enviado para él por el rey de serpiente en persona, sin duda un recurso diplomático para mantener vigente la alianza previa, justo en el momento en que Kaanu'ul y Caracol-Uxwitza' se aprestaban para emprender una nueva campaña militar, encaminada a allegarse el control definitivo del voluble sitio de Naranjo-Wakab'nal.

Soplaban entonces vientos de cambio en el Petén central, pues con la muerte de Serpiente Enrollada y de su antiguo aliado Aj Wosal en Naranjo, la influencia de la dinastía de la serpiente en la región parece haber colapsado. Ya antes debió ser severamente cuestionada por diversas élites locales. Mientras tanto, el gobierno enemigo de Tikal estaba en manos de Muwaan Jo'l B'ahlam, y en 625 nace uno de sus hijos, a quien después conoceríamos como el famoso B'ajlaj Chan K'awiil, el futuro rey de Dos Pilas. Como síntoma de extrema inestabilidad política, en 626 estallaron dos batallas entre Naranjo y su vecino de Caracol, que resultarían desastrosas para el primero de estos sitios. Merced al formidable apoyo de la dinastía de la serpiente, K'an II de Caracol inflingió sendas derrotas a su adversario de Naranjo-Wakab'nal —ciudad previamente sometida a Kaanu'ul, aunque ahora en rebeldía—. El nuevo rey de Naranjo, K'uhxaj Sak Chuwen, era un renegado que se había deslindado claramente de las alianzas previas de su linaje, entabladas por Aj Wosal. Así, el orden duramente ganado por los reyes serpiente de antaño en la región se perdía rápidamente. Era preciso que sus descendientes tomaran medidas drásticas para evitar un mayor deterioro de sus intereses. Tajo'm Uk'ab' K'ahk' lo intentó, pero careció de tiempo: moriría poco después, en 630. Un año más tarde, asciende el siguiente rey serpiente de Kaanu'ul, al que conocemos por el sobrenombre de Yuhkno'm 'Cabeza'. El flamante rey serpiente no tardaría en poner manos a la obra. Le bastó un fulminante ataque de «guerra-estrella» para recuperar el control de Naranjo-Wakab'nal en 631, y el gobierno del insurrecto gobernante K'uhxaj Sak Chuwen llegó a su fin. Esta aventura bélica quedó consignada en los magníficos escalones jeroglíficos de una escalinata producida en Caracol en 642, por órdenes de K'an II, que sería luego llevada como trofeo de guerra a Naranjo-Wakab'nal, a manera de botín, tras una victoria posterior de este último sitio.

Algo de trascendencia monumental debió haber ocurrido entonces en la historia de la dinastía de la serpiente, pues la misma escalinata jeroglífica de Caracol (descubierta en Naranjo) menciona por primera vez a Yuhkno'm 'Cabeza' como un rey de serpiente basado en Uxte'tuun-Chihknaahb', es decir, en la megalópolis de Calakmul, ubicada en el corazón de las densas selvas de Campeche —hoy reserva natural protegida de la biósfera mexicana, donde posiblemente este soberano celebró ya el final de período 9.10.0.0.0 (633 d. C.)—. Así, por razones que eluden aún nuestro conocimiento, la dinastía de la serpiente trasladó su capital en algún momento del gobierno de este rey —o quizá de sus inmediatos antecesores— desde la región de Quintana Roo en torno a Dzibanché e Ichkabal, ciento diecisiete kilómetros al oeste, hasta Calakmul. Entre las probables causas, sólo podemos intuir la necesidad de encontrar una localidad geográficamente más ventajosa para el fortalecimiento de sus intereses, amén de una mejor plataforma para las nuevas conquistas hegemónicas que pronto habría de emprender.

¿Acaso fueron necesarias grandes batallas para que la dinastía de la serpiente lograra hacerse del control de la antigua Calakmul-Uxte'tuun? A la luz de la poca información con que contamos, tal vez este no haya sido el caso, pues para el momento de la llegada de Kaanu'ul allí —en tiempos de Yuhkno'm 'Cabeza'— Calakmul no aparece en el registro arqueológico como un centro particularmente activo. Por el contrario, parecía haber visto sus mayores épocas de gloria siglos atrás, durante el Clásico temprano, inclusive durante el Preclásico. Aunque ello no significa que esta gran ciudad haya estado precisamente vacante. Quizá parte de la respuesta yazca no muy lejos de allí, en otra metrópolis de considerable envergadura, llamada Uxul, donde los estudios de la Universidad de Bonn nos revelan que un nuevo gobernante hegemónico del linaje del murciélago —poseedor del título de *kalo'mte'*— comenzaba a desarrollar grandes proyectos constructivos, al tiempo que plasmaba su nombre —desafortunadamente ilegible por la erosión— en enormes monumentos pétreos, así como el de su probable esposa, la señora Yajaw K'ahk' ('Vasalla del Fuego'). Posiblemente para entonces, Calakmul sólo revestía una importancia secundaria para estos poderosos y poco entendidos reyes murciélago, ya que parecen haber estado más enfocados en controlar otros centros, ubicados más al sur, como el cercano Naachtún —cerca de la actual frontera entre México y Guatemala—. Allí, un gobernante local efectuó algún tipo de evento bajo la supervisión —o ante la presencia— de otro rey perteneciente a este enigmático linaje, aunque los detalles nos resultan hoy ininteligibles.

La era de Yuhkno'm el Grande, rey de reyes

Como quiera que haya sido, a partir de la era de Yuhkno'm 'Cabeza', la presencia de la dinastía de la serpiente en Calakmul se fortalecería a un ritmo vertiginoso. Tan sólo unos años más tarde de su gran victoria, en marzo de 636 Yuhkno'm 'Cabeza' efectúa una nueva campaña militar. Aunque la ciudad objeto de este nuevo ataque no ha podido aún ser identificada, no puede descartarse que se trate nuevamente de Naranjo-Wakab'nal. Tampoco nos resulta enteramente claro lo que ocurrió inmediatamente después: o bien Yuhkno'm 'Cabeza' falleció repentinaamente —lo cual habría frustrado la celebración de su victoria— o tal vez simplemente asumió para sí un nuevo nombre, más acorde con su estatus de héroe victorioso, y con mayor resonancia dentro del glorioso pasado mítico e histórico de Kaanu'ul.

Cualquiera que haya sido el caso, a partir de 636 los textos glíficos de Calakmul utilizan un nombre distinto —Yuhkno'm Ch'e'n II, que significa aproximadamente 'quien hace temblar ciudades'— para referirse al monarca en el poder. Cada cierto número de siglos, surge en la historia universal un rey o emperador que logra destacar de tal forma entre sus

Retrato de Yuhkno'm el Grande, el más poderoso de los reyes mayas, como la viva encarnación del día calendárico *Ajaw*. Plasmado en una vasija resguardada en el *Museum zu Allerheiligen* de Schaffhausen, Suiza. Dibujo de Christian Prager.

contemporáneos, que se hace merecedor del apelativo de «Grande» o «Magno» —Alejandro Magno de Macedonia; Carlomagno y Federico el Grande, de lo que es hoy Alemania, o bien Pedro el Grande y Catalina la Grande de la Rusia zarista—. Así, durante su mandato, Yuhkno'm Ch'e'n II acumularía gloria y poder como jamás se vio en el mundo maya, ganándose con justicia el mote de «Yuhkno'm el Grande», verdadero rey de reyes, a quien poco faltó para erguirse como todopoderoso emperador de las tierras bajas mayas, aunque a diferencia del primer emperador Qin Shi Huang de China, su ideal de un mundo maya unido bajo un gobierno centralizado moriría con él, y jamás llegaría a realizarse después. Algunos expertos no descartan todavía que Yuhkno'm el Grande haya sido en realidad el mismo Yuhkno'm 'Cabeza' —bajo un nuevo nombre tomado directamente de los episodios más gloriosos del pasado de la dinastía de la serpiente—. Yuhkno'm Ch'e'n fue también el nombre que llevó un monarca de Dzibanché durante el Clásico temprano, de quien hemos hablado ya.

Con la madurez y experiencia que le conferirían treinta y seis años de edad al asumir el trono, no tardaría en mostrar sus extraordinarias habilidades políticas y su amplia visión estratégica. Sin duda lo que se gestaba entonces en Calakmul comenzó a ser observado con gran interés —y franca preocupación— por Tikal, Naranjo, Palenque y otros sitios, aunque difícilmente sus rivales de entonces podrían haber imaginado que su reinado se extendería por cincuenta años, durante los cuales llevaría a Calakmul a la cúspide del poder de las tierras bajas centrales.

En primera instancia, el enfoque de Yuhkno'm el Grande se concentró en el frente interno, donde transformó irreversiblemente el rostro de su flamante capital de Calakmul —previamente controlada por el enigmático linaje del murciélago y las personas divinas de Chatahn—. Llevó a cabo entonces sustanciales modificaciones a la Estructura 2 —la gigantesca pirámide en el corazón del sitio— cuyas etapas iniciales datan de tiempos del Preclásico, al tiempo que comenzó a erigir una prodigiosa cantidad de estelas y monumentos jeroglíficos, que desafortunadamente la mala calidad de la piedra de esta región no ha permitido preservar más que en forma muy fragmentaria. Bajo su gobierno, la ciudad adquiriría proporciones colosales, llegando a albergar cerca de sesenta mil habitantes, en un área de más de setenta kilómetros cuadrados. Los arqueólogos han podido ubicar allí cerca de siete mil construcciones en sus mapas.

Yuhkno'm el Grande siguió fielmente la costumbre de erigir monumentos cada determinado final de período —principalmente los de *k'atun* y de medio *k'atun*—. En ocasiones ordenó también sincronizar tales dedicatorias con otras efectuadas en algunos de los centros dentro de su vasta órbita política, la cual mantuvo en constante expansión. Hábil diplomático, parece incluso haber viajado personalmente a sitios como Uxul, y quizá a Piedras Negras, para asegurarse de que se celebraran los rituales prescritos, en compañía de los reyes locales, aunque dada su avasalladora jerarquía, sin duda fueron mucho más numerosas las visitas de distintos dignatarios a su gran capital.

A diferencia de sus predecesores, enfocados perennemente en regiones más al sur, los horizontes de Yuhkno'm el Grande no estaban restringidos por límites cardinales o geográficos, y bien pudo haber intervenido tras los bastidores en lo que comenzaba a gestarse ciento setenta y dos kilómetros al noroeste, en las áreas selváticas cercanas a la actual ciudad de Campeche, donde los antiguos habitantes de Edzná debieron admirar con gran sorpresa la llegada de una princesa o reina de tierras lejanas —al parecer originaria del remoto sitio de Itzán, ubicado a más de trescientos treinta y tres kilómetros al sur—, acompañada seguramente por buena parte de su corte. Su nombre fue Jut Kaanek', y pudo haber sido enviada deliberadamente por un poder mayor —léanse aquí la dinastía de la serpiente y sus aliados— para desposar al entonces gobernante local de Edzná, llamado Sihajiiy Chan K'awiil. En forma tal vez paralela, otra mujer de Itzán fue enviada para desposar al rey de Dos Pilas, B'ajlaj Chan K'awiil, mientras que sólo unos años más tarde de la llegada de Jut Kaanek' a Edzná, una escalinata jeroglífica construída en Itzán brindaría testimonio sobre vínculos de algún tipo entre ese sitio y Calakmul-Uxte'tuun. Como quiera que haya sido, el arribo de esta dignataria de Itzán supondría cambios importantes, no sólo en Edzná, sino a la postre en las tierras bajas del norte, ya que se trata del primer caso documentado sobre la llegada de un individuo de probable filiación étnica itzá a la península de Yucatán, puesto que el uso del apellido gentilicio Kaanek' (Estrella-Serpiente) es uno de los rasgos más consistentes a través de la historia de este grupo étnico, que eventualmente cobraría gran importancia en Yucatán, y después en el lago Petén Itzá —sede de la antigua Tayasal (Tah Itza'), sobre cuyas ruinas se construiría la actual isla de Flores—. Recordemos los mitos fundacionales de los itzáes, que refieren sus orígenes en una región montañosa al sur de Itzán y del Petexbatún, donde parecen haber estado sus montañas sagradas de Kaanek'witz ('Estrella-Serpiente') y B'alu'nte'witz ('Nueve Montañas'), quizá cerca de la actual región de las Salinas de los Nueve Cerros.

Así las cosas, Tikal lentamente comenzaba a despertar de su larga «edad oscura» de ciento treinta años, aunque el sitio se hallaba todavía dominado por intrigas políticas y fuertes pugnas internas que no pasarían inadvertidas a Yuhkno'm el Grande. Incluso existen múltiples indicios acerca de que buscó activamente profundizarlas. Con el tiempo, tales tensiones acabarían por provocar una fractura en el linaje de Mutu'ul-Tikal. Debido a la ausencia de inscripciones que daten de esta época, sabemos muy poco sobre el gobernante que ocupó el lugar veintitrés o veinticuatro en el listado dinástico, aunque su nombre fue K'inich Muwaan Jo'l, y su legado a la posteridad parece haber incluido al menos dos hijos, los cuales asumirían eventualmente papeles importantes en nuestra historia. Tras la muerte de K'inich Muwaan Jo'l, la rivalidad entre estos dos presuntos hermanos crecería fuera de toda proporción, al considerarse ambos legítimos herederos al trono de Tikal. Inicialmente, uno de ellos —Nu'un Ujo'l Chaahk— lograría asegurar el control de su gran metrópoli, no sin sortear grandes dificultades, asestando un revés prematuro al otro, B'ajlaj Chan K'awiil, quien se vio forzado a partir hacia el exilio, encontrando refugio en un área hasta entonces relativamente pequeña y virtualmente deshabitada, conformada fundamentalmente por terrenos de cultivo, que con gran tenacidad lograría convertir en su capital de Dos Pilas, ciento diez kilómetros al sur de Tikal, en la región intermedia entre los ríos Pasión y Salinas, conocida como el Petexbatún guatemalteco.

Por trágica que nos parezca su fraternal enemistad, los problemas de ambos apenas habían comenzado. La llegada de B'ajlaj Chan K'awiil al Petexbatún trastornaría irreversiblemente el de por sí inestable equilibrio de esta región, anteriormente dominado bajo un modelo político de dos capitales gemelas, ubicadas en Tamarindito y Arroyo de Piedra, tan sólo a cuatro kilómetros del nuevo emplazamiento de Dos Pilas. A fin de adquirir suficiente legitimidad para transformar a Dos Pilas en su nueva capital regional y su centro de operaciones, B'ajlaj Chan K'awiil decidió emplear como título personal el glorioso emblema dinástico de Mutu'ul, idéntico —salvo por detalles insignificantes— al de los reyes de Tikal. A partir de entonces, los reyes de Dos Pilas remontarían sus orígenes dinásticos a la misma saga de mitos fundacionales que encontramos en las narrativas míticas de Tikal. Sobra decir que tal decisión llevaría de nuevo al límite las tensiones existentes entre Tikal y Dos Pilas.

El Templo V de Tikal se yergue a cincuenta y siete metros de altura. Ha sido fechado por los arqueólogos hacia mediados del siglo VI d. C., posiblemente durante el reinado de Nu'un Ujo'l Chaahk.
Fotografía de Jeremy Blakes Lee.

Sucedió entonces lo inevitable: en el año de 648, el texto de la Escalinata 2 de Dos Pilas nos narra cómo un joven B'ajlaj Chan K'awiil —a la sazón con sólo veintidós años de edad— derrotó a fuerzas procedentes de Tikal, dando muerte al parecer a uno de sus príncipes —llamado Lam Nah K'awiil—. Tal suceso debió haber llamado poderosamente la atención de Yuhkno'm el Grande, bajo cuya férrea guía Calakmul florecía a pasos agigantados, al tiempo que aumentaba su influencia en las tierras bajas del sur, en gran medida basado en el poder de disuasión de su ejército, sin duda entre los más formidables jamás vistos en el mundo maya. ¿Sería posible capitalizar a su favor esta fractura emanada de las pugnas internas en el linaje de su archienemigo de Mutu'ul?

Los estrategas de la talla de Yuhkno'm el Grande difícilmente se conforman con ocuparse en un solo frente a la vez. Prácticamente al mismo tiempo, enfocó su atención en el sitio de Edzná, ciento setenta kilómetros al noroeste. Como resultado, dos emblemas jeroglíficos con la cabeza de serpiente quedaron plasmados hasta nuestros días en una magnífica escalinata jeroglífica descubierta en esta capital del occidente de Campeche. Allí, bajo el liderazgo del soberano local Kal Chan Chaahk, de la dinastía Wahywal—acompañado por una influyente reina de probable origen foráneo, quien bien pudo ser su propia esposa—, la ciudad alcanzaba insólitos niveles de prosperidad e influencia regional, a todas luces valiéndose del respaldo que pudo haberle brindado una presunta alianza con Yuhkno'm el Grande. El largo texto glífico de Edzná parece registrar fundamentalmente la muerte del rey previo —Sihajiiy Chan K'awiil— y la entronización del propio Kal Chan Chaahk, quien, según un pasaje recientemente descifrado, parece haber recibido dos «reliquias» —posiblemente de manos del propio Yuhkno'm el Grande— consistentes en un palanquín o litera con la efigie de alguna deidad y lo que podría ser una capa de piel de jaguar. Parece claro que tanto Calakmul como Edzná atravesaban entonces por una época de gran esplendor. Así parece confirmárnoslo el reciente descubrimiento de un altar jeroglífico en el sur de Campeche, en el sitio de Altar de los Reyes —también vasallo de Calakmul—donde Iván Šprajc y Nikolai Grube ha descubierto un listado único en su tipo, que refiere «trece tierras sagradas» —quizá aludiendo con ello a las capitales consideradas como más importantes, desde la óptica de ese tiempo y lugar particulares—. Figuran allí Edzná y Calakmul, al lado de otros grandes centros clásicos, como Tikal, Palenque, Copán y Motul de San José.

En una fecha cercana a la registrada en Edzná —quizá hacia 649 d. C.— Yuhkno'm el Grande supervisó personalmente la entronización del rey K'inich B'ahlam del sitio de El Perú-Waka', ubicado a unos ciento ocho kilómetros al suroeste de Calakmul. Fiel a su estilo, parece haber atraído a K'inich B'ahlam a su red hegemónica mediante el hábil recurso de casarlo con una princesa de su propia casa dinástica —al parecer a su propia hija—, la señora K'ab'el. El plan daría resultado, pues K'inich B'ahlam se mantendría como uno de los más fieles aliados de la dinastía de la serpiente, de modo que El Perú-Waka' seguiría honrando tales vínculos incluso después de la muerte de Yuhkno'm el Grande, ya en tiempos de sus sucesores, 'Garra de Jaguar' y Yuhkno'm Took' K'awiil. Sin duda, este nuevo «matrimonio político» probaría ser uno de los temas importantes, como preludio al golpe maestro cuya ejecución reservaba para algunos años después. El envío de princesas o reinas de la casa dinástica propia —o bien de una aliada—, con el fin de desposar a un gobernante con quien se desea entablar una alianza, fue claramente uno de los mecanismos favoritos de los gobernantes hegemónicos —como Yuhkno'm el Grande— para influir a distancia sobre otros sitios, ganando así mayor control económico y político sobre intereses regionales estratégicos, sin necesidad de enviar a sus ejércitos.

Sin embargo, Yuhkno'm el Grande sabía bien que sus planes de vertiginosa expansión política eventualmente requerirían medios más contundentes que las sutilezas de la diplomacia. Echa mano entonces de su formidable poderío militar, y en la fatídica fecha 1 Kawak 17 Muwan (23 de diciembre de 650), un glifo de «guerra-estrella» registra cómo fuerzas bajo su mando logran la proeza de invadir Dos Pilas, adquiriendo el control total sobre un sitio ciento noventa kilómetros al sur de su capital de Calakmul. El ataque obliga a B'ajlaj Chan K'awiil a huir nuevamente, esta vez refugiándose en el sitio geográficamente fortificado de Aguateca —antiguamente llamado K'inich Pa' Witz (Resplandeciente Montaña Partida)—, menos de diez kilómetros hacia el sur. Tras experimentar en carne propia la avasalladora fuerza bélica de Kaanu'ul, el oportunista B'ajlaj Chan K'awiil comprendió de inmediato lo fútil que resultaría para un sitio modesto como Dos Pilas intentar interponerse en los planes de este imparable Goliat, ¿Por qué no mejor unírsele? A fin de cuentas, no carecían de una causa común: la animadversión hacia Tikal y su rey Wak Chan K'awiil.

Su astucia le llevó entonces a tomar una arriesgada decisión: comprometería su independencia, a fin de entablar un pacto, apelando al sentido práctico de su imponente interlocutor. En ello no se equivocaría, y a partir de entonces, trabajaría incansablemente para convertirse en el más incondicional y útil de todos los aliados de Yuhkno'm el Grande.

Sin duda, su intermediación debió haber sido importante en la siguiente de las grandes proezas que del rey de la serpiente: adquirir el control del distante sitio de Cancuén, ubicado más de doscientos treinta y dos kilómetros al sur de su capital de Uxte'tuun-Chihknaahb', en los límites de las tierras bajas con la montañosa región de la Alta Verapaz. Así, en 656 instala como rey de Cancuén a un noble de origen posiblemente foráneo, usualmente referido como K'iib' Ajaw, según nos narra un panel jeroglífico descubierto en Cancuén, que atribuye además el título supremo de *kalo'mte'* a Yuhkno'm el Grande, denotando con gran claridad su estatus hegemónico. De inmediato, K'iib' Ajaw emprende ambiciosos programas constructivos en lo que hasta entonces debió ser un asentamiento bastante modesto, aunque estratégico para que Calakmul se allegara el control de la importante ruta de comercio que conectaba las tierras altas de Guatemala con el Petén central y el occidente, a través del río La Pasión.

Mientras tanto, el rey aliado Kal Chan Chaahk seguía prosperando en Edzná, y festeja el final de *k'atún* ocurrido en 652 erigiendo la Estela 22 —donde se hace llamar señor de Tzahb'nal y de Wakab'nal—, al tiempo que Yuhkno'm el Grande hace lo propio en Calakmul y supervisa además un evento de naturaleza desconocida. Al respecto, es interesante que en esta misma fecha, aunque setenta y dos kilómetros al norte de Edzná, en Campeche, el rey local K'inich de la isla de Jaina dedica la Estela 1 y al menos otros tres monolitos. No puede descartarse que Yuhkno'm el Grande y su aliado Kal Chan Chaahk hayan tenido que ver en ello. De cualquier forma, la influencia que alcanzó Edzná entonces en las tierras bajas del norte pudo haber derivado de un esquema relativamente inusual de gobierno conjunto —un «matrimonio real»—ya que dos de los monumentos que podrían datar del reinado de Kal Chan Chaahk celebran la presencia de una poderosa mujer *kalo'mte'*, cuyo nombre podría aparecer también en el más importante de todos los monumentos de Edzná, la Escalinata Jeroglífica 1, que Kal Chan Chaahk mandó erigir en el corazón de la Gran Acrópolis.

Hábil estratega, en 657 Yuhkno'm el Grande decidió que por fin había llegado la hora de ejecutar la jugada maestra que venía preparando cuidadosamente desde años atrás. Puso entonces en jaque al rey Nu'un Ujo'l Chaahk de Mutu'ul, mediante la más temeraria de todas sus aventuras bélicas: la invasión de Tikal. La correlación de fuerzas parece haber sido desigual y Calakmul se alzaría con la victoria. En el bando enemigo, los glifos nos narran cómo Nu'un Ujo'l tuvo que salir huyendo de Tikal para evitar su muerte, aunque posteriormente seguiría el ejemplo de su presunto hermano B'ajlaj Chan K'awiil, y recurriría también a medidas extremas a fin de negociar con el enemigo, basándose en su habilidad política, sin importar lo humillantes que pudieran ser las condiciones impuestas. Quizá detrás de esta decisión estuvo el temor de que la historia se repitiese y que su ciudad se hundiera de nuevo en las profundidades de una catástrofe total —recordemos que Tikal apenas había logrado salir de ciento treinta años de oscurantismo—. Esta vez, más que benevolente con su enemigo caído, el implacable Yuhkno'm el Grande parece haber sido harto pragmático: ¿para qué destruir la gran Tikal, cuando en cambio podía aprovechar sus enormes recursos económicos e infraestructura política a su favor?

Tras esta gran victoria, Yuhkno'm el Grande alcanzó por fin el pináculo de la gloria, aunque a sus sesenta y dos años comenzaba ya a preocuparse acerca de quién podría sucederle en el trono. Antes de 662 creyó haber encontrado al candidato idóneo —muy probablemente su propio hijo— a quien conoceremos después como 'Garra de Jaguar' (Yuhkno'm Yich'aak K'ahk'). Decidió entonces celebrar a lo grande el primero de los rituales sagrados de tránsito hacia una edad adulta del infante Garra de Jaguar, que generalmente consistían en infligir al participante un sangrado en los genitales, a fin de ofrendar a las deidades el vital líquido o *k'ik'el* así extraído —la sustancia más preciada accesible a los mortales, símbolo de sacralidad por antonomasia— mediante afilados punzones, instrumentos rituales que frecuentemente aparecen exquisitamente decorados con jeroglíficos incisos, que luego eran remarcados mediante el rojo brillante del cinabrio—. En su nueva e incómoda situación de vasallaje ante Calakmul, el derrotado rey de Tikal, Nu'un Ujo'l Chaahk, se vio forzado a asistir a presenciar dicho ritual, donde tuvo que hacer a un lado todo sentimiento de orgullo y dignidad personales, a fin de mantener la cabeza fría frente a otro más de los invitados, su posible hermano y odiado rival, B'ajlaj Chan K'awiil de Dos Pilas.

Para entonces, el poderío de Kaanu'ul había cobrado ya tal envergadura en la región del sureste de Campeche que los señores del enigmático linaje del murciélago parecen haber optado prudentemente por retirarse de allí, cediendo con ello el control de esta zona a otros linajes contendientes, leales a Yuhkno'm el Grande. Su nombre glífico ha sido identificado en dos de los monumentos de Uxul por Nikolai Grube, al parecer en el acto de supervisar una ceremonia de final de período en 9.11.10.0.0 (662 d. C.), llevada a cabo por el rey local Muyal Chaahk. Sobre lo que ocurrió durante los diez años que siguieron, muy poco sabemos en realidad, aunque resulta claro que Calakmul mantuvo una plétora de sitios bajo su control —muchos de los cuales le proveían del control de rutas comerciales, bienes de tributo, producción agrícola, guerreros y mano de obra para construcción—. Así, Yuhkno'm el Grande se mantuvo en la cúspide del poder de las tierras bajas mayas hasta el siguiente final de *k'atun*, en 9.12.0.0.0 10 Ajaw 8 Yaxk'in (28 de junio de 672), cuando organizó una de las más fastuosas celebraciones, dedicando al menos seis enormes estelas en Calakmul. Otros gobernantes aliados parecen haber seguido su ejemplo. En Uxul, Muyal Chaahk erige en la idéntica fecha la magnífica Estela 6. También en Edzná, un nuevo rey llamado Janaahb' Yok K'inich —hijo del matrimonio previo entre Sihajiiy Chan K'awiil y la Señora Jut Kaanek'— erige la Estela 18.

Ese mismo año de 672, Nu'un Ujo'l Chaahk —seguramente extralimitado por el pesado yugo de las cargas tributarias impuestas por Calakmul— decide unilateralmente violar los términos del pacto de posguerra que le impuso Yuhkno'm el Grande. Toma entonces una decisión prácticamente suicida: atacaría Dos Pilas, sin importar las consecuencias, buscando acabar de una vez por todas con su fraterno rival B'ajlaj Chan K'awiil. Así, en uno de los mayores dramas de la historia maya, tras el cruento ataque, B'ajlaj Chan K'awiil huye para salvar su vida, mientras Nu'un Ujo'l Chaahk envía a sus despiadados guerreros en pos de él, quienes en su frenética persecución fueron arrasando los pueblos que encontraban a su paso. Así, al menos tres de las ciudades donde B'ajlaj Chan K'awiil buscó refugiarse arderían después en llamas.

Aun en medio de tan difíciles condiciones, B'ajlaj Chan K'awiil y su astucia política eran ya pieza imprescindible de los planes de Calakmul —factor que Tikal subestimaría fatalmente—, y el rey de Dos Pilas parece haberse esmerado para merecer tal distinción. En ello le fueron de gran ayuda sus dos esposas, pues con la primera de ellas —la señora B'ulu'— tendría una hija, llamada Wak Lem Chan ('Señora Seis

Cielo'), quien posteriormente sería enviada ciento treinta y seis kilómetros al noroeste en una delicada misión, al el sitio de Naranjo-Wakab'nal, volviéndose instrumental allí para cimentar las alianzas de Dos Pilas —y por extensión del propio Naranjo— con la dinastía de la serpiente. La segunda de sus esposas fue una señora del sitio de Itzán —al igual que Jut Kaanek' en Edzná— quien daría a luz a uno, o quizá dos de los siguientes gobernantes del sitio, incluyendo a Kohkaaj K'awiil, quien gobernaría en la siguiente generación —entre 698 y 726—. También es posible que la princesa de Itzán haya engendrado al poco conocido Kohkaaj B'ahlam, quien, de acuerdo con Stanley Guenter, pudo haber sido el primogénito y, por tanto, con facultades para ejercer el poder, como parece haber hecho en algún momento posterior a la muerte de su padre B'ajlaj Chan K'awiil y previo al ascenso al trono de su hermano, es decir, entre 692-697.

Así, el binomio de Yuhkno'm el Grande y B'ajlaj Chan K'awiil volvió a sumar fuerzas en abril de 676, esta vez para supervisar la entronización de un gobernante aliado en el extremo sur de las tierras bajas —el distante sitio de Cancuén—llamado quizá Chan Xiw Ahk Taak Chay. Tras reafirmar su autoridad en la frontera sur de sus dominios, la atención de Yuhkno'm el Grande volvería a enfocarse en el agitado hormiguero en que se había convertido el Petén central, donde la situación de un colérico e insurrecto rey de Tikal que se escabullía de su control se tornaba insostenible. De hecho, no tardaría en tomar cartas en el asunto.

Escalinata Jeroglífica 2 de Dos Pilas, Guatemala. Describe las consecuencias de la derrota de Tikal en el 679 mediante la expresión «los cráneos se apilaron como montañas y la provincia se inundó de sangre» (*witzaj ujo'lil naahb'aj uk'ik'el uxlaju'un tzuk*). Escalinata Oeste, Escalón 4. Fotografía de Merle Greene Robertson.

En 677, los peores temores de Nu'un Ujo'l Chaahk al emprender su aventura insurgente se volverían realidad. Previsiblemente, la respuesta de Calakmul fue un ataque demoledor contra fuerzas de Tikal, aunque no allí, sino en el sitio no identificado de Pulil, cortando con ello de tajo la iracunda embestida de Nu'un Ujo'l Chaahk contra su principal socio de Dos Pilas. Si bien Nu'un Ujo'l Chaahk sobrevivió de algún modo el ataque, su ciudad quedó maltrecha y vulnerable, situación que sería aprovechada por B'ajlaj Chan K'awiil dos años más tarde, en 679. Con el respaldo de su formidable aliado de la serpiente, su ejército desató tal caos y destrucción en Tikal, que las inscripciones jeroglíficas de los vencedores, en Dos Pilas, literalmente nos narran que, «los cráneos se apilaron como montañas y la provincia se inundó de sangre» (*witzaj ujolil naahb'aj uk'ik'el uxlaju'un tzuk*). Como resultado de la contienda, otro de los señores de Tikal —Nu'un B'ahlam— fue capturado y brutalmente sometido por

B'ajlaj Chan K'awiil. Es posible aún que Nu'un Ujo'l Chaahk haya logrado huir para evitar su muerte inminente. Lo cierto es que no vuelve a ser mencionado.

Matrimonios y otros recursos políticos

Como quiera que haya sido, tras esta batalla, la región central del Petén experimentó un gran reacomodo de fuerzas, en el cual quedaría de manifiesto que los juegos estratégicos mayas disponían de recursos más sutiles que la confrontación militar directa. El todopoderoso rey de Kaanu'ul —quizá apremiado por el advenimiento de su vejez inminente— se aprestaba a dar un par de lecciones en tal sentido. En primera instancia, envió a una de sus hijas al sitio de La Corona (Saknikte') para reforzar los antiguos lazos antiguos entablados allí por la dinastía de la serpiente. De acuerdo con el texto de un extraordinario altar sustraído de este sitio —que después emergería en un museo de Dallas— una «segunda mujer» en la línea dinástica de Kaanu'ul haría su arribo a La Corona en mayo de 679, a fin de desposar al gobernante local K'inich Yook. El matrimonio real tendría entonces un vástago, llamado Janaahb'... K'inich —nieto de Yuhkno'm el Grande—, quien eventualmente llegaría al trono. El raro título étnico que emplea —*Sak Wahyis* o 'Coescencia Espiritual Pura', de fuertes connotaciones sobrenaturales— resulta idéntico al que usarían reyes contemporáneos de Uxul, subordinados también a Yuhkno'm el Grande y al parecer fuertemente vinculados con el linaje de La Corona-Saknikte'.

Tan sólo un año más tarde, en 680, Yuhkno'm el Grande adquiere el venerable título glífico de «señor

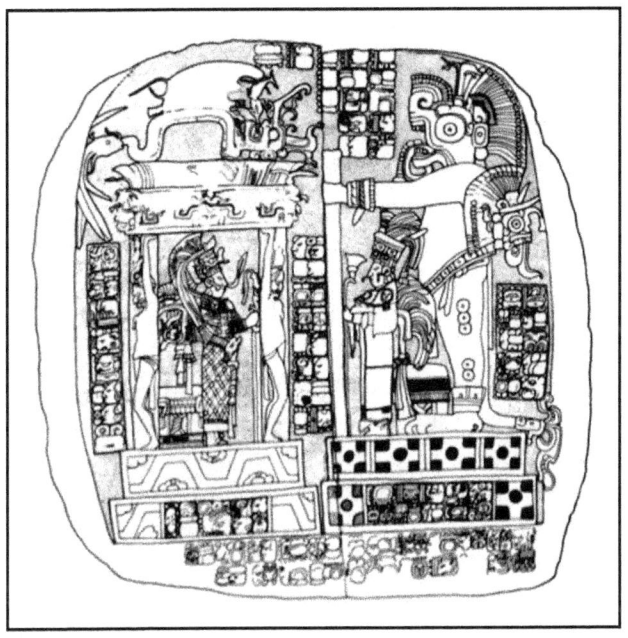

Altar de piedra preservado en el Museo de Arte de Dallas. Muestra imágenes de la llegada de princesas de la dinastía de serpiente *Kaanu'ul* a bordo de elaboradas literas-palanquín al sitio subordinado de La Corona-Saknikte'. Dibujo de Linda Schele.

de los cinco k'atunes» (*ho' winikhaab' ajaw*), adjudicable sólo a aquellos que rebasan los cuatro k'atunes de vida, es decir, los setenta y ocho años de edad (cuatro veces 20 x 360 días). Así se lo menciona en el sitio de Hix Witz —locación que quizá corresponda a la acrópolis de Pajaral, ciento treinta y siete kilómetros al suroeste de Calakmul—, donde tiempo atrás el rey local Janaahb' Ti' O' se había convertido en uno más de sus vasallos. Ese mismo año de 680 sobrevendría una nueva confrontación protagonizada por Caracol-Uxwitza' y Naranjo-Wakab'nal, cuyo longevo rey K'ahk' Xiw Chan Chaahk había logrado poner su ciudad nuevamente en orden, desde su distante entronización, treinta y seis años atrás, tras las catastróficas derrotas sufridas por su predecesor. Esta vez, Caracol sería el gran perdedor. K'ahk' Ujo'l K'inich se vio forzado a huir, refugiándose posteriormente durante sesenta días para evitar su muerte —tal vez en el sitio fortificado de La Rejolla, a doce kilómetros de allí—. En contraste, el triunfante K'ahk' Xiw Chan Chaahk parece haber ordenado el traslado a Naranjo de un valioso trofeo de guerra: la magnífica escalinata jeroglífica producida por el rey K'an II de Caracol.

Desde la óptica de Calakmul, tal batalla dejó como saldo un Naranjo independiente y hostil hacia su aliado de Caracol. La nueva situación no encajaba en absoluto dentro de los cálculos de Yuhkno'm el Grande. Era necesario formular un nuevo plan que atrayese de nuevo a Naranjo bajo su control, para lo cual recurrió nuevamente a su vasallo en Dos Pilas, B'ajlaj Chan K'awiil —cuya lealtad estaba para entonces fuera de duda—. La suerte estaba echada. En 9.12.10.5.12 (30 de septiembre de 682), los textos glíficos registran la «llegada» de una princesa de Dos Pilas —una de las hijas de B'ajlaj Chan K'awiil— a Naranjo: la princesa Wak Chan Lem. El libreto que debía seguir a pie juntillas provenía de puño y letra de Yuhkno'm el Grande —auxiliado seguramente por su aliado, y quizá también por Garra de Jaguar, a la sazón con treinta y tres años cumplidos—: Wak Chan Lem fundaría allí un nuevo linaje y prepararía el terreno para dejar en el trono a un lacayo de Calakmul —haciéndonos recordar el envío de la joven Batz' Ek' a Caracol en tiempos de Serpiente Enrollada—. De inmediato, la recién llegada Wak Chan Lem comenzaría a ejercer un grado de autoridad y control en Naranjo como pocas veces visto, mandándose retratar en múltiples monumentos, mediante los cuales conmemoró coyunturas calendáricas importantes y ritos dinásticos fundacionales. Como muestra de su fiero temperamento, es mostrada en el acto de capturar guerreros enemigos —con una gallardía envidiable incluso para sus émulos varoniles—. Sorprendentemente, la misma fecha de su arribo a Naranjo es registrada en un sitio increíblemente distante: Cobá, la megalópolis del noreste de Quintana Roo, cercana a las paradisiacas costas del Caribe mexicano, aunque a más de cuatrocientos kilómetros al norte de Naranjo, lo cual nos sugiere que el mundo maya pudo haber tenido un grado de interconexión mucho mayor de lo que generalmente admitimos.

Mientras tanto, ¿qué ocurría en Tikal? Tras la derrota sufrida a manos de Dos Pilas en 679, la ciudad permaneció sumida en el caos durante los tres años siguientes. Sorprendentemente, esta vez le tomaría menos tiempo recuperarse. Un factor clave para ello fue que la línea dinástica de Mutu'ul no se rompió. Por el contrario, uno de los hijos de Nu'un Ujo'l Chaahk pudo reclamar su legítimo derecho al trono en 682. Su nombre fue Jasaw Chan K'awiil, y su mente parece haber estado desde entonces obsesionada con la idea de cobrar venganza en contra de su némesis: la dinastía de la serpiente, Calakmul, Yuhkno'm el Grande y toda su progenie, en una cruenta cadena de conflictos destinada todavía a extenderse por varias generaciones más.

Bajo la égida del dinámico Jasaw Chan K'awiil, Tikal pronto comenzaría a recobrar parte de la gloria perdida del Clásico temprano. Su propia fecha maya de entronización en 9.12.9.17.16, 5 Kib' 14 Sotz' (6 de mayo de 682) parece haber sido cuidadosamente elegida para coincidir con el 308.º aniversario de la llegada al poder del gran Búho Lanzadardos Jatz'o'm Ku' —que pudo haber ocurrido en la propia ciudad de Teotihuacán—. Así, el flamante rey de inmediato retomó los símbolos de prestigio que habían estado vigentes siglos atrás, cuando su metrópoli jugó un papel crucial dentro del nuevo orden emanado del México central. En efecto, Jasaw Chan K'awiil mandó que se glorificara la memoria del imperio perdido de Jatz'o'm Ku', su lugarteniente Sihajiiy K'ahk' y su hijo Yax Nu'un Ahiin, con quien Jasaw Chan K'awiil bien pudo guardar algún distante vínculo sanguíneo.

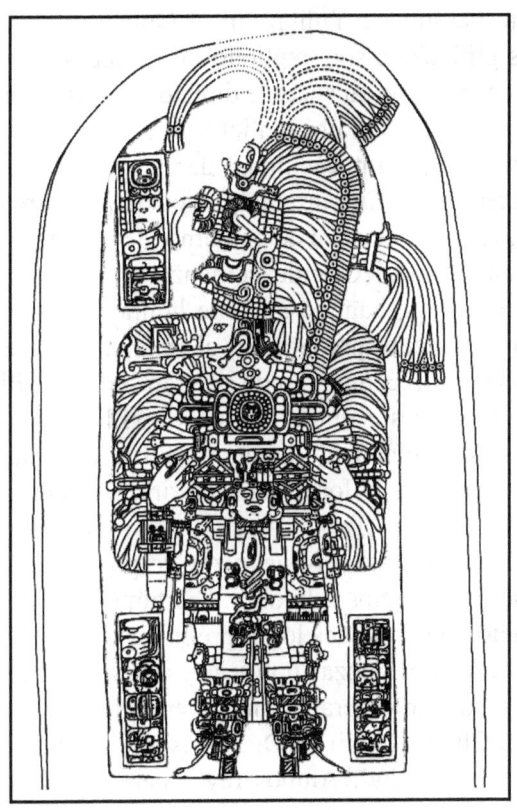

Retrato esculpido del rey Jasaw Chan K'awiil en la cúspide de la gloria. Estela 16 de Tikal (711 d. C.).
Dibujo de William R. Coe en Tikal Report No. 33 Jones y Sattertwaite Fig. 22.

En el otro extremo del tablero de ajedrez, el 6 de abril de 686 sobreviene el esperado cambio de poderes en Calakmul, que asumimos como resultado de la muerte natural de Yuhkno'm el Grande, aunque los textos glíficos no son explícitos al respecto. Asciende entonces al trono su sucesor directo —seguramente su propio hijo— Yuhkno'm Yich'aak K'ahk' ('Garra de Jaguar'). Existen pocas dudas de que Garra de Jaguar había tenido una importante participación, entre bastidores, en asuntos clave de gobierno, desde que la salud de Yuhkno'm el Grande comenzó a menguar algunos años atrás, aunque siempre honraría la memoria de su imponente predecesor, al tiempo que buscaría vincularse directamente con él. Para tal fin utilizó el título de «sucesor de K'awiil». K'awiil es el nombre del dios del relámpago, aunque aquí se emplea como un nombre de pila local para referirse a Yuhkno'm el Grande.

De inmediato, el nuevo rey serpiente de Calakmul se pone manos a la obra. Ciertamente no carecía de oficio político, pues logró preservar en gran medida la vasta red de alianzas políticas y militares entretejida por Yuhkno'm el Grande, incluyendo las lealtades de B'ajlaj Chan K'awiil en Dos Pilas y K'inich B'ahlam en El Perú-Waka'. Ambos reyes parecen haber sido invitados a la gran ceremonia de entronización de Garra de Jaguar en la antigua acrópolis de Chihknaahb', tras lo cual mandarían consignar la fecha exacta de este suceso en sendos monumentos esculpidos dentro de sus respectivas ciudades.

En 692 tiene lugar la primera celebración de final de k'atun dentro del mandato de Garra de Jaguar, quien erige en Calakmul las estelas 79 y 105. Otros gobernantes hacen lo propio en los sitios de El Palmar y Edzná —al parecer afines aún a Calakmul—. Para entonces, el trono de Edzná había quedado en manos del hijo de Janaahb' Yok K'inich, quien se manda retratar triunfante, posando sobre un cautivo atado procedente de un sitio identificado como Kob'a', que tal vez podría corresponder al distante sitio de Cobá mencionado anteriormente. Es posible que en la misma u otra confrontación contra Kob'a' hayan participado también fuerzas de Uxul, ya que la captura de un guerrero de alto rango que ostenta un emblema similar al de Uxul quedó consignada en un tablero jeroglífico, que después sería descubierto por el proyecto arqueológico de Cobá.

Un año más tarde, en 693, ocurriría un suceso singular, cuando un infante de cinco años de edad, llamado K'ahk' Tiliw Chan Chaahk, sería entronizado como rey de Naranjo-Wakab'nal. Por encima de él se encontraba una cuádruple cadena de mando, comenzando por su madre Wak Chan Lem —quien a todas luces debió seguir ejerciendo el control real de la ciudad—, sometida evidentemente a la autoridad de su padre, B'ajlaj Chan K'awiil de Dos Pilas, a su vez vasallo del rey de Kaanu'ul, Garra de Jaguar. Por su parte, este último no hacía sino cumplir con una de las últimas voluntades del difunto Yuhkno'm el Grande —su antecesor y probable padre—. El propio K'ahk' Tiliw Chan Chaahk nos aclararía posteriormente tan embrollada situación, haciendo gala de simplicidad al autodenominarse «vasallo de Yuhkno'm Yich'aak K'ahk'» en uno de los monumentos que mandaría erigir en su ciudad.

De esta forma, Calakmul se allegó nuevamente el control de Naranjo, sin necesidad de recurrir a la violencia, ilustrándonos mucho con ello sobre cómo se entretejían las complejas redes del poder urdidas por los grandes reyes de hace mil trescientos años, en lo que hoy son las densas selvas de Campeche y del Petén central. Yuhkno'm Yich'aak K'ahk' (Garra de Jaguar) gozaba de una perspectiva privilegiada del mundo maya, sobre todo cuando ascendía los cincuenta y cinco metros de su fabulosa pirámide en el corazón de Calakmul, milimétricamente orientada por incomparables arquitectos a fin de que sus amos pudiesen admirar, a través de cuarenta kilómetros de un verde mar de selva tropical, la inmensa mole de La Danta, la acrópolis de los legendarios reyes preclásicos de El Mirador, gloria y símbolo de sus ancestros. Así, mientras contemplaba el ilimitado horizonte del Petén hacia el sur, sin duda debieron preocuparle las inquietantes noticias que recibía de boca de sus múltiples emisarios y espías, sobre el resurgimiento de un Tikal-Mutu'ul fuerte y poderoso y un imponente rival llamado Jasaw Chan K'awiil. ¿No sería preferible intentar frenarlo ahora, antes de que se volviese demasiado formidable?

Sus planes en Naranjo seguían en marcha. Tan sólo veinte días después de instalar al infante K'ahk' Tiliw Chan Chaahk en el trono de Naranjo, su temperamental aliada Wak Chan Lem da inicio a una de las más ambiciosas campañas de conquista de las que tenemos noticia. En primera instancia ataca las desconocidas localidades de K'inichil Kab' y Tuub'al. En esta última, el botín de guerra parece haber incluido a una princesa de noble estirpe, llamada Unen B'ahlam, a quien la señora Wak Chan Lem capturó con la intención de casar posteriormente con el joven rey —seguramente su hijo— K'ahk' Tiliw Chan Chaahk. Ello no impidió que su cólera incendiara Tub'aal, como preludio a una ambiciosa escalada de hostilidades que progresaba en fatal *crescendo* hacia el desenlace culminante de la conspiración orquestada por Calakmul y Dos Pilas: Wak Chan Lem debía ahora atacar a Tikal.

Gracias a su reciente cadena de victorias, el gobierno militarista de la dama de hierro de Naranjo, Wak Chan Lem —y su infantil rey K'ahk' Tiliw Chan Chaahk— vivían un momento de singular confianza. Así, el 1 de febrero de 695, quizá a instancias del propio Garra de Jaguar, deciden medir sus fuerzas contra las de Tikal, en una localidad intermedia llamada K'an T'ul ('Lugar del Conejo Amarillo'). Dentro del gran teatro de guerra en que se había convertido para entonces el Petén central, este incidente parece haber sido más una escaramuza para tantear al enemigo que un choque frontal y directo, pese a lo cual la señora Wak Chan Lem se alzaría con una gran victoria, al capturar a un señor de Tikal llamado Sihajiiy K'awiil. Claramente, este revés no significó grandes pérdidas para Tikal, pero debió encolerizar en grado extremo a su rey, Jasaw Chan K'awiil, quien desde entonces parece haber puesto especial cuidado en engrosar su ejército a su máxima capacidad, con miras a la siguiente confrontación, la cual no tardaría en llegar, y alcanzaría niveles pocas veces vistos.

TIKAL CONTRA CALAKMUL: LA BATALLA FINAL

La historia universal está repleta de grandes batallas que han cobrado fama inmortal —Príamo contra Agamenón en la semi-mítica guerra de Troya narrada por Homero; Maratón y las Termópilas, Alejandro Magno contra Darío en Issos; la batalla medieval de Hastings; Massachusetts (1775); Waterloo (1815), Stalingrado (1942)—. A ellas habría que añadir ahora la batalla protagonizada por Jasaw Chan K'awiil de Tikal contra Yuhkno'm Yich'aak K'ahk' Garra de Jaguar de Calakmul, acaecida el 5 de agosto de 695. Dos de los mayores ejércitos aborígenes de la América precolombina marcharon entonces hacia una confrontación de proporciones épicas. Imaginemos por un momento bajo el sol abrasador de la selva tropical aquellas interminables hileras, conformadas por los más fieros guerreros, con sus largas lanzas rematadas en afilados pedernales y ominosos escudos recubiertos con los grotescos rostros de los dioses de la muerte, de inhumanos ojos de serpiente que debieron helar la sangre. Por un lado, las falanges de Jasaw Chan K'awiil, esta vez fuertemente adiestradas para evitar sorpresas. En el bando contrario, el inmenso ejército de Calakmul —reforzado por fuerzas aliadas de la señora Wak Chan Lem de Naranjo y otros de sus vasallos— bajo el mando del rey serpiente en persona, quien, ávido de emular la inmensa gloria de su prede-

El Templo II de Tikal, Guatemala, en la acrópolis central. Posiblemente fue dedicado por Jasaw Chan K'awiil para su esposa Ix Lachan Unen Mo', aunque sería su hijo Yik'in Chan K'awiil quien concluiría su construccion. Dibujo de reconstrucción de Tatiana Proskouriakoff.

cesor Yuhkno'm el Grande, parece haber acudido a la batalla a bordo de un monstruoso palanquín-litera con la efigie de un gigantesco jaguar llamado *Yajaw Maan*, bestia de guerra de su ciudad y símbolo de los poderes sobrenaturales en los que Calakmul basaba sus victorias militares de antaño y sus esperanzas presentes.

Esta vez, el desenlace habría de ser diferente. Ni siquiera la ayuda ultraterrena del temible *Yajaw Maan* sería suficiente para evitar que la balanza se inclinara en favor del odiado enemigo ancestral de su linaje, pues el destino quiso otorgar a Jasaw Chan K'awiil y su avasallador ejército de Tikal una de las más gloriosas victorias de toda su larga historia. Así, tras siglos de hilvanar una conquista tras otra, en pos de la supremacía total, los planes de los reyes de la serpiente de Kaanu'ul por alzarse como el único imperio de las tierras bajas mayas llegaban a un trágico final.

Sin duda los principales capitanes de guerra y aliados de Garra de Jaguar fueron muertos o capturados entonces por las fuerzas de Tikal. Sabemos también que al menos uno de ellos procedía de Naranjo y estaba bajo las órdenes de la reina Wak Chan Lem, pues ostentaba el título de origen *Aj Sa'alil*, exclusivo de esta ciudad. El propio rey de Calakmul parece haber evitado su muerte en la batalla, pues ciertamente recibiría un entierro posterior, digno de un rey, en el interior de la gigantesca pirámide desde donde solía admirar el horizonte: la Estructura 2.

En el lado opuesto de la fortuna, el triunfo de Jasaw Chan K'awiil fue completo. Su enemigo ancestral había sido prácticamente aniquilado. Inmediatamente ordenó la organización de toda suerte de celebraciones, incluyendo una serie de monumentos conmemorativos. Trece días después de la victoria, incontables cautivos enemigos parecen haber sido sacrificados, aunque el clímax de tales festividades llegó el 14 de septiembre, una fecha cuidadosamente escogida para coincidir de nueva cuenta con la entronización del legendario rey Búho Lanzardardos —al igual que había hecho en su propia entronización—, artífice del nuevo orden teotihuacano en el que Tikal jugó un rol protagónico, como el que ahora Jasaw Chan K'awiil buscaba a toda costa recuperar para su ciudad. De entre estos monumentos, destacan los dinteles de madera de chicozapote extraordinariamente tallados que el rey mandó colocar en lo alto del Templo I, que se yergue majestuosamente a cuarenta y cinco metros de altura como una verdadera joya de la arquitectura maya.

En el primer dintel, Jasaw Chan K'awiil se mandó retratar en procesión triunfal, a bordo de una litera tipo palanquín, bajo la sombra protectora de la gigantesca efigie de un jaguar sobrenatural, erguido a sus espaldas, con garras y colmillos en actitud amenazante —posiblemente el propio dios de la guerra de Calakmul capturado, o bien un espíritu protector propio de Tikal—. El texto que acompaña la escena narra cómo «los escudos y pedernales de Yich'aak K'ahk' fueron abatidos», una metáfora que alude al ejército del enemigo, al tiempo que enfatiza la captura de la bestia de guerra *Yajaw Maan*, es decir, el palanquín sagrado del rey de Calakmul, lo que en efecto equivalía a arrebatarle al enemigo su capacidad bélica, privándole de las bases sobrenaturales en que cimentaba su fortaleza militar. Por su parte, el segundo dintel muestra una escena muy similar, aunque extrapolada hacia un pasado mítico, que se remonta al tiempo ancestral de la fabulosa Tulan-Teotihuacán, donde vemos a Jatz'om Ku' —o bien al propio Jasaw Chan K'awiil personificándolo metafóricamente— armado de su lanzadera tipo *átlatl* y ataviado con su yelmo de mosaico *ko'haw*, sobre un idílico paisaje semiárido de cactáceas, propio del México central. Esta vez se yergue amenazante detrás de él en actitud protectora la monstruosa serpiente de guerra teotihuacana. Tales fueron los símbolos de un poder ancestral, que para entonces, tras la caída de Teotihuacán, habían pasado ya a formar parte de una memoria colectiva legendaria —símbolo de la gloria perdida de antaño, ahora recobrada— con la cual el triunfante rey de Tikal buscaba a toda costa vincularse a sí mismo, a su linaje de Mutu'ul y a su gran ciudad en el corazón del Petén que, cual ave Fénix, era capaz de renacer de sus propias cenizas.

Aunque el malherido enemigo de Tikal todavía no estaba muerto del todo, y la serie de conflictos —que ya parecía interminable para ambos bandos— tendría todavía un último colofón. Un nuevo rey del linaje de la serpiente habría de asumir el trono de Calakmul, e intentaría aún guiar a su ciudad hacia un resurgimiento. Su nombre tuvo fuertes connotaciones bélicas, un reflejo quizá de la crudeza de aquellos tiempos difíciles: Yuhkno'm Took' K'awiil ('Dios Relámpago que Sacude los Pedernales'). Múltiples retratos lo muestran como un hombre fornido, de abundante cabellera rizada. Portador del título de «tercero en la línea de K'awiil», buscaba con ello enfatizar su descendencia directa de la línea dinástica de Yuhkno'm el Grande. Se impuso la difícil tarea de restaurar el dañado prestigio de Calakmul, mientras trataba de mantener a raya el poderío militar de Tikal. Para tal fin emprendió ambiciosos proyectos arquitectónicos y programas escultóricos, no reparando en costos para erigir al menos siete estelas con las que celebraría el final de período 9.13.10.0.0 (26 de enero de 702). Así, Yuhkno'm Took' K'awiil se esforzaría en mantener viva la herencia y la vasta red política duramente construida por sus ilustres predecesores, Yuhkno'm el Grande y Garra de Jaguar. En este sentido, pese a que la gloria de los reyes de Kaanu'ul había perdido gran parte de su lustre tras la estrepitosa derrota de este último, Yuhkno'm Took' K'awiil es mencionado en textos de Dos Pilas en 702, al tiempo que supervisa la entronización del sucesor de K'inich B'ahlam en El Perú. También parece haber seguido gozando de la lealtad de K'ahk' Tiliw Chank Chaahk en Naranjo, al menos hasta 711.

La beligerante reina de este último sitio, Wak Chan Lem, que no era ya joven, también había recibido un fuerte golpe a su desbordante confianza en su capacidad militar, tras la fuerte sacudida que propinó Tikal a su propio ejército y la debacle de su principal aliado Calakmul. Ella y su presunto hijo K'ahk' Tiliw Chan Chaahk enfocaban ahora sus aventuras militares en presas de envergadura más modesta. En 697 incendia un sitio desconocido, quizá llamado Mok, y un año después hace lo propio con otro de nombre aún más oscuro —designado por un glifo no descifrado en forma de cráneo—. Sin embargo, aun estas exigüas victorias debieron representar oxígeno fresco para Wak Chan Lem, pues al año siguiente arremetió de nuevo contra K'inchil y lo dejó arder en llamas, tal y como había hecho cuatro años atrás. Poco después, en 698, había recuperado la suficiente confianza como para atacar la ciudad considerablemente mayor de Ucanal —antiguamente llamado K'anwitznal—, donde logra capturar al rey local Kohkaaj B'ahlam. Con ello, delataría una nueva estrategia de expansión hacia el sur, que quizá pretendía evitar entrometerse más de la cuenta en los intereses estratégicos de Tikal, cuya propia esfera de influencia crecía cada vez más, comenzando a alcanzar regiones cercanas al traspatio occidental de Naranjo.

En efecto, Tikal aprovechó su victoria sobre Calakmul para ganar terreno y extender su influencia hacia el norte. En el Altar 5 de la ciudad se muestra un ritual donde los huesos de la señora Tuun Kaywak —al parecer procedente de Topoxté, aunque reverenciada en Tikal como una figura ancestral— son exhumados por Jasaw Chan K'awiil en compañía de un señor de Masu'ul —que quizá corresponda al actual yacimiento arqueológico de Naachtún, tradicionalmente bajo el área de influencia de Calakmul. Sin embargo, al intentar extender su influencia de forma análoga hacia el sur, Jasaw Chan K'awiil pronto se toparía con la férrea resistencia impuesta por Dos Pilas, en 705. Allí, tras la muerte y subsecuente entierro de B'ajlaj Chan K'awiil —ocurrido en algún momento entre 692 y 697— sus hijos habían tomado el poder. En primera instancia el mayor de ellos, quizá llamado Kohkaaj B'ahlam —homónimo del rey de Ucanal mencionado anteriormente—, fruto de la unión de su padre con su segunda esposa, la señora de Itzán. La sed de venganza de Kohkaaj B'ahlam contra Tikal se remontaba hasta las difíciles circunstancias de su nacimiento, precisamente durante el período en que su padre libraba cruentas batallas contra Tikal, por lo cual vio la luz por primera vez lejos de su hogar, desde el exilio, posiblemente en la región de

Tikal, Guatemala. Altar 5. Dibujo de Linda Schele.

Hix Witz ('Montaña-Jaguar') —que además de Pajaral incluyó a Zapote Bobal y La Joyanca—, o bien en el propio Calakmul. Sin embargo, para 705 Kohkaaj B'ahlam se había convertido ahora en un formidable rey guerrero de veinticinco años. Valiéndose de la ayuda de su lugarteniente principal Ucha'an K'in B'ahlam —quien eventualmente haría los méritos suficientes para acceder al trono veinte años después—, logran la proeza de capturar a uno de los señores de Tikal, aunque las victorias de este tipo se restringían a un ámbito relativamente local, sin gran trascendencia dentro del gran teatro de los acontecimientos.

En Naranjo, el rey infantil de antaño, K'ahk' Tiliw Chan Chaahk, se había convertido ya en un adulto joven, capaz de decidir por cuenta propia. Como prueba de ello, decide organizar una andanada de ataques contra sus enemigos en el Petén, que sin duda brindaron motivos de orgullo a su mentora en las artes bélicas —seguramente su madre—, Wak Chan Lem, pues logró encadenar una serie de cuatro victorias, que comienzan con la invasión de la desconocida ciudad de Yootz' en 706; algo después, en 710, incursionaría peligrosamente en áreas tradicionalmente afines a Tikal, al irrumpir con lujo de violencia en Yaxha' —a orillas del lago del mismo nombre, dieciocho kilómetros al oeste de Naranjo—. El texto de la Estela 23 de Naranjo nos narra lo que ocurrió al calor de aquella intensa batalla: Yaxha' fue incendiada y su gobernante sacrificado. No contento con ello, K'ahk' Tiliw Chan Chaahk llegó al extremo de profanar la tumba de uno de los reyes enemigos, fallecido poco tiempo atrás —Yax B'alu'n Chaahk—. Lo que siguió resulta peor aún, pues esparciría los huesos así exhumados en lo que parece haber sido la isla local de Topoxte'. El propósito de ambos ataques pronto sería aparente, pues en 712 K'ahk' Tiliw Chan Chaahk instalaría dos gobernantes bajo su supervisión directa, tanto en Ucanal como posiblemente en Yootz'. Cuatro años más tarde incendiaría el sitio de Sakha' —al parecer no muy lejos de Yaxha'— y remata sus victoriosas campañas en 716, cuando incendia un sitio cuyo nombre no ha podido ser descifrado.

Observar tal acumulación de victorias por parte de su rival en Naranjo, desde su trono en la majestuosa Tikal, sin duda debió incomodar a Jasaw Chan K'awiil, aunque daba la impresión de permanecer impasible ante ello, y continuaría ocupándose de sus propios asuntos, guiando su ciudad hacia niveles de prosperidad no vistos en siglos. Como muestra están los múltiples proyectos urbanísticos que emprendió, incluyendo la construcción del Templo 2, además de una nueva cancha para la práctica del juego de pelota, con rasgos estilísticos reminiscentes de Teotihuacán. Más aún, mandó erigir tres complejos de pirámides gemelas, construidos sucesivamente para conmemorar otros tantos finales de k'atun, ocurridos en las fechas de 9.13.0.0.0; 9.14.0.0.0 y 9.15.0.0.0 (692, 711 y 731 d. C.). También se ocuparía con los preparativos de lo que habría de convertirse en su cripta funeraria, dentro del corazón del imponente Templo I.

Sin embargo, el más persistente y peligroso de todos los rivales de Tikal no estaba liquidado aún. En Calakmul, la confianza de Yuhkno'm Took' K'awiil crecía en proporciones difíciles de tolerar. Para la siguiente celebración de mitad de k'atun, ocurrida en 9.14.10.0.0 (13 de octubre de 721), mandó erigir probablemente siete monumentos, entre los que se cuenta la Estela 8, donde hace un recuento de la gloria temprana de su linaje, remontándose para ello hasta fechas que datan de 593. Más aún, algunos meses antes, Yuhkno'm Took' K'awiil había tomado acciones encaminadas a reforzar la influencia de Kaanu'ul en el Petén central, valiéndose para ello de su incondicional aliado de La Corona-Saknikte', gobernado entonces por el rey Yajawte' K'inich. Pocos meses antes, en abril de 721, los textos glíficos de este sitio nos narran otra «llegada al centro de Saknikte'»: esta vez la propia hija de Yuhkno'm Took' K'awiil, enviada ex profeso para sellar su alianza con Yajawte' K'inich. De forma notable, se atribuye a la Señora Ti' el título de máxima jerarquía —*ixkalo'mte'*—, que en la práctica denotaba un poder comparable al de una emperatriz a nivel regional.

Ese mismo año, vientos de cambio comenzaban a soplar en las tierras bajas del norte, donde la situación parece haberse tornado de volatilidad extrema. Un nuevo gobernante asciende al trono de Edzná —tal vez llamado Chan Chuwaaj— y posteriormente lucha tenazmente contra enemigos desconocidos procedentes de Chanpeten —posiblemente «extranjeros» de origen maya-chontal, procedentes de la región ubicada entre Laguna de Términos y Champotón, en los actuales estados mexicanos de Tabasco y Chiapas. Si bien las primeras batallas parecen haber favorecido a Edzná, a juzgar por los retratos triunfantes de su rey sobre enemigos capturados, tal vez acabaría por perder una guerra de mayores consecuencias, pues los registros escritos del sitio parecen enmudecer durante los setenta años siguientes —o quizá simplemente aguarden aún ser descubiertos—, entre otros ominosos síntomas que normalmente coinciden con las huellas que dejaría una devastadora invasión enemiga.

De esta manera, con tantas piezas sobre el tablero aguardando urgentemente su resolución, la muerte del gran Jasaw Chan K'awiil pondría fin a su largo reinado en Tikal. Los honores fúnebres que le confirieron entonces fueron propios de un héroe, y en su tumba —referida como Entierro 116 por los arqueólogos— sería descubierto después un asombroso ajuar, que incluía grandes cantidades de cuentas de jade pulido, vasijas polícromas bellamente decoradas, espejos de pirita, pieles de jaguar, perlas y conchas marinas y no menos de treinta y siete huesos incisos con finas líneas remarcadas con el rojo intenso del cinabrio, donde se dibujan escenas de la mitología —el dios de la lluvia Chaahk pescando, o los dioses remeros llevando en su canoa al difunto dios del maíz a través de las aguas primigenias del inframundo—. Estos huesos también registran la muerte de varios reyes, incluyendo la de Kohkaaj K'awiil de Dos Pilas —hijo de B'ajlaj Chan K'awiil— en 726, aunque sin otorgarle el título de «señor sagrado de Mutu'ul», cuyo uso y exclusividad seguían todavía bajo una férrea disputa.

Tras la muerte de Kohkaaj K'awiil en Dos Pilas, habría de sucederle Ucha'an K'in B'ahlam, quien se entronizaría un año más tarde. Su elección no estuvo basada en presuntos vínculos sanguíneos con la élite gobernante —pues no parece haber tenido ninguno— sino en sus innegables dotes militares. Recordemos que había sido el artífice de la victoria contra Tikal de 705 y, de cualquier forma, el legítimo heredero de Kohkaaj K'awiil —llamado K'awiil Chan K'inich— era apenas un niño, mientras que los graves problemas que enfrentaba Dos Pilas requerían urgentemente un líder experimentado en el combate. No obstante, Ucha'an K'in B'ahlam parece haberse preocupado desde el principio de su gestión por preparar el camino para la llegada del legítimo heredero, K'awiil Chan K'inich. Así, el Panel 19 de Dos Pilas nos muestra una exuberante escena, donde Ucha'an K'in B'ahlam preside el ritual de «primer sangrado» de un K'awiil Chan K'inich en edad infantil, quien es auxiliado por un sacerdote para perforar sus genitales con un punzón de hueso, a fin de extraer el vital líquido que debía ser ofrendado a las deidades patronas del sitio. Otros participantes en la ceremonia incluyen a una princesa de la dinastía real de Cancuén, radicada en Dos Pilas —posiblemente la esposa del fallecido Kohkaaj K'awiil y madre de K'awiil Chan K'inich—, mientras que detrás del futuro gobernante observa vigilante alguien referido como su «tutor» o «guardián», identificado como un personaje de Kaanu'ul, es decir, un emisario encargado de velar por los intereses del rey serpiente Yuhkno'm Took' K'awiil, quien todavía recurriría a tales estratagemas para mantener en funcionamiento los engranajes de la maquinaria política que heredó de sus predecesores, y que la derrota de 695 ante Tikal había puesto al borde de un colapso inminente.

La fuerte necesidad que tenía Yuhkno'm Took' K'awiil de reafirmar la gloria de Kaanu'ul lo llevaría esta vez a niveles extravagantes. Para la celebración del final de k'atun en 9.15.0.0.0 (22 de agosto de 731), incluso mandaría importar piedra de alta calidad para esculpir su siguiente serie de monumentos —enormes bloques transportados desde grandes distancias por una paradójica civilización que evitaba usar el transporte a rueda y carecía de bestias de carga— y conseguiría hacerse con los servicios de los mejores artistas de su tiempo: los *K'uhul Chatahn Winiko'ob'*, personas divinas de Chatahn —quizá súbditos suyos para entonces—, quienes plasmaron sus cotizadas firmas glíficas en piedra, gracias a las cuales llegaron hasta nuestro

Yuhkno'm Took' K'awiil. El último de los grandes reyes de serpiente *Kaanu'ul* en Calakmul (743 d. C.). Retrato en la Estela 51 (731 d. C.) elaborado por el virtuoso escultor Sak Muwaan. Sala Maya del Museo Nacional de Antropología, México. Fotografía de Thelmadatter.

tiempo algunos de sus nombres, como el del innovador Sak Muwaan, cuyo virtuosismo y genialidad lo elevan a la altura de un Leonardo o Miguel Ángel de su tiempo.

La amplia confianza depositada en Ucha'an K'in B'ahlam para hacerlo rey de Dos Pilas —pese a no pertenecer a la dinastía gobernante— se vio ampliamente justificada, cuando en el 735 lograría guiar a su ejército hacia la victoria sobre la ciudad de Seibal, situada sobre los márgenes del río de La Pasión, veintitrés kilómetros al oeste. Para conmemorar esta gran victoria, mandó esculpir dos estelas de piedra muy similares, una en su capital de Dos Pilas, y la otra en Aguateca, que le muestran triunfante sobre el rey enemigo capturado —Yihch'aak B'ahlam— en un imponente atavío de guerrero teotihuacano, completo con el símbolo calendárico del trapecio y el rayo en el tocado complementado por una máscara con la deidad mariposa del México central —frecuentemente confundida con Tlālok— ingeniosamente «transparentada» por sus virtuosos escultores, a fin de permitir ver tras ella el rostro cubierto de Ucha'an K'in B'ahlam. Fiel a su visión estratégica, este militar pronto comenzaría a transferir parte de sus poderes a Aguateca, un sitio más fácil de defender ante eventuales ataques.

Cuando regresó a Tikal, poco antes de su muerte, Jasaw Chan K'awiil había preparado el camino para que su hijo —fruto de su unión con la reina Lachan Unen Mo'— asumiera el trono. Su voluntad se cumpliría en 734, cuando Yihk'in Chan K'awiil se convirtió en el vigésimo séptimo rey de Mutu'ul. No bien tomó el poder, se dio a la tarea de completar la ambiciosa tumba que su padre había comenzado, dotándole con ello de gloria inmensa. Después continuaría enfatizando los vínculos con la legendaria Teotihuacán, al tiempo que renovó la mayoría de los edificios de la Acrópolis central, además de las kilométricas calzadas o «caminos blancos» (*sakb'iho'ob'*) que unían los principales conjuntos arquitectónicos de esta portentosa ciudad.

Una vez que logró establecer una base sólida de autoridad, no tardaría en dejar claro que tenía también otras prioridades, principalmente la de preparar sus fuerzas para resolver definitivamente un asunto que su padre había dejado pendiente: acabar al fin con la dinastía de la serpiente. Así, en algún momento previo al 736 sucedió lo inevitable. Yuhkno'm Took' K'awiil debió de ser un valeroso oponente al frente de sus tropas, pero la lucha resultó desigual. Con su ejército de Tikal-Mutu'ul en plena forma, Yihk'in Chan K'awiil sabía que para entonces Calakmul distaba mucho de poseer el músculo militar y la cantidad de aliados incondicionales que tuvo en su anterior época dorada de esplendor. La suerte estaba echada: Mutu'ul derrotaría a Kaanu'ul en la batalla final. Esta vez, Yihk'in Chan K'awiil sería implacable y no cometería el error de dejar con vida a su antiguo rival —o lo que quedaba de el—. Todo indica que logró capturar al rey serpiente en persona —tal y como hiciera el altivo Aquiles con el caído Héctor en los versos inmortales de Homero—, y no mostraría la menor compasión o consideración al rango de Yuhkno'm Took' K'awiil, a

Retrato del gran rey de Tikal Yihk'in Chan K'awiil
(743 d. C.), obra maestra de la talla en madera.
Dintel 3 del Templo 4.
Fotografía de Hillel S. Burger.

quien humilla públicamente, retratándolo atado y con la postura descompuesta en un monumento en forma de disco —el Altar 9— tras lo cual todo indica que debió sacrificarlo en algún elaborado ritual.

Esta vez la derrota de los reyes de la serpiente fue completa, pues no vuelven a ser mencionados jamás en Calakmul de manera directa. Ninguno de los monumentos producidos allí tras esta fecha aciaga ostentarían los distintivos emblemas de la serpiente de Kaanu'ul. Tras su derrota ante Tikal, la ciudad había quedado vulnerablemente expuesta. Tal coyuntura es aprovechada por los señores del enigmático linaje del murciélago para regresar. Donde quiera que hayan ido durante el auge de Yuhkno'm el Grande y sus sucesores, supieron aprovechar el vacío de poder resultante para recuperar el control que alguna vez tuvieron sobre esta gran ciudad, reclamando sus derechos como legítimos ocupantes ancestrales de esta zona, a diferencia de la intrusiva dinastía de la serpiente, cuya presencia allí tuvo más los visos de una ocupación por vía de la fuerza. Por su parte, en el corazón del Petén, tocaría entonces a Tikal vivir su hora de gloria, y durante el resto del reinado de Yihk'in Chan K'awiil ciertamente asumiría un rol de liderazgo —duramente ganado a fuego y sangre—. Aunque la inmensa gloria que sus hazañas —y las de su padre antes que él— habían devuelto a Tikal se iría junto con ellos, pues ninguna de las siguientes generaciones de reyes de Mutu'ul sería capaz de elevar la ciudad a alturas similares.

Si algo podemos sacar en claro entonces, es que tras la debacle de Kaanu'ul, toda la vasta red hegemónica construida por sus más grandes reyes se resquebrajaría aceleradamente, provocando un verdadero efecto dominó que haría temblar los cimientos mismos del poder emanado de los otrora todopoderosos «reyes divinos» k'uhul ajawo'ob'. Llegaría entonces un período de fuertes cambios en la mayor parte de las tierras bajas centrales.

6

Gloria y poder de la región occidental durante el Clásico tardío

La historia de las tierras bajas occidentales está íntimamente vinculada con la del Petén central, donde sin duda debemos buscar los orígenes preclásicos de sus más importantes dinastías. Siglos después, estas migrarían hacia el poniente, principalmente durante el período Clásico temprano, empujando con ello a los pobladores originales —primos de los mayas como los mije-sokes— hacia regiones aún más occidentales, o bien hacia los macizos montañosos del sur. Por tal motivo, no deberá sorprendernos que, en muchos episodios significativos de la historia de la región occidental, reaparezcan continuamente nombres del Petén central que ya nos resultan familiares, incluyendo los de reyes de de la dinastía de la serpiente, así como los de sus enemigos de Tikal-Mutu'ul.

Ningún otro sitio de la zona occidental ha alcanzado en nuestros días mayor fama que Palenque —antiguamente llamado Lakamha', que significa «lugar de las grandes aguas»—. Allí gobernó el más célebre de todos los reyes mayas, K'inich Janaahb' Pakal. En su tiempo, sin embargo, Palenque fue una capital más, entre varias de las que contendían por hacerse del dominio de la región. Como tal, frecuentemente tuvo que vérselas contra ciudades de envergadura comparable a la suya, y aún mayor. Entre estas últimas, se cuentan dos sitios más grandes que constantemente se disputarían la supremacía de la navegación en el Usumacinta: Yaxchilán (Pa'chan) y Piedras Negras (Yokib'). Una cuarta potencia regional fue Toniná (Po'), militarista reino de las montañas de Ocosingo. Así, mientras estas cuatro grandes capitales se enfrascaban en épicas luchas por el dominio de la región occidental, una plétora de sitios menores en torno a ellas aguardaban ansiosamente los resultados, para definir con base en ellos sus lealtades.

Otros centros sin duda importantes —aunque definidos mediante la naturaleza de sus relaciones con los anteriores— fueron Pomoná o Pihpa', sede del linaje de Pakb'u'ul, en la región del bajo Usumacinta, cerca de otros centros como Panhalé y Chinikihá. En los fértiles valles aluviales del delta que forman los ríos Usumacinta y San Pedro Mártir, aparecen Moral-Reforma y Santa Elena (antiguamente Wak'aab' o Wab'e'). Asimismo, en el valle fluvial occidental encontramos la región de Bonampak (Ak'e'), en Chiapas. Aún más cerca de la actual frontera de México con Guatemala, florecieron los enclaves estratégicos de La Mar (Pe'tuun) y El Cayo (Yaxniil). Dos sitios más dentro del territorio guatemalteco fueron La Florida (Namaan) y Zapote-Bobal (Hix Witz), que por su ubicación, participaron tanto en la dinámica de la región occidental como en la del Petén. Hay aquí también sitios enigmáticos, como lo fue la ciudad perdida de Saktz'i' ('Perro Blanco'), que los arqueólogos no han podido aún asociar firmemente con ninguna zona arqueológica de la geografía regional.

La historia de Palenque-Lakamha' es una notable muestra de capacidad de supervivencia ante las mayores adversidades. Parece claro que algunas familias de la alta nobleza pudieron sobreponerse a la catástrofe

Palenque (Chiapas). Fachada norte del Templo de las Inscripciones. (s. VII. d. C.). En su interior sería descubierta la tumba del legendario rey K'inich Janaahb' Pakal por el arqueólogo mexicano Alberto Ruz Lhuillier en 1959.
Fotografía de Jan Harenburg.

producida por los ataques consecutivos de la dinastía de la serpiente sobre su ciudad. Una de ellas estaba conformada por la señora Sak K'uk' ('Quetzal Blanco') —quizá de ascendencia maya-chontal— y su relativamente anodino esposo K'an Mo' Hix. Desde 603, ambos habían engendrado un hijo pródigo, K'inich Janaahb' Pakal, quien a la postre se convertiría en el héroe que Palenque-Lakamha' y los formidables retos de su tiempo reclamaban. Ese mismo año, asciende al trono de Piedras Negras el implacable K'inich Yo'nal Ahk I, cuyo destino pronto habría de entrecruzarse con el de su recién nacido adversario. La región parece haber vivido entonces uno de sus pocos momentos de relativa tranquilidad. Algún tiempo después, en 613, ascendería al poder el décimo de los gobernantes conocidos de Pomoná, llamado K'inich Ho' B'ahlam.

En 615, ya convertido en un joven de doce años, K'inich Janaahb' Pakal asumiría el trono de Palenque-Lakamha'. Este instante quedaría inmortalizado en la escena plasmada en un magnífico tablero oval, colocado en el muro de la Casa E del gran complejo arquitectónico de El Palacio: Vemos allí a la señora Sak K'uk' entregando a Pakal el magnífico yelmo *ko'jaw* de jadeíta verde en forma de tambor, emblema inconfundible de mando —mientras su padre K'an Mo' Hix brilla por su ausencia—. Ese mismo año, aunque sesenta y cuatro kilómetros al sur, se entronizó el cuarto gobernante de Toniná, un infante de ocho años de edad, llamado K'inich B'ahlam Chapaht ('Resplandeciente Jaguar Ciempiés'), cuarto de los gobernantes conocidos de Po'. Los destinos de dos de las mayores capitales de la región occidental quedaron entonces en manos de reyes excesivamente jóvenes, aunque pronto los expansivos intereses de Toniná se enfilarían hacia una colisión directa contra los de Palenque.

Resulta claro que el control político real de Palenque estaba todavía en manos de los padres de K'inich Janaahb' Pakal —especialmente de su madre Sak K'uk'—. Sin embargo, el joven rey no tardaría en desarrollar su propio sello personal de gobierno. Con el tiempo probaría ser un líder eficaz, bajo cuya guía Palenque-Lakamha' alcanzaría cumbres de gloria jamás soñadas. Durante sus primeros años de gobierno, debió hacer mucho por restablecer el orden en su vapuleada ciudad, al tiempo que buscó forjar alianzas con sitios como Saktz'i' ('Perro Blanco'). Tras su tránsito a la edad adulta, debió afrontar la completa responsabilidad de llevar las riendas del trono, aunque siempre mostraría una especial consideración hacia su madre.

Es bien sabido que K'inich Janaahb' Pakal tuvo una esposa. El matrimonio bien pudo haber ocurrido hacia 626. Esta distinguida señora llevó por nombre Tz'akb'u' Ajaw, aunque tras el descubrimiento de su tumba por los arqueólogos mexicanos Arnoldo González Cruz y Fanny López Jiménez, adquiriría mayor notoriedad como «la Reina Roja», debido a que su cuerpo amortajado apareció recubierto del intenso color escarlata del cinabrio. Su ajuar funerario resultó de una riqueza extraordinaria, destacando allí una máscara de jade de exquisita manufactura. Más tarde, los análisis practicados por Vera Tiesler y un equipo de especialistas a sus restos óseos permitirían determinar que tenía peculiaridades físicas similares a las que muestran los retratos de la esposa de K'inich Janaahb' Pakal —la señora Tz'akb'u' Ajaw—. Esta identificación es hoy día aceptada por la mayoría de los estudiosos. Con todo, la señora Tz'akb'u' no parece haber sido originaria de Palenque, ya que muestra por un lado fuertes vínculos con Toktahn —el semi-mítico lugar de nubes del fundador dinástico— y por otro con un lugar llamado Uxte'k'uuh ('Tres Dioses'), cuna de otros miembros de la nobleza palencana y ubicado al parecer en algún lugar hacia el poniente, bajo el control de grupos maya-chontales. La influencia de esta región explicaría también por qué algunos de los eventos más importantes que registran los jeroglíficos de Palenque —como las entronizaciones de los reyes— comenzarían a escribirse con ligeras variantes, a fin de adaptarlos a una lengua de la misma rama que el chontal, en lugar de usar la habitual lengua de prestigio ch'olana oriental.

Tras su matrimonio, un adulto y resuelto K'inich Janaahb' Pakal parece entonces haberse dado a la tarea de forjar nuevas alianzas políticas, con sitios como Perro Blanco (Saktz'i'), considerada una de las «ciudades perdidas mayas», ya que, pese a las múltiples inscripciones donde se le menciona, los arqueólogos no han podido identificarla con alguna de las ruinas conocidas. Todo gran gobernante ávido de gloria debe afrontar duras pruebas, y estas no tardarían en llegar para K'inich Janaahb' Pakal: entre 625 y 626 el rey Yo'nal Ahk I de Piedras Negras capturaría a dos personalidades importantes. El primero, un noble de Palenque llamado Ch'ok B'ahlam —sacerdote o *ajk'uhu'n* bajo el mando del propio «rey divino de B'aakal»—. El segundo sería el gobernante K'ab' Chante' de la perdida ciudad de Saktz'i'. Triunfante, Yo'nal Ahk I se manda retratar sometiendo a ambos enemigos en la Estela 26, al tiempo que empuña su lanza de afilado pedernal, ricamente ataviado con el ominoso tocado de jadeíta y plumas que representaba a la feroz serpiente de guerra teotihuacana, que para entonces era una reliquia de una era casi perdida, ante el inminente declive de Teotihuacán como la mayor potencia de Mesoamérica.

Pero el viejo rival de Piedras Negras en el Alto Usumacinta —Yaxchilán— comenzaba a dar visos de resurgimiento. Tras un período letárgico de su historia, ocurrido entre 537 y 629, durante el cual pudo estar sujeto al dominio de Piedras Negras, hacia 629 asume el trono un nuevo rey, llamado Yaxuun B'ahlam III (Pájaro Jaguar III), el decimoquinto sucesor del linaje de Yopaat B'ahlam. Poco después —según el investigador ruso Dmitri Beliaev— el rey K'inich Yo'nal Ahk I pudo haber fundado hacia 631 un enclave defensivo en el centro satélite de La Mar (antiguamente llamado Pe'tuun), dada su posición estratégica, quince kilómetros al suroeste de Piedras Negras, al pie de una serranía. Poco después, Palenque celebraría el final de período de 9.10.0.0.0 (27 de enero de 633), que esta vez K'inich Janaahb' Pakal —a la sazón con treinta años cumplidos— se encargaría personalmente de observar con el máximo rigor. Atrás había quedado la era de infamia que siguió al ataque de Serpiente Enrollada. Esta vez se aseguraría de restaurar el orden y recuperar el favor de sus tres dioses patronos, otorgándoles nuevos atavíos —quizá mandando esculpir nuevas efigies— y efectuando una larga letanía de rituales prescritos para ellos.

Mientras tanto, desarrollos importantes se gestaban en Toniná hacia 633, cuando el ahora adulto rey K'inich B'ahlam Chapaht experimentaba con nuevos modelos políticos de poder compartido, contrapuestos al modelo vigente de los «señores divinos», que enfocaba una autoridad excesiva en la figura de una sola persona. Para ello, decide otorgar poderes excepcionales a dos de sus sacerdotes y asesores predilectos, otorgándoles una capacidad de toma de decisiones normalmente exclusiva de los reyes. Con ello, crearía en la práctica un Consejo de Gobierno que perduraría varias generaciones.

Por su parte, en Piedras Negras, el largo reinado de treinta y seis años de K'inich Yo'nal Ahk I llegaría a su fin con su muerte, en 639, tras lo cual le sucedería su hijo, Itzam K'an Ahk III, quien asciende al trono a los doce años, misma edad con que lo hizo K'inich Janaahb' Pakal. El reinado de este nuevo gobernante sería largo y pronto mostraría tener ambiciones fuera de lo común. Comienza entonces a erigir una serie de magníficos programas arquitectónicos y escultóricos en el sector norte de la ciudad. Bajo su liderazgo, Piedras Negras experimentaría un florecimiento, tal vez a costa de otras potencias regionales como Yaxchilán, que parece haber caído bajo su control, ya que

Acrópolis de Piedras Negras, Guatemala.
Dibujo de reconstrucción de Tatiana Proskouriakoff.

dejan de producirse allí registros escritos durante un período relativamente largo.

En febrero de 644, el control de Tortuguero recae en B'ahlam Ajaw ('Gobernante Jaguar'), quien probaría ser el más importante rey de este ramal occidental del fracturado linaje de B'aakal. Desde el principio mostró una fuerte hostilidad contra su contrapartida dinástica, representada por los reyes de Palenque-Lakamha'. Como muestra de ello, en junio de ese mismo año lanza el primero de sus ataques contra el sitio de Uxte'k'uuh ('Tres Dioses'), aliado de

Palenque y lugar de origen de varios miembros de su clase gobernante. No contento con ello, lanzaría poco después un segundo ataque de «guerra-estrella» —una invasión— sobre esta ciudad occidental.

En Yaxchilán, Pájaro Jaguar III de Yaxchilán emprende un ataque entre 646 y 647, durante el cual logra capturar a un señor procedente del sitio de Hix Witz ('Montaña Jaguar') —las actuales ruinas de de Zapote Bobal— setenta y cuatro kilómetros al oriente, dentro del Petén guatemalteco. Simultáneamente en Palenque, K'inich Janaahb' Pakal inicia la construcción de su primer gran proyecto arquitectónico: el Templo Olvidado, en el extremo oeste del asentamiento, donde fue encontrado un tablero jeroglífico que se cuenta entre los primeros registros históricos del sitio que detallan eventos contemporáneos —y no retrospectivos— a su hechura.

En julio de 649 Tortuguero lanzaría un nuevo ataque, esta vez contra el sitio de Yomoop (que quizá corresponda a las ruinas de El Palma, sobre el río Lacantún, al sureste de Chiapas). Los jeroglíficos narran que la ciudad fue «destruida» (*chahkaj*). La firma de un escultor en el monumento más extraordinario de Yomoop nos brinda la clave sobre sus vínculos con el sitio de Uxte'k'uuh —y por extensión, con Palenque—. Tal parece que Tortuguero atacaba sistemáticamente para entonces los intereses que K'inich Janaahb' Pakal mantenía al poniente de su gran ciudad. La campaña militar del implacable rey guerrero B'ahlam Ajaw continuaría en noviembre, cuando captura a un señor relacionado con el nombre —o sitio— de Us. Sólo siete días después, destruye un sitio quizá llamado Chak Uh. Aunque su victoria más importante llegaría en 9.10.17.2.14 (23 de diciembre de 649), cuando envía a sus tropas ochenta y ocho kilómetros al noroeste para conquistar la ciudad de 'Cielo Enrollado' (Joy Chan), nombre antiguo de las ruinas de Comalcalco, la capital más occidental del mundo maya, famosa por su inusual arquitectura de ladrillos cocidos. La destrucción que provocó esta nueva «guerra-estrella» es narrada poéticamente mediante la fórmula glífica *naahb'aj uk'ik'el wihtzaj ujo'lil* (se inundó de sangre; se apilaron los cráneos). Durante la batalla, Tortuguero capturaría a un buen número de capitanes de guerra. De allí en adelante, impondría a Comalcalco el uso de su glifo emblema de B'aakal.

Trasladémonos ahora a la majestuosa Lakamha'. Para muchos, el edificio denominado El Palacio —ubicado en el corazón de Palenque— es una de las más portentosas muestras del refinamiento y sofisticación alcanzados por la arquitectura de la época de los grandes reyes. Basta recorrer hoy día sus anchas galerías y cuartos abovedados o bien experimentar el contraste entre sus oscuros corredores subterráneos y sus luminosos patios interiores, para formarse una idea de hasta qué punto la corte real que allí vivía llegó a atesorar el placer estético, la destreza artística y la alta cultura en todas sus formas. En 654, K'inich Janaahb' Pakal se da a la tarea de remodelar El Palacio. En junio de ese mismo año encarga a uno de sus sacerdotes *ajk'uhu'n* la dedicación de los llamados «Tableritos de los Subterráneos», al tiempo que ordenó extender una larga plataforma para ampliar la anterior, que databa del Clásico temprano. Sobre esta se levantaría su propio salón del trono, dedicada en noviembre, que hoy conocemos como la Casa E, aunque en su día se le llamó la 'Casa de Piel Blanca' (Sak Nuk Naah). Posteriormente, añadiría dos grandes salones, las casas C y B de 661 y 668 respectivamente, formando con ello amplios y soleados patios internos, en cuyos muros abundan representaciones de cautivos plasmadas en enormes tableros. Con ellas, K'inich Janaahb' Pakal buscaba ensalzar perpetuamente sus éxitos militares, ante los ojos de todos aquellos que tuviesen el honor de visitarle en su legendaria corte, función que desempeñan hasta nuestros días.

Pero la atención prodigada por K'inich Janaahb' Pakal a los asuntos de su floreciente ciudad parecía impedirle asumir un rol más activo en el frente externo. En septiembre de 655 sobrevino el tercer y definitivo ataque de «guerra-estrella», lanzado por B'ahlam Ajaw en contra de la ciudad occidental de Uxte'k'uh, con la cual la propia reina Tz'akb'u Ajaw mantenía vínculos importantes. Poco tiempo después, tenían lugar desarrollos importantes en Piedras Negras. El momento que vivía entonces la ciudad —quizá ya bajo la sombra de Calakmul— recordaba una época de gloria anterior, cuando Diente de Tortuga II adquirió el control de la región a través de su alianza con Tajo'm Uk'ab' K'ahk' y el poderío de Teotihuacán. La analogía no escapó al agudo Itzam K'an Ahk III, quien de hecho ordena a sus escultores vincular ambos momentos en el extraordinario Dintel 2, cuyo motivo central es el dominio de los reyes de Yokib' sobre otros sitios del Usumacinta, como Lacanjá-Xukalnaah, Yaxchilán-Pa'chan y Bonampak-Ak'e'. Su texto narra como el rey Itzam K'an Ahk II recibió en 658 múltiples yelmos de guerra teotihuacanos —llamados *ko'haw*— con un grupo de señores vasallos como testigos. Todo indica que el obsequio de estos yelmos tuvo por objeto sellar una alianza militar con un poder mayor que, a la luz de lo que ocurriría después, debió tratarse de Calakmul, entonces bajo el mando de Yuhkno'm el Grande.

En efecto, tras asumir el control territorial de buena parte del Petén, sabemos que los reyes serpiente de Kaanu'ul desviaron su mirada hacia el occidente. Sin duda las fértiles llanuras de Tabasco llamaron

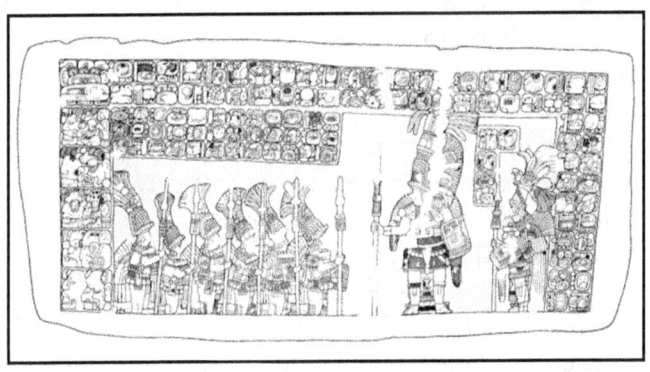

Dintel 2 de Piedras Negras, que enfatiza el dominio del rey Itzam K'an Ahk III sobre otros centros del Usumacinta como Yaxchilán, Ak'e' y Lacanjá, a través del establecimiento de una alianza militar regional —al igual que hizo antes su predecesor Diente de Tortuga II—.
Dibujo de David Stuart.

poderosamente su atención. Sin embargo, todos sus intentos por hacerse amos de esta distante región inevitablemente derivarían en una confrontación directa con Palenque y los reyes de B'aakal. En el bando contrario, K'inich Janaahb' Pakal veía con suma inquietud la nueva alianza de sus dos mayores enemigos y buscaba la manera de contrarrestarla. Entre 659 y 662, decide emprender una serie de campañas bélicas, al parecer encaminadas a adjudicarse el control de la región objeto de disputa, en torno al delta del río San Pedro Mártir, noventa kilómetros al noroeste de Palenque.

En primera instancia, logra capturar en 659 a un mínimo de seis prisioneros. Las infortunadas víctimas procedían principalmente del sitio de Santa Elena (Wak'aab'), en Tabasco, noventa y ocho kilómetros al oeste y ligeramente al norte, aunque también se menciona entre ellas a Ahiin Chan Ahk ('Lagarto Tortuga del Cielo'), un *ajaw* de Pihpa', nombre del asentamiento de Pomoná, ubicado cincuenta kilómetros al oeste. Tan sólo seis días después, en un verdadero *tour de force*, K'inich Janaahb' Pakal regresaría triunfante a su corte, trayendo consigo al sometido rey de Santa Elena, Nu'un Ujo'l Chaahk. También llegarían una serie de cautivos de los desconocidos sitios de B'aahtuun y de Yaxkab', quienes parecen haber sido ofrendados posteriormente como alimento sagrado para los dioses de la tríada, benefactores de la ciudad.

Esta brillante campaña le valió a K'inich Janaahb' Pakal recuperar la voluble lealtad de Santa Elena, sometiéndola de nuevo bajo su órbita, tal y como hizo en su momento su predecesor Ajen Yohl Mat. Más aún, parece haber influido en la entronización del nuevo rey de Moral-Reforma —llamado Muwaan Jo'l o 'Cráneo de Halcón'— en mayo de 661. Sin embargo, Palenque conservaba aún a sus poderosos enemigos de antaño, quienes pronto tomarían fuertes medidas encaminadas a contrarrestar las victorias de K'inich Janaahb' Pakal. Su respuesta sería rápida y contundente: el 10 de febrero de 662 ocurrió un evento crucial en Piedras Negras, asociado con el glifo emblema de la cabeza de serpiente. Según algunos estudiosos, pudo involucrar la visita del temible rey de Kaanu'ul en persona —Yuhkno'm el Grande— a Piedras Negras, con el fin de celebrar un ritual de fuego, para así sellar una alianza con el soberano local, Itzam K'an Ahk III. Seis días después, ya como aliado de Calakmul, Itzam K'an Ahk III atacaría Santa Elena y otro sitio no identificado del Usumacinta, ostensiblemente para retomar el control de ambos. La victoria para el eje Piedras Negras-Calakmul sería rotunda, logrando arrebatar a Palenque y su gran rey el control de esta región. Hallazgos de Simon Martin muestran que poco después, en abril de 662, Yuhkno'm el Grande supervisa la «segunda entronización» del rey Muwaan Jo'l de Moral-Reforma, haciendo gala de su inmenso poder, al controlar un sitio ciento sesenta y dos kilómetros al oeste de su portentosa capital de Uxte'tuun-Chihknaahb' (Calakmul).

Al margen de estos desarrollos —pero no por mucho tiempo—, Toniná continuaba prosperando en su región bajo el mandato de K'inich B'ahlam Chapaht, quien parece haber emprendido obras de gran envergadura, incluyendo la construcción o remodelación del Templo 1, también llamado «del Espejo Humeante», donde su nombre —o el de un homónimo más tardío— aparece escrito dentro de una colección de objetos funerarios encontrados en una importante ofrenda. Su muerte debió ocurrir hacia 665, a los cincuenta y ocho años de edad, según registra una estela descubierta en el cercano suburbio de Pestac. Algún suceso que se nos escapa pudo haber interrumpido súbitamente su reinado, pues esculturas rotas con el nombre de K'inich B'ahlam Chapaht fueron descubiertas dentro de un edificio con laberínticos corredores —llamado Palacio del Inframundo— por los arqueólogos Juan Yadeun y Laura Pescador. Toniná parece haberse quedado sin rey durante los tres años siguientes, y el control del sitio sería ejercido por dos altos sacerdotes, miembros del Consejo de Gobierno.

Hacia 667, valiéndose del apoyo que suponía tener a Yuhkno'm el Grande y la dinastía de la serpiente como aliados, Piedras Negras se consolida como la capital regional del Usumacinta. La influencia de Itzam K'an Ahk III se extiende al oriente, adentrándose en el Petén, ya que el Panel 7 registra el envio de tributo —e incluso de una esposa— desde la región de Hix Witz ('Montaña Jaguar'). Para entonces, su arte se eleva a niveles de refinamiento que rivalizan con lo mejor de Palenque —y de cualquier otro sitio de entonces—. Tenemos pocos datos sobre lo que ocurre en la región occidental durante los trece años siguientes, lo cual sólo refleja las muchas sorpresas que este fascinante campo de estudio aún nos tiene reservadas.

Regresemos a febrero de 681, cuando tuvo lugar un conflicto importante entre combatientes de Yaxchilán y La Florida (Namaan), una ciudad cuarenta kilómetros al noreste. Durante el mismo,

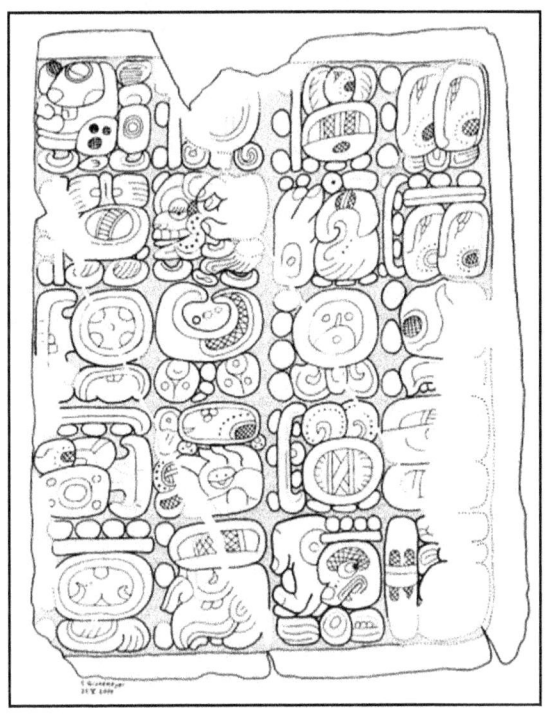

Monumento 6 de Tortuguero, Chiapas, 669 d. C. El texto jeroglífico del panel derecho contiene una fecha futura que alude al descenso de *B'alu'n Yookte' K'uh* el 23 de diciembre de 2012. Dibujo de Sven Gronemeyer.

destacaría un joven guerrero —Kohkaaj B'ahlam ('Escudo Jaguar') III, heredero al trono de Pa'chan— al capturar a un señor subsidiario de Namaan. Desde entonces, su proeza en este combate quedaría incorporada a su larga cadena de títulos, al proclamarse como al amo o captor de «Aj Nik». Unos meses más tarde, en octubre, tales méritos, aunados a sus nobles orígenes —al ser hijo de Pájaro Jaguar III y su esposa, la señora Pakal— le valdrían asumir el trono de Yaxchilán. En retrospectiva, sus primeros pasos en el poder parece inciertos, incluso vacilantes. Resulta difícil adivinar en aquel entonces que el destino le tenía reservado un papel de honor dentro de la historia de su glorioso linaje.

En Palenque, el largo reinado de K'inich Janaahb' Pakal llegaría a su fin en 683, cuando según las inscripciones contaba con ochenta años de edad. Al respecto, existen viejos debates sobre la longevidad que los textos glíficos atribuyen a ciertos gobernantes mayas, ya que algunos arqueólogos en el pasado han considerado prácticamente «imposible» que individuos de aquella época hayan podido alcanzar edades semejantes, argumentando que la esperanza de vida de aquel entonces debió haber sido mucho menor a la de nuestra tecnificada era. Sin embargo, debemos recordar que tales cálculos modernos se basan en tendencias estadísticas que sólo son aplicables a grandes segmentos de la población común, mas no a individuos excepcionales para los cuales carecemos de antecedentes, como lo fueron a todas luces algunos de los grandes reyes mayas. Desde su temprana infancia debieron gozar de cuidados y privilegios simplemente inaccesibles al resto de los mortales —sus súbitos—, incluyendo una dieta privilegiada y el acceso cotidiano a los mejores especialistas de salud de su tiempo.

El descubrimiento de su incomparable tumba en el interior del Templo de las Inscripciones —el famoso sarcófago encerrado en un cuatro abovedado al que se accede por una larga escalinata descendente— no sólo le volvió el más famoso de todos los gobernantes mayas, sino también convirtió a su descubridor —el mexicano Alberto Ruz Lhuillier— en el más célebre de los arqueólogos de su tiempo. En verdad, este descubrimiento ocurrido entre 1959 y 1963 ha sido comparado con los de Heinrich Schliemann en la década de 1870 al descubrir la Troya homérica; o bien el de Howard Carter en 1922, al ser el primer mortal en profanar la tumba del faraón egipcio Tutankhamon, turbando su reposo de tres mil doscientos años.

La muerte del gran K'inich Janaahb' Pakal en 683 dejó un gran vacío en Palenque, que ninguno de sus sucesores podría llenar del todo posteriormente. Las sucesivas generaciones de reyes del sitio siempre le rendirían honores y basarían su legitimidad en enfatizar sus vínculos con él. Ahora le tocaba el turno a su hijo K'inich Kaan B'ahlam II ('Resplandeciente Serpiente Jaguar'), quien, debido a la larga permanencia de su padre en el poder, contaba ya con cuarenta y ocho años de edad al asumir el trono en 9.12.11.12.10 (10 de enero de 684). Se haría llamar el «décimo dinasta» (*b'alu'n tz'akb'uil*) y el «hechicero

El rostro de Kínich Janaahb' Pakal, inmortalizado en su famosa máscara de jade, que le muestra como la encarnación del dios del maíz *Ixi'm*. Fue descubierta por Alberto Ruz Lhuillier y se preserva actualmente en el Museo Nacional de Antropología, en la Ciudad de México. Fotografía de Wolfgang Sauber.

de huesos» (*b'aakel wahywal*), relacionado con la facultad de controlar temibles fuerzas sobrenaturales. Sobre él pesaba la grave responsabilidad de concluir la extraordinaria tumba que su padre había comenzado en el corazón del Templo de las Inscripciones. Ese mismo año, el sellado de la cripta funeraria fue acompañado por la dedicación de las cuatro pilastras de la fachada exterior y un largo texto repartido en tres impresionantes tableros jeroglíficos —que dan nombre al edificio—, cuya extensión sólo supera la inmensa escalinata jeroglífica de Copán, en Honduras.

Breve historia de los mayas

Admirar completa la majestuosa tumba de su padre debió dar motivos de satisfacción a K'inich Kaan B'ahlam II, aunque pronto mostraría su amplitud de miras, pues no bien concluyó su solemne deber, se puso manos a la obra con una obra aún más ambiciosa: la construcción del Grupo de las Cruces, conformado por tres templos, cada uno dedicado a su correspondiente deidad de la tríada protectora de la ciudad: El Templo de la Cruz (dedicado al dios GI), el Templo de la Cruz Foliada (dedicado a GII) y el Templo del Sol (dedicado a GIII).

Por su parte, Piedras Negras seguía cosechando los beneficios de su alianza con Calakmul. En julio de 685, Yuhkno'm el Grande decidiría enviar a uno de

El santuario del Templo de la Cruz, en Palenque.
Al fondo se aprecia el extraordinario Tablero de la Cruz, flanqueado por dos columnas con las imágenes del rey K'inich Kaan B'ahlam II y el Dios Jaguar del Inframundo, en el acto de fumar.

sus jefes militares —referido mediante el ominoso título de «señor de los cautivos»— para renovar sus votos con su aliado Itzam K'an Ahk III, mediante el otorgamiento de costosas reliquias, que incluían una capa de piel de jaguar y un yelmo de mosaico teotihuacano, sin duda símbolos poderosos que dotaban de legitimidad al destinatario. Sin embargo, tal acción se desarrolló cuando Yuhkno'm el Grande era ya un octogenario —si es que aún vivía— y para entonces, sin duda tuvo mucho que ver en ello su eventual sucesor, Yuhkno'm Yihch'aak K'ahk' ('Garra de Jaguar') quien, como hemos visto, le sucedería en el trono de Calakmul en abril de 686. Ese mismo año, el propio gobernante de Piedras Negras presintió que su muerte era inminente y decidió tomar medidas para asegurar que la sucesión ocurriera según sus planes. Reafirmó entonces a su hijo —K'inich Yo'nal Ahk II— como el siguiente rey, al tiempo que designó como su futura esposa a una princesa extranjera de doce años: Winikhaab' Ajaw (Señora de un K'atun de Vida), procedente del sitio de La Florida, cincuenta y dos kilómetros al oriente —antiguamente llamado Namaan—. La boda propiamente dicha se celebraría en noviembre de 686, tras la muerte de Itzam K'an Ahk III.

Tocaba el turno a K'inich Kaan B'ahlam II de cubrirse de gloria. En septiembre de 687, los textos del Templo del Sol y del Templo XVII en Palenque-Lakamha' dan cuenta de su más grande victoria militar, sobre el ejército de Yuhkno'm Wahywal, rey de Toniná-Po', ubicada sesenta y cuatro kilómetros al sur, a través de macizos montañosos prácticamente intransitables. Aunque restan aún detalles por esclarecer, el pasaje relevante referir una invasión, aunque no directamente sobre Toniná, sino sobre un centro secundario de difícil lectura —quizá asociado con el nombre de Puwa'—. El rey divino de Po' parece haber fallecido a consecuencia del ataque, pues no vuelve a ser mencionado. La derruida ciudad se veía forzada ahora a buscar precipitadamente un sucesor. Sin embargo, la gran rivalidad entre Palenque y Toniná apenas comenzaba.

Durante el difícil interregno que siguió, de aproximadamente nueve meses de duración, Toniná conformó un gobierno provisional regido por sacerdotes y militares de alto rango —uno de ellos llamado K'elen Hix—. La ciudad se hallaba extremadamente vulnerable, bajo riesgo inminente de ser atacada nuevamente. En este momento decisivo, Toniná necesitaba un líder excepcional. Eventualmente lo encontraría, en la figura del implacable K'inich B'aaknal Chaahk, quien ascendió al trono con treinta y cinco años cumplidos. Ignoramos si por sus venas corrió verdaderamente la «sangre divina» de los gloriosos linajes de antaño. Lo cierto es que sus méritos militares debieron jugar un papel aún más determinante como el nuevo rey del sitio. Bajo su égida, la antigua ciudad de Po' alcanzaría su máximo esplendor, aunque interferían en sus planes poderosos enemigos, que debía primero superar.

La muerte de Yuhkno'm el Grande en Calakmul —hacia 686— fue un factor que alteró drásticamente la correlación de fuerzas en la región occidental. Con ello, Piedras Negras se vio súbitamente desprovista de su apoyo más importante. Las consecuencias no se harían esperar. En febrero de 688, la ciudad de Saktz'i' ('Perro Blanco') —cuya ubicación geográfica desconocemos— efectúa algún tipo de acción en contra de Yo'nal Ahk II, rey de Piedras Negras. Mientras tanto, el rey Kohkaaj B'ahlam III de Yaxchilán se apuntaría un nuevo triunfo en 689, con la captura de un personaje llamado Aj Sak Ichiy Pat. Casi al mismo tiempo, el rey Muwaan Jo'l de Moral-Reforma —ciento dos kilómetros al norte de Yaxchilán— obtiene sendas victorias militares sobre sitios no identificados, que quizá le valieron de mucho para librarse del yugo que le impuso en su momento Yuhkno'm el Grande. Sin embargo, Palenque pudo estar involucrado detrás de sus éxitos recientes y no regalaría fácilmente a Moral-Reforma su independencia. En 690 —tres años después de su victoria sobre Toniná— K'inich Kaan B'ahlam II recibe en su ciudad al rey Muwaan Jo'l de Moral-Reforma, a quien reinstala entonces «por tercera vez» en el poder, de acuerdo con la lectura que hace Simon Martin de los hechos. Mediante tal diplomacia forzada, Muwaan Jo'l —el antiguo vasallo de Yuhkno'm el Grande— buscaba sagazmente adaptarse a las cambiantes circunstancias y poderes políticos de su tiempo. La influencia de Palenque para este momento parece haberse extendido lo suficiente para hacerse con el control de los sitios de La Mar (Pe'tuun) y de Anaayte', a más de ochenta y cinco kilómetros al noroeste. Tal expansión afectaba sobremanera los intereses estratégicos de Piedras Negras, al aislarle de sus otrora vasallos del sur, como Lacanjá (Xukalnaah) y la región de Bonampak (Ak'e').

Capitalizando sus éxitos, K'inich Kaan B'ahlam II concluye la construcción del Grupo de las Cruces, justo a tiempo para celebrar allí el final de k'atún en 9.13.0.0.0 (18 de marzo de 692), ya con los dioses patronos colocados cuidadosamente en el interior de sus santuarios, en sus correspondientes templos. El mismo final de período sería celebrado cincuenta kilómetros al oriente de allí por un nuevo gobernante de Pomoná, llamado posiblemente Sib'ik B'ahlam II. Para entonces, pocos reinos mayas vivieron un florecimiento artístico comparable al que alcanzaría Palenque durante la era de K'inich Kaan B'ahlam II. Es cierto que de mucho le valió continuar la senda trazada por su padre, y para entonces Palenque-Lakamha' gozaba ya de una tradición artística con un sello inconfundible. La ciudad concentraba una colectividad conformada ciertamente por algunos de los mejores arquitectos, artistas, escribas, escultores, astrónomos y matemáticos de su tiempo, cuyo talento era continuamente puesto a prueba por las exigentes demandas de su rey. Así, a la integración extraordinaria de la arquitectura con el virtuosismo escultórico; o del modelado en estuco con la destreza caligráfica sin par de los escribas —capaz de imitar en la dureza de la roca la suavidad y fluidez del pincel— se añade el mensaje mismo que tales obras maestras del arte universal buscaban transmitir: los íntimos vínculos de K'inich Kaan B'ahlam II y su glorioso linaje con lo divino, con lo sagrado. De esta forma, los templos principales fueron orientados para mostrar su «interacción» con determinados ciclos y fenómenos astronómicos.

Quizá absorto en su propia prosperidad, K'inich Kaan B'ahlam II parece haber ignorado que en otras partes se suscitaban desarrollos peligrosos para su ciudad. En Toniná, tras cuatro años de preparativos,

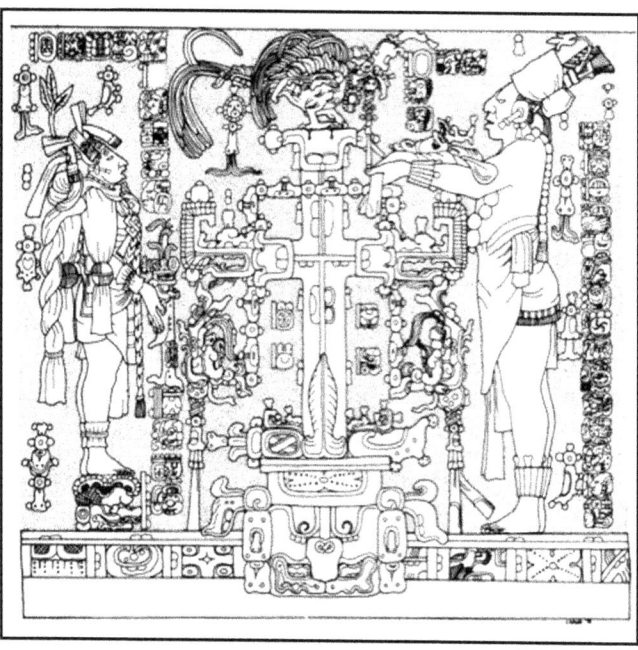

Tablero de la Cruz, llamado así por el motivo central, que representa en realidad al *axis mundi* o eje principal del cosmos maya, en cuya parte superior tiene su morada la deidad Ave Principal. Las figuras que flanquean al *axis mundi* corresponden a sendas imágenes de K'inich Kaan B'ahlam II, en su juventud y al alcanzar la edad adulta.

su nuevo rival K'inich B'aaknal Chaahk logró consolidar uno de los ejércitos más formidables de la región occidental. Su siguiente paso sería valerse de él para vengarse de la afrenta infligida por Palenque contra su predecesor. La campaña militar que siguió debió haber sido compleja, luchándose en varios frentes. Lo cierto es que K'inich B'aaknal Chaahk terminaría por alzarse con la victoria, derrotando al ejército de K'inich Kaan B'ahlam II. Uno a uno, los numerosos capitanes de guerra de Palenque y sus aliados fueron cayendo ante el nuevo poder de Po', incluyendo a los militares K'awiil Mo' ('Relámpago Guacamayo') y K'uy Nik —vasallos de K'inich Kaan B'ahlam—. En su propia región del valle de Ocosingo, recuperaría el dominio sobre el sitio de Puwa', capturando para ello al heredero al trono, llamado Sak B'ahlam ('Jaguar Blanco'). También se hizo del control de Santotón (Walil) y otros centros, consolidando con ello el papel de Toniná-Po' como la capital de esta amplia zona.

Apenas un año más tarde, K'inich B'aaknal Chaahk emprende nuevas y temerarias aventuras bélicas, destinadas a asegurar su control sobre distantes zonas de influencia de su derrotado rival Palenque. Así, posiblemente en la fecha 8 K'an 7 Wo (17 de marzo de 693) lanzó un ataque de «guerra-estrella» contra el rey Nikte' Mo' del sitio de Pe'tuun (La Mar) —setenta y dos kilómetros al noroeste de Toniná— logrando capturar a su vasallo Chan Ma's. También derrotaría al gobernante Yax Ahk ('Tortuga Verde') del sitio de Anaayte', quizá las actuales ruinas de Anaité, entre Piedras Negras y Yaxchilán.

Esta última campaña le valió a Toniná arrebatar a Palenque su dominio sobre esta región del Alto Usumacinta. Tampoco parece haberle importado demasiado el transgredir con ello el territorio de Piedras Negras, que debilitada por el inminente declive de su otrora formidable aliado de Calakmul, pudo incluso haber formado un frente común con Toniná en contra de su enemigo mutuo de Palenque. Como quiera que haya sido, tras su desastrosa derrota, Pe'tuun-La Mar buscaría reaccionar de algún modo. Claramente, una campaña punitiva contra rivales de la envergadura de Toniná —o Piedras Negras, para el caso— superaba con mucho sus fuerzas, por lo cual decide en cambio agredir al más modesto sitio de Perro Blanco (Saktz'i') en marzo de 693. Textos glíficos preservados hoy en Denver y en Bruselas narran literalmente cómo «fue esparcido el fuego en la ciudad de K'ab' Chante' II». Sin embargo, el rey enemigo no pudo ser capturado, y al día siguiente lanzaría un contraataque terrible, durante el cual posiblemente Nikte' Mo' murió decapitado. No contento con esta victoria, Kab' Chante' II capturaría entonces a Ek' Mo', rey de Ak'e' (ubicado en la región de Bonampak), cuyo control mantendría durante algún tiempo, y resultaba estratégico para brindarles acceso a la ruta fluvial del Usumacinta.

Las aguas del escenario regional continuaban aún bastante agitadas tres años después, cuando en marzo de 693 sobreviene el tercero de los ataques emprendidos por K'inich B'aaknal Chaahk. Tal parece que esta vez arremetió contra el sitio de Puwa', que se resistía a caer bajo control permanente de Toniná. Era preciso insistir nuevamente, esta vez mediante métodos más persuasivos. La contienda resultó desigual y el resultado predecible. El ejército de Toniná-Po' regresó victorioso a su ciudad con un prisionero importante, el gobernante local, llamado Huus. Poco después, un tablero de Pomoná-Pihpa' registra la muerte del rey Sib'ik B'ahlam en marzo de 696. Sería sucedido poco después por el decimocuarto gobernante, llamado Ho' Hix B'ahlam II, quien supervisa un ritual calendárico de «atadura de piedra» (*k'altuun*) para marcar el final del siguiente período de *ho'tuun*, ocurrido en 9.13.5.0.0 (20 de febrero de 697). Es claro que para entonces Pomoná mantenía vínculos diplomáticos con Palenque, pues la misma fecha fue plasmada en un bello pendiente de jadeíta descubierto en el Templo XIII de Palenque —al parecer un regalo de Pomoná para sus aliados de B'aakal—. Por algún motivo, el nombre del rey allí plasmado es el de Sib'ik B'ahlam, fallecido el año anterior.

En Toniná, K'inich B'aaknal Chaahk se instalaba en el ápice de su gloria. En 699 dedica una nueva cancha de juego de pelota, a un costado de la gran plaza, la cual manda decorar con efigies talladas en roca de seis enemigos que logró capturar en sus campañas previas. Hundida varios metros sobre el nivel de la plaza principal, esta cancha busca recrear las profundidades del inframundo, dentro del sobrecogedor paisaje mitológico reflejado a la perfección en las ruinas de Toniná, con las siete inmensas plataformas superpuestas que conforman su acrópolis, que se eleva setenta y cuatro metros de altura sobre la gran plaza principal.

Con esta obra, K'inich B'aaknal Chaahk mostraría su gran talento para vincular las más profundas tradiciones míticas con su historia personal —de forma similar a como hizo antes K'inich Kaan B'ahlam al dedicar el grupo de las Cruces en Palenque—, ya que la bautiza como «la cancha de pelota de las tres victorias», evocando con ello mitos arquetípicos profundamente arraigados en el imaginario colectivo maya. El mismo mito sobre el juego de pelota aparece escrito en forma más detallada ciento diez kilómetros al este, en la escalinata del Templo 33 de Yaxchilán, y describe cómo, en las insondables profundidades del tiempo ancestral, tres criaturas sobrenaturales —incluyendo un enorme lagarto— fueron decapitadas en una cancha de juego de pelota primigenia, ubicada en las profundidades del inframundo, llamado entonces el «lugar del agujero negro» (*Ihk' Waynal*). Así, no resulta fortuita en absoluto la conexión de las «tres victorias» del mito con los propios triunfos históricos de K'inich B'aaknal Chaahk sobre Palenque y sitios bajo su influencia —ocurridos en 692, 693 y 696— y nos dice mucho acerca de una mitología existencial que, lejos de ser letra muerta, debía iluminar los hechos y proezas de los grandes reyes, como si fuesen la viva encarnación de tales narrativas inmortales y legendarias.

Entre 700 y 701, el rey Yo'nal Ahk II de Piedras Negras parece por fin asumir un rol más activo, al enfrascarse en una confrontación contra Pomoná. Lograría capturar a uno de los líderes militares de Pakb'u'ul —según muestra la Estela 4—. Más tarde, en febrero de 702, la muerte pondría fin a dieciocho años de gobierno de K'an B'ahlam II. Las inscripciones registran que ese mismo día fue «enterrado» (*muhkaj*). Se presume que su tumba debe encontrarse en algún lugar del Templo de la Cruz, aunque jamás ha sido encontrada. Sin embargo, la búsqueda ha paermitido descubrir diversas ofrendas dedicatorias, que contenían en total más de cien portaincensarios de cerámica con el distintivo estilo palencano —mostrando en su eje vertical una superimposición de diversos planos del cosmos, representados por sus correspondientes deidades y fuerzas animadas—. Parece no haber engendrado hijo alguno, ante lo cual el candidato natural para sucederle fue evidentemente su propio hermano menor y «principal heredero» (*b'aah ch'ok*), K'inich K'an Joy Chitam II —segundo de los hijos del gran K'inich Janaahb' Pakal—, quien a la sazón contaba con cincuenta y siete años de edad. Su entronización tiene lugar en junio de 702.

El nuevo rey de Palenque debió enfrentarse a retos mayúsculos, pues su gran enemigo de Toniná alcanzaba entonces el ápice de su desarrollo político y militar. Para entonces, K'inich B'aaknal Chaahk había forjado tal influencia, que parece haber extendido su control a regiones distantes, como aquella en torno a Bonampak —controlada por una dinastía llamada Ak'e'— en la espesura de la Selva Lacandona, ciento tres kilómetros al oriente de Toniná. Allí, un rey referido con el sobrenombre de «Etz'nab'-Mandíbula» —ante los problemas para descifrar su nombre— se declara 'vasallo' (*yajaw*) de K'inich B'aaknal Chaahk en 702. Sin embargo, algo que desconocemos debió truncar la permanencia en el poder de K'inich B'aaknal Chaahk, a los cuarenta y nueve años de edad y precisamente en su mayor momento de gloria. Resulta fútil especular sobre las causas. Lo cierto es que esta mención de la región de Bonampak-Ak'e' es la última que conocemos de él con vida. Toniná parece entonces haber atravesado ciertas dificultades, emanadas del vacío de poder que significó la súbita ausencia de su rey más poderoso, ya que de nuevo debieron asumir el gobierno interino del sitio sus encumbrados e incondicionales sacerdotes-guerreros K'elen Hix y Aj Ch'aaj Naah.

Hacia 706, Yo'nal Ahk II parece haber persistido en sus intentos de recuperar la esfera de influencia de Piedras Negras, aunque esta vez recurriría a medios más sutiles. Despacha entonces a una princesa de su casa dinástica cuarenta y cinco kilómetros al noreste, a fin de convertirla en la esposa del heredero al trono de Santa Elena, en abierta provocación a los intereses de Palenque. De forma paralela, sabemos que todavía para 708 Toniná-Po' seguía en control de la casta sacerdotal y las órdenes militares, como muestra un magnífico muro de estuco que preserva aún sus colores originales, dedicado por un personaje que se autodenomina «el sacerdote de K'inich B'aaknal Chaahk». Sin embargo, este inusual interinato debió causar inestabilidad política y fuertes presiones internas, orillando al Consejo de Gobierno ese mismo año a tomar una arriesgada decisión: sería entronizado un «príncipe joven» (*ch'ok b'aahkab*) de tan sólo dos años de edad, llamado K'inich Chuwaaj K'ahk'. La estrategia parece haber resultado, pues unos tres años después, Toniná lograría recuperar gran parte de su formidable poderío, y se aprestaba a utilizarlo de nuevo contra su archirrival de Palenque.

El antagonismo entre Palenque y Toniná iba más allá de la simple disputa por el territorio o el control de los recursos, extendiéndose también al ámbito étnico —pues al tiempo que aumentaba la influencia chontal en Palenque, Toniná parece haber sido controlada por élites de origen tzeltalano— además de niveles como el artístico y el religioso. En efecto, en contraste con la tríada de dioses protectores de Palenque, Toniná enfatizaba un culto completamente distinto, dirigido a «dioses remeros», que deben su nombre a ser los encargados de conducir las almas de los muertos en una canoa a través de las aguas primordiales del inframundo. Aunque no podemos leer aún sus nombres originales, les referimos como el «remero jaguar» y el «remero espina de mantarraya», debido a los atributos con que comúnmente fueron representados. El investigador mexicano Erik Velásquez los ha relacionado con las deidades llamadas Yowaltewktli y Yakawitzli, veneradas más de siete siglos después por el imperio mexica en su gran ciudad de Tenochtitlan.

Así, el 30 de agosto de 711, Palenque parece haber sufrido un ataque de «guerra-estrella» —en la práctica una invasión— por parte de fuerzas de Toniná-Po', capitaneadas por temerarios jefes militares con el rango de Yajawk'ahk', quienes peleaban bajo las órdenes del Consejo de Po', a nombre de su infantil rey K'inich Chuwaaj K'ahk'—entonces con cinco

La captura de K'an Joy Chitam II, plasmada en
el Monumento 122 de Toniná, Chiapas.
Dibujo de Peter Mathews en CMHI Vol 6 Part 3.

años de edad—. El resultado debió ser desastroso para K'an Joy Chitam II y su ciudad, pues Palenque-Lakamha' parece haber sido saqueada y, en cierta medida, destruida. El propio rey de Palenque fue hecho prisionero, dotando con ello de inmensa gloria al rey enemigo, K'inich Chuwaaj K'ahk', quien de inmediato ordenó a sus competentes escultores que lo retrataran en toda su desgracia, atado y reclinado en el suelo, aunque en un gesto de etiqueta militar, se le permitió al menos portar su diadema de jade —que le adorna a manera de corona—, su tocado de largas plumas de quetzal y su collar de cuentas. No así sus orejeras enjoyadas, que fueron reemplazadas cruelmente por tiras de papel enrojecidas por su propia sangre.

De alguna forma, sin embargo, el Consejo de Gobierno de Toniná-Po' mostró su gran sentido práctico, al tomar la decisión de mantener con vida a su enemigo K'an Joy Chitam II. Incluso se le permitió regresar a Palenque-Lakamha', aunque seguramente bajo un alto precio: subordinación, múltiples obligaciones tributarias, amplias concesiones territoriales y ventajas comerciales. Ello explicaría la prosperidad de que disfrutaría Toniná durante los años venideros, en abierto contraste con el bajo perfil que mantendría Palenque durante el mismo lapso. De cualquier forma, el arreglo que logró K'inich K'an Joy Chitam II no fue del todo desventajoso para su ciudad, pues al menos pudo dedicar parte de sus energías a continuar sus proyectos constructivos.

Esa misma época registra actividad en Piedras Negras, donde el rey K'inich Yo'nal Ahk II solía celebrar cada intervalo calendárico de *ho'tuun* (5 x 360 días) mediante la dedicación de sofisticados monumentos, al tiempo que su esposa Winikhaab' Ajaw cobraba una prominencia sólo equiparable a la de otras grandes damas del mundo maya —como la señora Wak Chan Lem de Dos Pilas—. A fin de dejar testimonio sobre su creciente influencia en el trono, hacia 711 se mandaría retratar en dos magníficas estelas. No contenta con ello —y en pos de afianzar la posición futura de su propio linaje— se hizo acompañar en uno de estos retratos por su pequeña hija de tres años, la princesa Ju'ntahn Ahk ('Querida Tortuga'). Sin embargo, poco después, su esposo K'inich Yo'nal Ahk II adoptaría una nueva estrategia, a todas luces arriesgada, que le llevaría a entablar contactos de algún tipo con su otrora gran rival de Palenque, donde K'inich K'an Joy Chitam II aún luchaba por recuperarse de su desastrosa derrota ante Toniná. Así, en julio de 714, K'inich K'an Joy Chitam II y el glifo emblema de B'aakal fueron plasmados en la Estela 8 de Piedras Negras, lo cual brinda testimonio sobre ciertas relaciones políticas entre ambos centros, tradicionalmente rivales.

Mientras tanto, el reino de Ak'e' y su gobernante «Etz'nab'-Mandíbula» honraban aún su pacto ante Toniná, al refrendarse en 715 como «vasallos de K'inich B'aaknal Chaahk» —aunque este rey había muerto años atrás— y por extensión del joven rey K'inich Chuwaaj K'ahk', según consta en una columna que hoy se exhibe en el Museo de St. Louis, EE.UU. Sin embargo, el joven rey de Toniná no parece haber logrado mantener por mucho tiempo su control sobre tan distante región, circunstancia que aprovecharía el rey de Saktz'i', K'ab' Chante' III, al supervisar en 717 la entronización de un nuevo gobernante en el cercano sitio de Lacanjá-Xukalnaah. Para entonces, Toniná parecía más preocupada por sus propios asuntos internos, pues ese mismo año de 717 muere K'elen Hix, sacerdote principal del Consejo de Po', tras lo cual serían otorgadas mayores facultades a Aj Ch'aaj Naah, al tiempo que se elevó a otro noble, llamado Yaxuun B'ahlam, aunque el propio rey K'inich Chuwaaj K'ahk' no tardaría en convertirse en un adulto, ávido de emular las proezas bélicas de su predecesor en el trono.

En algún momento de su reinado (entre 716 y 723), K'inich Chuwaaj K'ahk' emprendió otra ambiciosa campaña militar, durante la cual lograría capturar inclusive a un guerrero de la dinastía de la serpiente, procedente de Calakmul-Chihknaahb'. Si alguna vez hubo contactos diplomáticos entre Toniná y esta poderosa ciudad, resulta claro que para este momento eran antagonistas. También capturó a un Ajaw del sitio de Yomoop —probablemente las ruinas de El Palma—. Indicios como este nos revelan que la dinastía de la serpiente todavía mantenía ciertos intereses en la región occidental, seguramente en complicidad con su aliado de Piedras Negras y otros centros relativamente menores, como pudo haber sido Yomoop.

Regresando a los asuntos de Palenque, en noviembre de 718, K'inich K'an Joy Chitam II supervisa el ascenso al poder de un noble del sitio de K'an Tok, llamado Janaahb' Ajaw —posiblemente un sobrino suyo y nieto de su ilustre padre K'inich Janaahb' Pakal—. Dos años después, en agosto de 720, concluye la construcción de la magnífica casa A-D de El Palacio. Carecemos de registros sobre la fecha de su muerte. Existe evidencia en el Templo XVIII acerca de que su padre K'inich Janaahb' Pakal había predispuesto que le sucedieran sus tres hijos varones, de mayor a menor, según lo cual le tocaría el turno al menor de ellos, llamado Tiwohl Chan Mat, aunque desafortunadamente había fallecido en 680. Lo cierto es que ni K'inich Kaan B'ahlam II ni tampoco K'inich K'an Joy Chitam II tuvieron hijos varones a quienes transmitir el cargo. Ante tal situación, en enero de 722 Palenque quedaría en manos de K'inich Ahkul Mo' Naahb' III —hijo de Tiwohl Chan Mat y por ende nieto de K'inich Janaahb' Pakal—. Su entronización quedó inmortalizada en el extraordinario grabado del llamado Tablero de los Esclavos, llamado así por el curioso banco sobre el cual se sienta el nuevo rey —que asemeja a dos enemigos capturados en incómoda postura— al tiempo que recibe de manos de su padre el prestigioso yelmo de mosaico teotihuacano *ko'haw*. En el otro extremo vemos a su madre —la señora Kinuuw Mat— procedente del sitio de Uxte'k'uuh y quizá de orígenes chontales, quien le entrega los emblemas del poder militar por excelencia: el pedernal y el escudo (took' pakal). En un texto del Templo XXI, la señora Kinuuw Mat llama a su hijo afectuosamente «su favorito» (*u-ju'ntahn*). En un gesto de respeto hacia su padres, K'inich Ahkul Mo' Naahb' III parece haber mandado construir la cripta funeraria de ambos dentro del Templo XVIII —aunque hasta ahora no han sido halladas—. En la entrada del mismo, mandó grabar el nombre de Tiwohl Chan Mat en la jamba norte, mientras que en la jamba sur parece haber intentado vincular la figura de su madre con la mítica deidad progenitora Muwaan Mat, madre de los dioses GI, GII y GIII.

Para entonces, resulta claro que el gobierno de K'inich Chuwaaj K'ahk' en Toniná había concluido desde algún tiempo atrás. De forma sorprendente, sus poderes parecen haber sido transferidos a una mujer —la señora K'awiil Kaan (serpiente de relámpago), quien ostentó el título real de «señora divina de Po'», aunque su gobierno —si es que lo hubo como tal— debió ser corto, ya que su muerte fue registrada en abril de 722. Le sucedería K'inich Yihch'aak Chapaht ('Resplandeciente Garra de Ciempiés'), quien toma las riendas del trono de Toniná-Po' en noviembre de 723, a la sazón con catorce años de edad. Fue hijo de otra señora de alto rango, llamada Winik Timak K'awiil. Sus vínculos con su ilustre predecesor, K'inich B'aaknal Chaahk, debieron ser estrechos —pudo ser hijo suyo— pues le rinde culto mediante un ritual de 'entrada de fuego' (*ochi k'ahk'*) celebrado en su tumba, cuidadosamente sincronizado para coincidir con el 42.º aniversario de su entronización (en un día 5 Eb'), según consta en un magnífico altar circular de piedra. K'inich Yihch'aak Chapaht mandaría esculpir una gran cantidad de monumentos, incluyendo un enigmático panel que muestra una escena de juego de pelota —seguramente retrospectiva— entre el difunto K'inich B'aaknal Chaahk y un inesperado contrincante invitado, quizá el propio rey contemporáneo de Calakmul, Yuhkno'm Took' K'awiil. ¿Acaso un torneo diplomático en medio de la rivalidad imperante? Resulta difícil decirlo; lo cierto es que K'inich Yihch'aak Chapaht parece haber sido un líder que restituyó a Toniná parte de su gloria anterior, atribuyéndose el título de máxima jerarquía —*kalo'mte'*—, al tiempo que los escultores de su corte real plasmaban algunos términos en lengua tzeltalana, quizá enfatizando con ello su propia identidad étnica.

Sin duda, los fuertes cambios por los que Toniná-Po' atravesaba entonces debieron brindar a Palenque-Lakamha' un respiro, amén de un relativamente mayor margen de maniobra, ya que como consecuencia de ello Toniná debió relajar en cierto grado la excesiva vigilancia que mantenía sobre su principal enemigo. Prueba de ello es que en junio de 723, K'inich Ahkul Mo' Naahb' III designa como su nuevo capitán militar a Chak Suutz' ('Murciélago Rojo'). Tan sólo dos años más tarde, en mayo del 725, retomaría sus ambiciosos planes —largamente pospuestos— respecto a hacerse con el control de regiones ubicadas al sur, a orillas del Alto Usumacinta. Envía entonces a su ejército —bajo el competente mando de Chak Suutz'— a enfrentarse contra fuerzas de Piedras Negras, a las que logra derrotar, al tiempo que captura a un noble de K'ihna', junto con el propio sajal o vasallo del rey Yo'nal Ahk II (llamado Ni Sak Kamay). Al parecer, Chak Suutz' saqueó y destruyó K'ihna', nombre que podría aludir a un sector del propio sitio de Piedras Negras o bien a un asentamiento en la periferia.

Extrañamente, el costo de esta derrota no parece haber sido tan alto para Piedras Negras, pues en el 726 K'inich Yo'nal Ahk III claramente había recuperado fuerzas suficientes para atacar exitosamente Yaxchilán, sitio que para entonces apenas comenzaba a emerger de un prolongado letargo. Durante el combate logra capturar a un vasallo —o *sajal*— del rey Kohkaaj B'ahlam III (Escudo Jaguar III), quien por su parte,

Dintel 24 de Yaxchilán, Chiapas (709 d. C.). Muestra al rey Kohkaaj B'ahlam III iluminando con una antorcha el ritual de autosacrificio que efectúa su esposa, Ix K'ab'al Xook, quien atraviesa su lengua con una cuerda repleta de espinas.
Dibujo de John Montgomery.

estaba concentrado entonces en dedicar el Templo 23 para una de sus tres esposas, la señora K'ab'al Xook ('Aleta de Tiburón'). En los tres umbrales de acceso a este templo mandó colocar otros tantos dinteles de piedra caliza, grabados con destreza artística tan extraordinaria que su descubridor moderno, el célebre explorador Alfred P. Maudslay, no resistió la tentación de trasladar dos de ellos a Londres, donde hoy se exhiben. Casi simultáneamente a este ataque, aunque a doscientos ochenta y un kilómetros de allí, sabemos que Comalcalco seguía bajo el control de una rama del linaje de B'aakal —impuesta tiempo atrás por B'ahlam Ajaw de Tortuguero— ya que en abril de 726 el rey local K'inich Ohl dedica una inscripción de ladrillo en el Templo 1.

No mucho tiempo después, el rey de Piedras Negras —Yo'nal Ahk II— intentaría profundizar sus avances diplomáticos con Palenque, e inclusive parece haber tomado como su nueva esposa a una princesa de B'aakal. Sin embargo, cualesquiera hayan sido los objetivos políticos de esta estrategia diplomática, carecerían de suficiente tiempo para cristalizar, pues K'inich Yo'nal Ahk III moriría tres años después, en julio de 729. Su probable tumba fue encontrada por los arqueólogos en el interior de la Estructura J-5 de la Acrópolis Oeste. Ese mismo año, en noviembre, a la edad de veintisiete años, ascendería el siguiente rey, cuyo nombre resulta aún difícil de leer, por lo cual se le refiere como el «Gobernante 4» (en realidad el octavo de los reyes conocidos).

Pero las campañas militares de Palenque todavía no concluían. Según Dmitri Beliaev, en 728 Chak Suutz' vuelve a triunfar, esta vez capturando a tres señores de sitios poco conocidos —uno de ellos quizá llamado Ta' Chich—. En mayo de 729, su ejército destruiría un sitio menor llamado Koko'l. Sin embargo, el avance de Chak Suutz' dentro de su área de influencia debió provocar la cólera del rey Kohkaaj B'ahlam III de Yaxchilán, pues en julio del 729 reacciona lanzando un ataque contra el sitio de Lacanjá (Xukalnaaj), tras el cual captura al señor local Aj Popol Chay. Aunque Chak Suutz' deseaba tener la última palabra, y en septiembre de ese mismo año, parece derrotar a un sitio desconocido llamado Atuun, dentro de el área de Ak'e'-Bonampak. Posiblemente la intención detrás de estos ataques múltiples de Palenque fue arrebatar el control regional a la ciudad de Saktz'i' ('Perro Blanco'), aunque no le resultaría fácil, pues Yaxchilán deseaba recuperar un papel protagonista en el Alto Usumacinta.

Unos treinta y tres kilómetros río arriba desde Yaxchilán, se encontraba uno de los sitios satélites de Piedras Negras, llamado antiguamente Yaxniil —conocido hoy como El Cayo—. Allí, el experto australiano Peter Mathews pudo descubrir un asombroso altar circular que celebra el final de período de 9.15.0.0.0 (22 de agosto de 731), comisionado por un *sajal* o vasallo del Gobernante 4 llamado Aj Chak Wahyib' K'utiim —de sesenta y siete años de edad y rasgos étnicos posiblemente chontales—. Para el ritual hubo de ofrendar su propia sangre, arrojándola a la base de un ardiente plato sacrificial colocado sobre una mesa de piedra, según grabaron permanentemente en la roca artistas de destreza propia de sitios mucho mayores.

A partir del 732, el longevo rey Kohkaaj B'ahlam III de Yaxchilán —a la sazón con cincuenta y un años en el poder y casi un octogenario— decide por fin acudir a su cita con la historia. Emprende entonces una nueva campaña militar en pos de intereses suyos hacia el oriente, lo cual le lleva a enfrascarse en una confrontación contra Zapote Bobal, gobernado por los reyes de Hix Witz ('Montaña Jaguar'). El crédito de la victoria sería suyo, pese a su avanzada edad, aunque en realidad debieron ser sus aguerridos capitanes quienes lograrían capturar a un señor enemigo. A continuación, ordenó erigir el Templo 44 de la Acrópolis, en cuyos tres dinteles hace un recuento detallado de sus conquistas. Políticamente, el saldo de sus campañas militares permitió a Yaxchilán tejer en torno suyo una red de sitios satélites, donde instalaría a sus incondicionales como gobernantes subsidiarios (*sajalo'ob'*). Tal red incluyó Dos Caobas, unos quince kilómetros río arriba; el centro fortificado de La Pasadita, en la orilla opuesta del río; además de una región veinte kilómetros al norte, donde se hallaba el sitio de Chicozapote, muy cerca de El Cayo (Yaxniiil), es decir, hasta la frontera misma de la órbita política de su gran rival Piedras Negras.

En Palenque, durante la época de K'inich Ahkul Mo' Naahb' III, fue dedicada la impresionante plataforma del Templo XIX, con su intrincado texto que narra eventos míticos previos a la creación del cosmos actual —incluyendo la decapitación del gran lagarto que propició un Diluvio— y termina por vincular al propio rey de Palenque con el dios GI, mostrándolo ataviado como la encarnación de tal deidad. K'inich Ahkul Mo' Naahb' III también supervisó importantes remodelaciones a los templos XVIII y XXI. Para entonces, la influencia chontal en diversas partes del mundo maya parece expandirse rápidamente, y la corte de Palenque bien pudo haber albergado a un cierto número de chontales, pues al tío materno de K'inich Ahkul Mo' Naahb'III le fue conferido el alto rango sacerdotal de *Ajk'uhu'n*, mientras que en enero del 734 Ahkul Mo' Naahb' manda consagrar el Templo XIX —dedicado al dios GI— auxiliado por otro alto funcionario originario de Uxte'k'uh, llamado Salaj B'alu'n Okib'.

El ocaso de la era de los grandes reyes de Occidente

Los últimos grandes reyes de las mayores capitales de la región occidental comenzaban a morir, y sus sucesores no podrían igualar sus proezas. Quizá presintiendo que su fallecimiento estaba próximo, el octogenario Kohkaaj B'ahlam III se enfocó en la sucesión, y manda construir en el 738 un complejo arquitectónico en Yaxchilán para favorecer a la segunda de sus esposas —la joven princesa Sak Biyaan—. Resulta claro también que Calakmul debió buscar un acercamiento con Yaxchilán en algún momento previo, pues parece haberle enviado una princesa de su propia casa dinástica —quizá llamada Uh Chan Lem— para desposarle y así influir en la sucesión. Ciento diez kilómetros al oeste de allí, en el 739 fallece en Toniná K'inich Yihch'aak Chapaht 'Garra de Ciempiés'. Eventualmente, el control del sitio quedaría en manos de K'inich Tuun Chapaht (Ciempiés de Piedra). Poco después en Palenque, a pesar de que carecemos de una fecha exacta, sabemos que hacia el 740 debió ocurrir también la muerte de K'inich Ahkul Mo' Naahb' III. Con él, la era de los grandes reyes de la dinastía de B'aakal parecía entrar en su fase final. Poco antes del 742, el trono quedaría en manos de su posible hermano, llamado Upakal K'inich —quien luego modificaría su nombre para aproximarlo al de su ilustre abuelo K'inich Janaahb' Pakal—. Existen dos retratos suyos, el primero de extraordinario realismo, modelado en estuco policromado en el Templo XIX —comparable a lo mejor del arte del Viejo Mundo de entonces—, amén de otro en el magnífico tablero del Templo XXI, que lo muestra junto con su hermano —el ahora fallecido K'inich Ahkul Mo' Naahb' III— cuando ambos eran muy jóvenes, flanqueando a su célebre abuelo, el gran K'inich Janaahb' Pakal. Las escasas inscripciones que aluden a Upakal K'inich le otorgan el título de B'aah Ch'ok ('Primer Heredero al Trono').

Aunque tales muestras de destreza artística, más que reflejos de una época de esplendor que se escapaba, parecen intentos por ocultar la realidad de que Palenque ya no era la gloriosa Lakamha' de antaño, y su esfera de influencia parecía contraerse a un ritmo acelerado. Con todo, en enero del 742, un noble de algún sitio subsidiario asciende al poder bajo la estricta vigilancia de Upakal K'inich. Es en torno a esta época cuando Toniná-Po' —por obra de su rey K'inich Tuun Chapaht— decide asestarle nuevamente un duro golpe a su viejo rival, ya que un tablero de Toniná muestra a un cautivo asociado con el glifo emblema de B'aakal. También en el 742 se verifica la muerte de Kohkaaj B'ahlam III en Yaxchilán. Tras su reinado extraordinariamente largo —que rebasó los sesenta años de duración— parecen haberse acumulado una buena cantidad de pretendientes al trono. Al menos una facción clamaba descendencia directa del fallecido rey, mientras otras estuvieron vinculadas con alguna de sus tres esposas. Tales luchas internas cobrarían gran fuerza, aunque eventualmente la balanza parece haberse inclinado en favor de un aspirante que retomó para sí el nombre del fundador dinástico —haciéndose llamar Yopaat B'ahlam II— y que buscaría compensar los cuestionamientos sobre su legitimidad mediante arriesgadas maniobras, como solicitar el respaldo de sus rivales de Piedras Negras-Yokib', ávida de capitalizar a su favor la debilitante división interna de Yaxchilán. Paralelamente, el Gobernante 4 buscaba dar continuidad a la tradición de su predecesor, en el sentido de conmemorar cada final de período de *ho'tuun* mediante la erección de estelas. Sin embargo, sus vínculos dinásticos más fuertes se enfocarían en la figura de Itzam K'an Ahk III, ya que en el 746 efectuaría un elaborado ritual en su honor para conmemorar ochenta y tres ciclos de *tzolk'in* tras su muerte (83 x 260 días). Poco después, el Gobernante 4 prepararía grandes festividades con motivo del aniversario de su primer *k'atun* en el poder, ocurrido en 9.15.18.3.13 (31 de julio de 749). La velada que siguió quedó para siempre inmortalizada en el Dintel 3, elaborado por uno de sus sucesores —sin duda una de las máximas obras maestras del arte maya—. La escena se desarrolla dentro de una amplia cámara palaciega, con las cortinas elegantemente recogidas. Al centro, la figura del Gobernante 4, elegantemente sentado de piernas cruzadas en su fabuloso trono mientras se dirige a sus siete invitados —entre los que se cuenta el nuevo rey «interino» de Yaxchilán, Yopaat B'ahlam II— en torno a una vasija repleta de caliente y fermentado cacao. Está flanqueado por otros siete familiares y miembros de la nobleza, entre ellos un príncipe infantil llamado T'ul Chihk. De este modo, un nuevo rey —probablemente el decimosexto— llamado K'inich Ho' Hix B'ahlam II ascendería al poder en Pomoná en el 751, ante la supervisión directa de quien gobernaba Palenque en aquel entonces, K'inich Kaan B'ahlam III. A pesar de su glorioso nombre —similar al de su predecesor, el hijo mayor de K'inich Janaahb' Pakal— sabemos muy poco sobre él en realidad, ante la ausencia de mayores referencias sobre él en su ciudad, que seguramente vivía todavía tiempos difíciles, tras la nueva derrota ante Toniná.

Ciento cincuenta kilómetros al noroeste de Palenque, un nuevo rey de Comalcalco —llamado Ahkul Te' Chaahk— dedica una nueva inscripción de ladrillo frente al Templo 1 de aquella ciudad, al tiempo que se hace llamar allí «rey divino de B'aakal». Paralelamente en Yaxchilán, la crisis de legitimidad en la que había caído la ciudad durante los últimos diez años llegaría a su fin en 9.16.1.0.0 (3 de mayo de 752), cuando de entre la confusión reinante emerge la figura de Yaxuun B'ahlam IV (Pájaro Jaguar IV). A pesar de que ya no era joven —con cuarenta y tres años de edad— le sobraban energías para afrontar los enormes retos internos y foráneos que tenía ante sí. A diferencia de su cuestionado predecesor Yopaat B'ahlam II, Yaxuun B'ahlam IV era hijo legítimo de Kohkaaj B'ahlam y de su tercera esposa —la señora Uh Chan Lem de la dinastía de la serpiente—, aunque para entonces la gloria de Kaanu'ul era cosa del pasado y ella nunca tuvo un papel protagonista en los asuntos de gobierno. Aun así, el nuevo rey buscaría por todos los medios revestirse a sí mismo de legitimidad —lo que incluía exaltar el estatus de su madre—. Para el mismo fin, ejecuta ese año un nuevo ataque, donde logra capturar a un gobernante subsidiario (*sajal*) del distante sitio de Wak'aab' (al parecer Santa Elena), setenta y cinco kilómetros al norte. Poco más tarde, capturaría a un individuo referido como «Cráneo Enjoyado» en 755, procedente del desconocido sitio de Sanab' Huk'ay, para lo cual se valió de los servicios de su *sajal* principal, llamado K'an Tok Wahyib'.

En Piedras Negras, el mismo Dintel 3 que mencionamos antes contiene el recuento de lo que ocurriría algunos años después, cuando la vida o «aliento puro» (*sak ik'il*) del Gobernante 4 se extinguió, en noviembre de 757, tras lo cual sería enterrado en el interior de la pirámide denominada O-3, que representa metafóricamente la montaña del tiempo ancestral, llamada Ho' Janaahb' Witz, mítico lugar de origen y destino, hábilmente recreado por los arquitectos de entonces. Poco después, fuerzas de Piedras Negras parecen haber sufrido el embate de Yaxchilán, bajo el mando de Pájaro Jaguar IV, quien lograría apuntarse una importante victoria en 759, al capturar a un señor llamado T'ul Chihk, portador del prestigioso título de K'ihna' Ajaw. Para lograr la victoria, uno de sus vasallos parece haberle sido de gran ayuda: el *sajal* Tilo'm del sitio de La Pasadita, quien plasmaría la proeza en un dintel de su propia ciudad. Fiel a su estilo de emular los pasos de su padre, Pájaro Jaguar IV tendría también múltiples esposas. La más prominente de ellas fue la señora local Chak Chami, con quien eventualmente engendraría a su sucesor, Kohkaaj B'ahlam IV. Interesantemente, otras dos de ellas —las señoras Wak Jalam Chan Ajaw y Wak Tuun— fueron originarias del distante sitio de Motul de San José, a orillas del lago Petén Itzá, ciento doce kilómetros al oriente. La cuarta fue una princesa llamada Mut B'ahlam, procedente de Hix Witz (Montaña Jaguar), en la región de Zapote Bobal, donde quizá fue capturada tiempo atrás, tras la campaña que Yaxchilán libró allí en 732.

Más tarde, en Toniná, K'inich Tuun Chapaht emprendería la remodelación del juego de pelota hundido, tras lo cual se registra su «entrada» en una montaña (*och ti witz*) como parte de un enigmático ritual celebrado en 762, que algunos expertos consideran como una posible indicación de su muerte hacia esta fecha. Más sorprendente todavía resulta que se haya enviado a una princesa de la casa dinástica de B'aakal —la señora Chak «Nik» Ye' Xook— más de cuatrocientos cuarenta kilómetros hacia el sureste, hasta la distante ciudad de Copán. Allí se casaría con un noble local, con quien tendría un hijo. Eventualmente, el recién nacido llegaría a ser conocido con el célebre nombre de Yax Pasaj Chan Yopaat, tras su ascenso al trono de esta imponente capital del valle del río Motagua, en junio de 763.

Nuestro recorrido por el esplendor clásico de Occidente termina con los últimos años de Pájaro Jaguar IV en Yaxchilán. Allí efectúa una danza que implicó el intercambio de vistosos estandartes, en compañía de su cuñado, Chak Chami —tío materno del futuro gobernante—. El objetivo de este elaborado ritual fue quizá asegurar el ascenso al poder de su hijo cuando él tuviese que partir a su última cita, pues los dioses remeros aguardaban ya con impaciencia su turno de poder transportar su alma a través de las aguas del inframundo. Hacia 768 sobrevino su muerte, y con ella la era de los grandes reyes de Yaxchilán llegaría a su fin. Pájaro Jaguar IV parece incluso haber dejado inconclusa una de sus mayores obras —el Templo 33—, legando la tarea a su hijo, quien eventualmente lo haría, aunque bajo la atenta vigilancia de su tío Chak Chami, cuya colaboración con el difunto rey le valió un papel prominente en los asuntos de gobierno. Sin embargo, enfrascados en los vaivenes de la sucesión dinástica, los nuevos líderes de Yaxchilán difícilmente imaginaron que todo el sistema de gobierno que luchaban por perpetuar —la era de los reyes divinos— tenía los días contados. De hecho había comenzado ya a desintegrarse paulatinamente.

7

El colapso del Clásico terminal

La historia maya encierra su propia paradoja: es como si sus arraigadas creencias en un devenir cíclico sentenciaran que los eventos esenciales de su historia —incluso sus mayores tragedias— debían repetirse. Llegaría así un nuevo colapso, el del Clásico terminal (h. 800-900 d. C). Todo indica que se trató del más devastador. Uno a uno, los grandes centros comenzarían a caer y la era de los grandes reyes clásicos llegaría a su fin. Mucho se ha hablado acerca de los factores que ocasionaron su declive.

Contrario a lo que suele pensarse, el modo de vida de la civilización maya estuvo lejos de ser enteramente amistoso con el medio ambiente. De hecho, el sistema impuesto por los reyes divinos requería de la explotación de enormes cantidades de recursos del bosque tropical —incluyendo la tala y quema de muchos miles de árboles y toneladas de piedra caliza—. Hacia fines del Clásico tardío, existen evidencias sobre aumentos significativos de población. Poblaciones otrora tan grandes como las de Tikal y Calakmul —que en su momento llegaron a albergar más de sesenta mil habitantes— rebasaron con mucho la capacidad productiva del medio ambiente selvático. Ello propició fuertes daños ecológicos. Los suelos se agotaban y, tras grandes esfuerzos, sólo rendían magras cosechas. Tal situación —de por sí grave— se tornaría catastrófica con la llegada de prolongados ciclos de sequía. No pocas ciudades padecerían hambrunas y escasez de agua.

Así, la figura del rey divino —intermediario entre sus súbitos y las poderosas divinidades que controlaban el clima, la lluvia y la fertilidad— comenzó a ser severamente cuestionada, perdiendo rápidamente el apoyo y la obediencia de sus pueblos, que durante siglos los habían mantenido en una situación privilegiada. Con el abandono de las grandes ciudades, en ausencia de gobierno e instituciones, algunos grupos de pobladores de las tierras bajas parecen progresivamente haber tenido una regresión hacia un estado de semibarbarie. Muchas de las ciudades en ruinas fueron entonces saqueadas, en busca de tumbas que podían encerrar valiosos tesoros, como el jade y las joyas con que solía enterrarse a los grandes reyes de antaño, quienes desde su reposo eterno observaban el fin de su era.

En el pasado, los reyes podían conjurar rápidamente tales riesgos de sublevación echando mano de intimidantes ejércitos bajo su mando. Ahora, muchos ejércitos estaban diezmados por las continuas guerras y los militares desertaban. El efecto debió ser como el de un imán que súbitamente pierde su capacidad de atracción. Los últimos miembros de la nobleza abandonaron sus lujosas residencias, abandonando al grueso de la población a su suerte, generando con ello un gran caos. Hubo entonces éxodos masivos de población desde los grandes centros urbanos a las zonas rurales, las montañas o la selva, en busca de regiones donde hubiese todavía tierra fértil y agua limpia —aunque la escasez de ambas suscitó fuertes conflictos por adquirirlas—. Unos pocos optaron por ocupar los amplios aposentos a los que antes tuvieron prohibido acceder, donde vivirían sólo por algún tiempo.

Tras el colapso de las cortes reales, dejaron de producirse regularmente los detallados registros históricos del pasado, pues los grandes artistas de antaño estaban ahora menos interesados en continuar registrando los hechos y proezas de sus amos que en procurarse su propia supervivencia. Si acaso algún líder disponía aún de escultores competentes, estos debían ahora dedicar todas sus energías a legitimarlo, con frecuencia exagerando su estatus, ante la multitud de facciones rivales que se disputaban el poder de los centros supervivientes. Ello nos dificulta grandemente la labor de reconstruir los detalles del Clásico terminal, lo cual hace preciso que prestemos atención adicional a los patrones que surgen dentro de la cerámica, la arquitectura y todos los indicadores arqueológicos a nuestro alcance, a fin de compensar la menor cantidad de información histórica a nuestro alcance.

El colapso del Petén

Veamos lo que ocurrió tras la caída de la más poderosa de las dinastías —Kaanu'ul—. La gran ciudad de Calakmul quedaría en poder de los enigmáticos señores murciélago. Es probable que la capital de éstos haya estado en otra ciudad, ya que el último de los reyes de la serpiente conocidos del sitio —Wamaaw K'awiil, señor de Chihknaahb'— pudo haber sido uno de sus súbditos y dedica un ambicioso programa escultórico hacia 741. Un rey murciélago llamado Yax Chiit Witz' Naah Kaan —señor Serpiente de Lirio Acuático— conmemoraría el final de k'atun en 9.16.0.0.0 (9 de mayo de 751). El siguiente final de período ocurriría en 9.17.0.0.0 (24 de enero de 771) y sería observado por B'alu'n K'awiil, un nuevo rey de Calakmul, al tiempo que el rey murciélago Chak Tajal Wahy —quizá su supervisor— hace lo propio en el sitio de Oxpemul, tan sólo quince kilómetros al norte.

Poco más tarde sería celebrado en Tikal el final de período de 9.19.0.0.0 (28 de junio de 810) por un nuevo rey, referido como «Sol Oscuro». Más tarde, otro señor murciélago conmemoraría el final de período de 10.0.0.0.0 (15 de marzo de 830) en Oxpemul, al tiempo que se hace llamar *kalo'mte'* de

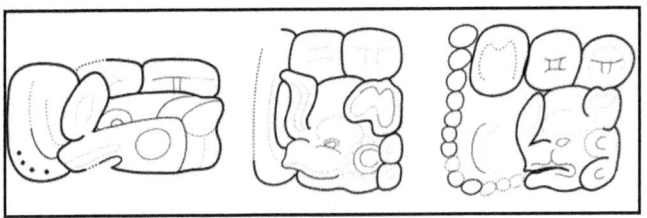

El emblema del enigmático linaje de Murciélago.
Calakmul, Estela 114 (435 d. C.); Estela 59 (741 d.C.)
y Estela 62 (751 d. C.). Dibujos del autor.

Uxte'tuun, denotando con ello su control sobre Calakmul. Poco después, sin embargo, los señores murciélago habrían de marcharse de la región, llevándose con ellos las últimas muestras auténticas de alta cultura.

Durante el mismo final de período del 830, sería dedicado un altar en el sitio de Zacpetén, que muestra vínculos con la dinastía de Tikal, entonces a punto de extinguirse. Hacia 859, los sitios periféricos de Jimbal y de Ixlú registran la presencia de reyes que portaban el emblema de Tikal-Mutu'ul, aunque para entonces diversas facciones clamaban su derecho a usarlo, lo cual nos habla de una gran desintegración del gobierno central en pequeños «clanes» dinásticos contendientes.

Uno de estos grupos incluso regresaría a la semiabandonada Tikal, donde celebraría el final de período de 10.2.0.0.0 (17 de agosto de 869) y erigiría la Estela 11 en la plaza principal, el último de los monumentos del sitio. El propio nombre que eligió usar —Jasaw Chan K'awiil II— nos muestra que intentó a toda costa vincularse con su glorioso pasado. Aunque tales esfuerzos no habrían de perdurar, pues la ciudad carecía ya de los medios para sustentar cualquier población cuantiosa. Todavía el final de período de 10.3.0.0.0 (4 de mayo de 889) sería testigo de cómo fueron erigidas las últimas estelas en Uaxactún y en Jimbal.

Al norte del Petén, dondequiera que hayan ido, los grandes reyes murciélago no regresarían ya a Calakmul. Tras su partida, la ciudad caería en la debacle, aunque no sería abandonada completamente. Algunos pobladores decidieron permanecer allí, bajo el liderazgo de alguien llamado Ajtook' ('el del pedernal'). Inclusive buscarían erigir monumentos por su cuenta, en fechas tan tardías como 899 o 909, aunque de estilo tan crudo e infantil, que resulta un elocuente testimonio de la degeneración progresiva de las tierras bajas centrales.

La caída de la región occidental

La caída de la gran Tulan-Teotihuacán generó sin duda profundas repercusiones en el resto de Mesoamérica, y la mayoría de las culturas que la conformaban debieron entonces adaptarse a una nueva realidad política y económica. Al principio, la alta cultura maya debió ejercer gran fascinación sobre el resto de sus vecinos mesoamericanos, aunque el sistema de gobierno de los reyes divinos era cerrado y careció de la capacidad de adaptación necesaria para afrontar la nueva realidad mesoamericana. Las tierras bajas mayas comenzaron entonces a perder rápidamente su cohesión interna. Sus fronteras y territorio no podían ser ya resguardados con el mismo celo de antes, tornándose relativamente vulnerables ante el empuje de grupos que vivían la curva ascendente de su desarrollo.

Uno de estos grupos fueron los maya-chontales. En un principio no debieron haber sido muy distintos de sus primos hermanos, los ch'oles de la región occidental del Bajo Usumacinta. Ambos fueron hablantes de lenguas derivadas de la rama cho'lana occidental, aunque tras algunos siglos de compartir regiones adyacentes, los chontales se diferenciarían paulatinamente de sus vecinos, hasta el punto de ruptura. Florecería entonces su distintiva lengua de Yokot'an. Sabemos que desde aproximadamente el siglo VII comenzarían a distribuirse en una región más amplia, referida como Nonohualco, que incluía porciones de lo que hoy son los estados mexicanos de Tabasco y el suroccidente de Campeche. En aquel entonces, su territorio debió estar dividido en provincias similares a las que después conoceríamos en la época colonial: Xicalango, Copilco, Potonchán y Acalan.

Desde aproximadamente el año 650, la presencia chontal comenzaría a ser significativa en las tierras bajas occidentales. Dinastías chontales parecen haberse asentado en torno a la región de Comalcalco, Uxte'k'uh y Tortuguero, desde donde comenzaron a establecer vínculos —en un principio modestos— como subordinados del linaje de B'aakal establecido en Palenque. Incluso algún miembro de la corte de K'inich Janaahb' Pakal pudo haber tenido sangre chontal. Hacia esta fecha surgen términos glíficos chontales en las inscripciones de Tortuguero y poco después en Palenque, durante el reinado de K'inich Janaahb' Pakal. Al mismo tiempo, estas y otras ciudades de la región comienzan a usar extensivamente utensilios de cerámica de pasta fina de coloraciones crema, café y gris —incluyendo el complejo Chablekal—, producidos en las región de Nonohualco.

La influencia chontal en Palenque continuaría durante el reinado de K'inich Ahkul Mo' Naahb' III y más allá. El último gobernante conocido, llamado Wak Kimi Janaahb' Pakal, ascendería en 799. La propia fecha calendárica inserta dentro de su nombre (Seis Muerte) refleja las fuertes influencias externas a las que el sitio debió haber estado sometido para entonces. El glorioso linaje de B'aakal se extinguía. Los últimos descendientes de los grandes reyes quizá buscaron todavía refugio hacia 814 en centros relativamente afines, como Comalcalco, mientras su propia ciudad —la otrora majestuosa Lakamha'— parece haber sido abandonada hacia principios del siglo IX.

En Yaxchilán, el nuevo rey Kohkaaj B'ahlam IV (Escudo Jaguar IV) intentaría continuar la tradición de su padre Pájaro Jaguar IV, y emprende algunos proyectos arquitectónicos y escultóricos de importancia, aunque también se enfrasca en una serie de campañas militares en contra de Hix Witz ('Montaña Jaguar'), La Florida (Namaan) y Motul de San José, hasta 800 d. C., que le valieron hacerse con dieciséis prisioneros. Continuó ejerciendo el control de centros secundarios como La Pasadita, quizá Chicozapote, y Laxtunich —cuya ubicación desconocemos con certeza, e incluso reforzaría sus vínculos con el rey Yajaw Chan Muwaan de Bonampak, veinticuatro kilómetros al suroeste, en la región de Ak'e'— al parecer mediante el envío de una princesa de su propio linaje.

Antes de su debacle final, los mayas de las tierras bajas occidentales aún producirían un asombroso testimonio adicional de su brillantez, que inmortalizaría su paso por el tiempo. La ciudad de Bonampak fue descubierta por indígenas de la Selva Lacandona durante la primera mitad del siglo XX. Posteriormente, dos expediciones en febrero y mayo de 1946 la darían a conocer al mundo —la primera por Carlos Frey y John Bourne; la segunda por Giles Healy—. Si bien no puede comparársele en tamaño con su vecino Yaxchilán, ha cobrado fama mundial debido a los murales que aloja en tres cuartos de altas bóvedas que componen la Estructura 1 —verdadera Capilla Sixtina del Nuevo Mundo—. Su maestría radica en haber sido pintados *al fresco*, es decir, en una sola sesión, durante el breve lapso en que el estuco de los muros permaneció húmedo. Datan de 9.18.0.3.4 (14 de diciembre de 790).

La escena narrativa del Cuarto I se divide en dos partes. La primera muestra la presentación de un heredero al trono ante un grupo de nobles como preludio a su entronización —presidida por el propio Kohkaaj B'ahlam IV de Yaxchilán—; la segunda muestra una elaborada 'danza de quetzal' (*ahk'ot ti' k'uk'*) en dos tiempos: primero tres señores con el rango de *Ajaw* son ricamente ataviados con fantásticos armazones de plumas de quetzal y posteriormente bailan con el

Procesión de músicos y actores disfrazados.
Murales de Bonampak, Chiapas. Estructura 1, Cuarto I.
Reproducción de Heather Hurst.

acompañamiento de una gran banda de músicos, cantores (*k'aayo'm*), trompetistas y percusionistas.

El Cuarto II contiene la escena de una batalla, librada por Bonampak contra algún otro señorío no identificado. Su importancia radica en que echó por tierra añejas concepciones que veían a los mayas como una idílica civilización de pacíficos sabios, obsesionados con la observación de los astros. En dos tiempos, se muestra primero la confusión de cuerpos contorsionándose en ágiles lances al fragor de la batalla, permitiéndonos atisbar las avanzadas tácticas marciales y el desarrollo del combate cuerpo a cuerpo con mortíferas lanzas largas. Las órdenes en el campo de batalla parecen haber sido transmitidas con la ayuda de trompetas marcadas por símbolos de muerte. La alta jerarquía de muchos de los guerreros se adivina por sus atuendos, con tocados con cabezas de felinos, aves y lagartos, amén de costosas capas y corazas, a veces recubiertas de piel de jaguar o de plumas, mientras los de menor rango cubrían su desnudez con sencillos bragueros de algodón. La escena culmina con la presentación de cautivos en las amplias escalinatas de la plataforma inferior de la acrópolis, al sur de la Gran Plaza. Algunas víctimas yacen muertas. Otras aguardan su destino final con los cabellos jaloneados y gesticulando de dolor por las uñas que les han sido arrancadas de los dedos. Todos deben presentarse ante la gallarda figura del triunfante rey guerrero Yajaw Chan Muwaan.

Por su parte, el Cuarto III muestra una ceremonia pública de sacrificio que parece desarrollarse sobre la pirámide principal de Bonampak, dominada por tres danzantes guerreros con impresionantes atuendos, al tiempo que blanden hachas teñidas por la sangre de algunos de los enemigos previamente capturados, como uno que dos asistentes parecen retirar de los escalones tras su ejecución. Un tropel de músicos con sonajas y tambores provee el trasfondo rítmico. Las bóvedas contienen escenas palaciegas, en las que un grupo de damas de la clase gobernante extraen sangre de sus propias lenguas a fin de ofrendarla a las deidades.

En Piedras Negras, antes de alcanzar su trágico final, el rey K'inich Yat Ahk II emprendió una campaña militar en 788, en la cual logra capturar a un capitán militar (*yajawk'ahk'*) de Santa Elena. Posteriormente, lanzaría una devastadora serie de dos «guerras-estrella» en contra de los reyes de Pakb'u'ul en Pomoná, en el 792 y en el 794, la segunda en estrecha coordinación con su incondicional vasallo O' Chaahk, gobernante del sitio subordinado de Pe'tuun (La Mar).

A poca distancia de Piedras Negras, el reinado de Kohkaaj B'ahlam IV en Yaxchilán llegaba a su fin. Poco después del año 800 sería sucedido por K'inich Tatb'u Jo'l IV —su propio hijo—, aunque su época se tornaba demasiado turbulenta para continuar los grandes planes de sus predecesores. No obstante, en 808 lograría dedicar el modesto Templo 3 a las deidades patronas del sitio, en cuyo único umbral colocó el Dintel 10, que narra la destrucción del centro menor de K'uhte'el Yaxhulwitz y su confrontación contra K'inich Yat Ahk II —el Gobernante 7, último de Piedras Negras—. En realidad, poco importa que Yaxchilán se haya alzado con la victoria, pues ambos centros daban ya sus últimos respiros antes de caer en el completo abandono.

Irónicamente, poco antes de la debacle ante Yaxchilán de 808, Piedras Negras alcanzaría el pináculo de su desarrollo artístico. El rey K'inich Yat Ahk II mandaría esculpir dos de las máximas obras maestras del arte maya: el Dintel 3 y el Trono 1. Sin embargo, tal clímax resultaría efímero, pues tras la derrota infligida por Yaxchilán sólo se dedicaría un monumento más, en el 810. Inclusive los restos del Trono 1 fueron encontrados rotos y esparcidos en el interior del Palacio de K'inich Yat Ahk II, en medio de evidentes señales de incendio, que confirman que hubo realmente una invasión.

Relativamente protegida por las majestuosas montañas de Ocosingo, los problemas que aquejaban al resto de las grandes ciudades de las tierras bajas centrales tardarían algún tiempo más en llegar a Toniná. Su última época de esplendor tuvo lugar durante el reinado del undécimo gobernante, llamado K'inich... Chapaht, quien dedica una «Casa del Consejo» (*Nikte'il Naah*) y todavía hacia 799 honra la memoria de su ancestro —el fundador Cabeza de Reptil— mediante un ritual de fuego en su tumba. Su reinado no estaría exento de fuertes conflictos y lograría someter al rey Ek' B'ahlam del sitio de Saktz'i' ('Perro Blanco'), al tiempo que derrota nuevamente a Yomoop, capturando a Ucha'an Aj Chih. Dedica su último monumento en 806, tras lo cual el sitio parece sumirse en un período de treinta años de silencio.

Los temas bélicos seguirían dominando en la época del siguiente gobernante, K'inich Uh Chapaht —último representante del linaje de Po' en el sitio— quien dedicaría hacia 830 un magnífico friso de estuco con representaciones de cautivos atados. No obstante, algo grave debió ocurrir tras su mandato, pues los últimos reyes no usan el emblema de Po', sino otro desconocido. Los recién llegados dedican una estela en 904. y otra más para el final de período 10.4.0.0.0 (20 de enero de 909) —el último monumento fechable de las tierras bajas—. Su estilo resulta ajeno a la tradición de Toniná. Posteriormente, el control del sitio quedaría en manos de grupos portadores de cerámica Tohil-Plumbate y Anaranjado Fino.

EL PETEXBATÚN

La caída de Dos Pilas y su hegemonía en el Petexbatún resultaría aún más abrupta. Las últimas inscripciones de la región son la radiografía de una zona en constante conflicto. Sabemos que K'awiil Chan K'inich, el último rey de Dos Pilas —de cuyo ritual infantil de primer sangrado hemos sido testigos— luchó contra el sitio menor de El Chorro, en 743. Más importante aún, parece haber vencido a fuerzas de Motul de San José y Yaxchilán dos años más tarde. Con ello, mantendría el control sobre Cancuén, la ciudad de su madre. También haría lo propio sobre Tamarindito y el más distante Seibal, donde lograría convertir al enemigo de antaño —Yihch'aak B'ahlam— en leal vasallo de su reino. Sin embargo, sus días estaban contados, y en 761 hubo de salir precipitadamente hacia el exilio, ya que unos días más tarde la ciudad de Tamarindito sufriría un ataque devastador por parte de un agresor no identificado.

Alrededor de esta fecha caería también el centro de Arroyo de Piedra. Para entonces, comienzan a proliferar caciques en sitios menores, quienes claman ser legítimos «reyes de Mutu'ul», ante la desintegración del control dinástico en el Petexbatún. Las últimas élites de Dos Pilas parecen haber migrado diez kilómetros al sureste en busca de refugio en el sitio fortificado de

Aguateca. Todavía ascendería allí un nuevo rey de la rama de Mutu'ul-Dos Pilas en 770, llamado Tahnte' K'inich, aunque ocho años más tarde sería puesto a prueba en combate por un enemigo desconocido. Mientras tanto, otro rey exiliado de Mutu'ul-Dos Pilas, llamado Ajaw B'ot, ascendería en el 771 al trono de Seibal, que aún mantenía su alianza previa.

Por algún tiempo, el control regional parece haberse mantenido en Aguateca, desde donde Tahnte' K'inich supervisaba aún lo que sucedía en centros menores como Aguas Calientes, el Caribe y La Amelia. Aunque la caída de Dos Pilas significó también que buena parte de la actividad política se transfiriera hacia la periferia, a sitios como Cancuén, Machaquilá, Itzán y un puñado de sitios menores bajo constantes conflictos internos.

Los trabajos arqueológicos de Takeshi Inomata en Aguateca nos brindan una perspectiva de lo que debió ocurrir entonces. Sus últimos pobladores se enfocaron en construir muros defensivos para resguardar tanto el núcleo urbano como los campos de cultivo y depósitos de agua de eventuales enemigos. Pese a ello, la suerte de la ciudad estaba echada. Tras un ataque devastador, el centro de la ciudad fue quemado y los últimos nobles y miembros de la corte huyeron, dejando atrás sus costosas joyas y finas cerámicas. El resto de los pobladores no tardarían en seguirlos.

De forma similar, un proyecto arqueológico dirigido por Arthur Demarest nos muestra que a principios del siglo IX, Dos Pilas —previamente abandonada— fue reocupada por grupos de pobladores de la región —incluyendo sobrevivientes de sitios como El Duende— que se resguardaron en el corazón de la ciudad. La fuerza de trabajo con que contaban fue al menos suficiente para permitirles arrancar los bloques de mampostería de las pirámides principales, a fin de construir con ellos un doble muro defensivo. De poco les valió, pues las fuerzas a las que se enfrentaban —quienesquiera que hayan sido— resultaron demasiado formidables. Las huellas de la batalla que allí se libró incluyen gran cantidad de cráneos decapitados y puntas de lanzas. Una posible pista sobre la identidad de los agresores llegaría tiempo después, pues tras imponerse una y otra vez a las poblaciones mayas clásicas a través del Petexbatún, se vuelven dominantes grupos culturales que, entre otras características, fueron portadores de la cerámica Anaranjado Fino, cuya zona de producción ha podido determinarse que se hallaba a unos trescientos kilómetros al noroeste de allí, en la desembocadura del río Usumacinta hacia la costa del Golfo de México.

Ya durante el Clásico terminal se consolidarían vastas redes comerciales. Una de las más importantes rutas de comercio comunicaba las tierras altas de Guatemala con las tierras bajas, a través de los ríos Pasión y Usumacinta. Por esta vía, la influencia chontal parece haber alcanzado el sitio de Seibal. En efecto, Tras la caída de las capitales regionales del Petexbatún, Seibal —anteriormente subyugado por Dos Pilas— experimentaría un renacimiento cultural y artístico entre 830 y 849, gracias al cual se preservaron monumentos con escritura que dan cuenta de un fascinante proceso, que comienza cuando una élite extranjera aparentemente se impuso a la clase gobernante local. Un día antes de final de período de 10.0.0.0.0 (830) hace su arribo a Seibal un líder llamado Aj B'alu'n Haab'tal Wat'ul K'atel. Incluso su nombre evoca orígenes distantes, pues la primera porción aparece también en Chichén Itzá. Fue enviado allí por órdenes de un jerarca de Ucanal llamado Kaanek' Ho'pet, al parecer de filiación itzá. Eventualmente, Aj B'alu'n Haab'tal se convertiría en el líder más importante de Seibal. A los múltiples monumentos que comisiona durante el final del período del 830 se añadirían al menos cinco más durante el siguiente de 849 —los cuales manda colocar alrededor de su pirámide radial A-3—. Sorprendentemente, el evento es presenciado por nobles que se proclaman líderes de la dinastía de la serpiente —Chanpet del linaje Kaanu'ul y K'awiil Enjoyado de Tikal-Mutu'ul— antes enemigos irreconciliables, ahora unidos en pos de su propia supervivencia Los acompañó también un posible rey itzá de Motul de San José, llamado Kaanek'.

Entre 869 y 874, las influencias chontales parecen profundizar en Seibal, pues la Estela 17 muestra a un noble de origen maya clásico en actitud subordinada ante un individuo con atributos notoriamente foráneos, mientras que la Estela 3 muestra signos calendáricos cuadrados con fechas de 7 Lagarto y 5 Lagarto. El monumento exuda simbolismo del México central, incluyendo dioses principales como Tlālok y E'ekatl. La Estela 13 muestra aún mayores anomalías, pues allí Alfonso Lacadena ha podido discernir una fecha 2

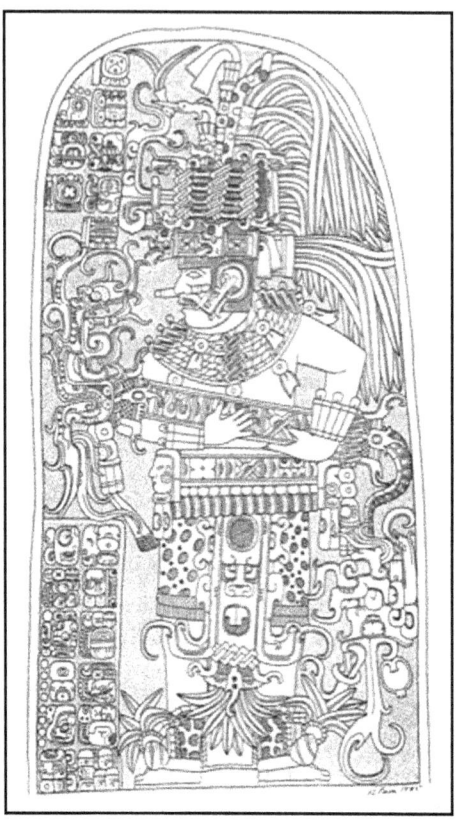

Estela 10 de Seibal, 849 d. C. Muestra al gobernante Wat'ul K'atel oficiando un final de período atestiguado por los últimos gobernantes de las dinastías de serpiente, de Mutu'ul y el rey itzá de Motul de San José. Dibujo de Barbara Page.

Agua, asociada con el nombre del dios del viento *E'ekatl* referido glíficamente, todo en combinación con el mismo título de *ochk'in kalo'mte'* usado desde la era de Teotihuacán para indicar influencias políticas procedente de regiones al oeste del área maya. Los motivos «foráneos» en el arte de Seibal llegan también acompañados de la introducción masiva de cerámica Anaranjado Fino —originaria de Nonohualco— y de fuertes cambios en el uso del espacio ceremonial, ya que los templos en la periferia son abandonados al tiempo que se rehabilitan y construyen espacios en el núcleo central. Hacia esa misma fecha, en Ucanal se produce la Estela 4, que muestra fuertes influencias foráneas en sus cartuchos calendáricos cuadrados. Mientras tanto, en el Petén, el sitio de Xultún —anteriormente dominado por gobernantes de nombre Kaanek', posiblemente itzáes— recibe fuertes influencias foráneas. Sin embargo, para inicios del siglo X prácticamente todos estos centros —incluyendo Seibal—caerían en el abandono.

8

La llegada de K'uk'ulkáan: del Clásico terminal a la Conquista

Hubo una casa en Tula hecha de maderamiento;
hoy sólo quedan en fila columnas en figura
de serpientes;
¡se fue, la dejó abandonada Nakxit, nuestro
príncipe!...
¡Ah, ya se fue: se va a perder allá en Tlapala!

La ida de Ketzalkōatl
Cantares Mexicanos, siglo XVI

El colapso de la era de los grandes reyes divinos en las tierras bajas del sur tuvo repercusiones económicas, culturales, artísticas y militares. A nivel ecológico y ambiental, la situación prevaleciente fue de verdadera catástrofe. Sencillamente grandes regiones carecían de agua potable y suelos fértiles para que cualquier población de envergadura pudiese prosperar. Ello propició que no pocos grupos del Petén y del Usumacinta migrasen hacia el norte de Yucatán. Desprovistos ya de grandes potencias capaces de defender el territorio —como lo fueron en su apogeo Calakmul y Tikal—, los pequeños y divididos centros mayas supervivientes se debatían incesantemente en conflictos puramente locales, sin darse cuenta que ello colocaba su región en una situación extremadamente vulnerable.

En contraste, las sociedades chontales de Nonohualco florecían revitalizadas por el influjo de élites y poblaciones del México central, quienes trajeron consigo su cultura, preceptos religiosos, aptitud para el comercio y tácticas militares. Ello conferiría paulatinamente un carácter más cosmopolita a la región —similar al que antes existió en Teotihuacán—. Otro grupo más que adquiriría prominencia serían los itzáes, que si bien habían participado de la alta cultura de las tierras bajas durante siglos, se diferenciaban por su relativo desapego al territorio —que les permitía establecerse en lugares distantes cuando era necesario— y su flexible organización política, en contraste con la rigidez del modelo de los «reyes divinos» que ahora agonizaba.

Se conformó así una nueva y más vasta red panmesoamericana. Las principales rutas estratégicas de comercio —fluviales, costeras y terrestres— fueron ampliadas. Una red de nuevos puertos unió el golfo de México con el Caribe y la bahía de Honduras, al tiempo que se reforzaron rutas preexistentes, como las de la sal y la obsidiana. Como resultado, se intensificaría el intercambio de las capitales de Nonohualco —como Xicalango— con centros del norte como Chichén Itzá, Uxmal y Edzná; o bien a través del Usumacinta y del río La Pasión con florecientes centros del Petexbatún, como Altar de Sacrificios y Seibal. Desde allí podía accederse a las tierras altas hasta las Salinas de los Nueve Cerros, o bien a las regiones volcánicas de El Chayal o Ixtepeque. A lo largo de tales rutas no circulaban únicamente valiosas mercancías y costosos bienes —cerámica fina, cacao, obsidiana, jadeíta, sal, textiles, plumas de aves exóticas y pigmentos— sino también nuevas ideas, conceptos religiosos, influencias lingüísticas y nuevos esquemas de gobierno. Sobrevendría entonces la llegada de un nuevo orden, que ante la diversidad de influencias mesoamericanas y componentes étnicos que exhibe, referimos como «internacional».

El nuevo orden internacional

La nueva integración de Mesoamérica llevaría al surgimiento de nuevas capitales pluriétnicas y multiculturales, inspiradas en el legendario ideal de Tulan: expresión de un mundo ultraterreno, donde todos hablaban la misma legua, vivían en ciudades

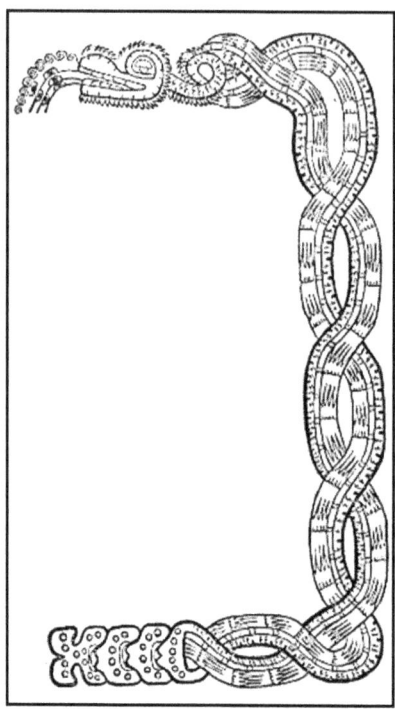

La serpiente de guerra teotihuacana (forma prototípica de la Serpiente Emplumada) plasmada en los murales de Tepantitla, en Teotihuacán. Período Clásico temprano en von Winning 1987. Fig. 1b.

habitadas por grandes sabios y extraordinarios artistas, y eran armoniosamente gobernados por la divinidad encarnada, la serpiente emplumada, epítome de la fusión del cielo y la tierra. Así, las principales capitales del Clásico terminal buscarían nuevamente manifestar tal utopía en la tierra, como en su era lo hizo la perdida Teotihuacán. Entre los mayas yukatekos, tal ciudad arquetípica recibiría el nombre de Suyua' ('confusión'). Su leyenda perduraría siglos después entre los k'iche' y otros grupos de las tierras altas. Como resultado del nuevo modelo, a partir de los siglos IX y X comenzaría a darse un florecimiento —o un nuevo auge—en centros como Tula-Xicocotitlán, en el estado de Hidalgo; Tulan-Chololan en Puebla; Cacaxtla, en Tlaxcala; Xochicalco, en Morelos; Alta Vista-La Quemada, en Zacatecas y Tajín, en Veracruz.

Ello marcó el comienzo del nuevo orden internacional —así llamado por su carácter multiétnico y panmesoamericano— que basaba su economía en la creciente expansión del comercio a larga distancia, apoyada por la fuerza bélica —para lo cual retomó la tradición de las órdenes militares de Teotihuacán—. Bajo su lógica, todo rey debía viajar a alguna de las capitales del nuevo orden para efectuar el ritual de «toma de posesión» —antes de ascender al trono o durante su mandato vigente—. Sólo allí podría recibir las insignias de mando que le dotasen de legitimidad —como la nariguera enjoyada que atravesaba el *septum* nasal (ritual de *yakaxapotlalistli*)— de manos de los nuevos supragobernantes, encarnaciones vivientes de Ketzalkōatl-K'uk'ulkáan.

Fue entonces cuando el culto a Ketzalkōatl fue abrazado por poderosos linajes, que lo promoverían activamente a través de las principales rutas comerciales. Las nuevas élites —fruto de la unión de chontales, itzáes, nawas de Veracruz, migrantes del México central y otros grupos— juzgaron que había llegado el momento de introducir a las tierras bajas mayas no sólo sus valiosos productos comerciales, sino también el nuevo orden internacional. Naturalmente, ello implicó mucho más que la simple llegada de un personaje o un grupo. Se trató en realidad de un cambio paradigmático.

En el área maya, el culto a la serpiente emplumada parece haber penetrado a través de la región Puuc —al noroccidente de las tierras bajas—. Habría comenzado con el aumento de la presencia chontal en torno a Tixchel y la Laguna de Términos. Como siguiente paso, intentarían expandirse al estratégico puerto maya de Champotón —al occidente de Campeche—. Sin embargo, la capital regional de Edzná lo controlaba entonces y no lo cedería fácilmente. Así, durante un k'atun 4 Ajaw (711-731) —cuando las crónicas coloniales refieren una «gran bajada», según veremos— inscripciones glíficas de Edzná registran una serie de confrontaciones contra Chanpet —posiblemente Champotón, caído bajo control chontal—. Pese a victorias iniciales, Edzná caería eventualmente en un aparente período de silencio de sesenta años de duración, al tiempo que toda la costa de Campeche muestra signos crecientes de ocupación chontal.

Posteriormente, grupos itzáes bajo el mando del líder Chak Jutuuw Kaanek' llegan al sitio de Ek' Balam —en el noreste de la Península de Yucatán— en 9.16.19.3.12 (11 de abril de 770). Allí fundarían una nueva dinastía, instalando en el trono a Ukit Kan Le'k —el más prominente de los reyes del sitio—. Posteriormente sería sucedido por K'an B'ohb' Took' (hacia 814); más tarde por Ukit Jo'l Ahkul (hacia 830) y, finalmente, por Ju'n Pik Took', a quien se menciona en el cercano sitio de Halakal y en Chichén Itzá hacia 870. El sitio prosperaría hasta mediados del siglo IX, produciendo ambiciosas obras arquitectónicas, textos glíficos y esculturas de gran calidad artística. Al respecto, la *Relación de Ek' Balam* —que data de 1579— refiere que «se tiene entre los naturales por cosa muy averiguada [que] vinieron de aquella parte del oriente con gran número de gentes, y que eran gente valiente y dispuestos, y que eran castos».

Es precisamente a partir de este momento cuando la investigadora rusa Tatiana Proskouriakoff advierte cambios drásticos en el arte de Edzná, que atribuye a la llegada de grupos foráneos. En el año 790, hace su llegada a Edzná un nuevo líder, llamado quizá Aj Koht Chowa' Naahkan. Extrañamente, no perteneció al linaje previo de los reyes de Wahywal, ni a ningún otro conocido de las tierras bajas mayas. Dos retratos suyos en Edzná lo muestran con los atavíos del nuevo orden «internacional» —la característica nariguera del ritual de «toma de posesión» *yakaxapotlalistli* y un tocado en forma de lagarto o *Sipaktli*—. Su nombre parece conformarse del término nawat *koht* (águila) y el nombre maya de la gran serpiente de lirio acuático. Para entonces, el linaje Lagarto (*Sipakti*) de Nonohualco controlaba la producción de la cerámica Pabellón Moldeado, mientras la serpiente de lirio acuático se convertía en una de las entidades sobrenaturales más prominentes de la religión del nuevo orden internacional y se vincula con la planta de nenúfar en la frente de Ketzalcōatl.

La serpiente emplumada: mito e historia

El concepto de la serpiente emplumada no surge en el Clásico terminal. Sus orígenes se remontan al menos al Preclásico medio, cuando una imagen suya fue grabada en roca por los artistas olmecas de San Lorenzo. Muchos siglos después, el arte de la gran Teotihuacán le convertiría en uno de sus temas favoritos. Evidentemente, su culto se integró —o rivalizó— en

Ketzalkōatl en su aspecto del dios del viento *E'ekatl*. *Códice Magliabechiano*. Siglo XVI. Obsérvese el tocado de nenúfar, la máscara bucal de ave, el pectoral de caracol cortado (símbolo de Venus). Imagen de Barbara Page.

algún momento con el del ubicuo dios Tlālok. Para el Clásico terminal, una nueva versión de la serpiente emplumada —capaz de cobrar forma humana— se consolidaría como el máximo héroe cultural de Mesoamérica.

Se lo conoció entonces bajo nombres tan diversos como las culturas que abrazaron su culto. Se Akatl Topiltzin Ketzalkōatl en el México Central; K'uk'ulkáan —plumaje de serpiente— en el norte de las tierras bajas mayas; Q'uq'umatz en las tierras altas de Guatemala. Otro apelativo para referirle fue Nakxit ('cuatro pies'). También se lo relacionó con el aspecto dual del planeta Venus, como lucero de la mañana (Tlawizkālpantewkti) y como estrella vespertina (el cánido Xōlotl). Más allá de Mesoamérica, algunos lo han comparado con la distante figura quechua de Wiraqocha, aduciendo argumentos de mayor o menor peso.

¿Quién fue entonces Ketzalkōatl-K'uk'ulkáan? A mediados del siglo XVI, el franciscano fray Bernardino de Sahagún se formuló la misma pregunta en su *Historia general de las Cosas de la Nueva España*, concluyendo que «aunque fue hombre, teníanle por dios». De acuerdo con la mitología de la cultura mexica que logró sobrevivir a la Conquista, la primera Pareja Creadora de Ometēwktli y Omesiwatl —señor y señora de la dualidad— crearon todo lo viviente y tuvieron cuatro hijos: Ketzalkōatl, Teskatlipoka, Witzilopōchtli y Tōnatiw. Ketzalkōatl nació en un año Uno-Caña (Se-Akatl), por lo cual se le llamó Topiltzin. Se dice que fue engendrado del vientre de su madre virgen, Chimānan, después de que ella quedara encinta por haber tragado una piedra preciosa (*chalchiwitl*). El rostro del héroe no era como el de otros hombres, sino feo como una piedra rota, de cara alargada, con barba larga y gruesa. No obstante, contaba a su favor con el *Nawal*, es decir, con la sabiduría y fortaleza interna de un semidiós, cualidades que lo llevarían a convertirse en rey de Tula-Xicocotitlán. En la leyenda, su propio hermano Teskatlipoka hace las veces de su enemigo —el oscuro dios del espejo humeante, patrono de los hechiceros—. Una versión de la historia narra cómo ofrece a Ketzalkōatl el preciado *Teōmetl* o Pulque —bebida fermentada obtenida del maguey—. En otra, le dice: «¡Mírate y conócete!», al tiempo que lo muestra reflejado en su espejo de obsidiana. En ambos casos, la reacción de Ketzalkōatl es de vergüenza, mezclada con espanto al ver su rostro. La embriaguez producida por el pulque *Teōmetl* le lleva a comprometer su estricto sentido moral, tras lo cual falta a sus deberes religiosos —incluyendo el ritual de sangrado, que cumplía rigurosamente cada noche junto a una acequia—. A continuación, mandó llamar a su devota hermana Ketzalpētatl, a quien acabaría por emborrachar también. Fuera de sus sentidos, ambos cometerían el pecado universal del incesto.

A la mañana siguiente, el escarnio no se haría esperar. El gran rey de Tula había perdido toda autoridad moral a ojos de sus súbitos. No quedaba sino una salida: se exiliaría a sí mismo. Mandó entonces construir una gran caja de piedra, a fin de morir simbólicamente en ella. Al cabo de cuatro días despertó y ordenó esconder todos sus tesoros. A

Ketzalkōatl como el dios del viento E'ekatl. *Códice Borgia.* Posiblemente siglos XIV-XV.

continuación abandonó Tula con rumbo al oriente. A lo largo de su travesía fue dejando huellas notables de su paso, aunque también enfrentaría duros obstáculos. Sus más fieles pajes —enanos y corcovados— seguían con dificultad sus raudos pasos, aunque todos morirían de frío al intentar cruzar por en medio de un alto volcán y la Sierra Nevada. Finalmente llega a la orilla del mar de Oriente —la costa del Caribe o del golfo de México— donde se vistió con todas sus joyas, su tocado de plumas y su máscara de jade. Entrelazó entonces culebras vivas a fin de construir una embarcación llamada *Kōatlapechtli*, con la cual zarpó en dirección al mítico *Tlilan Tlapālan* en ultramar —región del negro y el rojo, mundo de sabiduría— aunque no sin antes anunciar su regreso en otro año Uno Caña, como los de su nacimiento y su muerte. Una versión narra que se inmoló a sí mismo, prendiéndose fuego a bordo de su barca. De sus cenizas —convertidas ahora en aves— brotaría su corazón, que se elevó —o sería llevado por ellas— hasta desaparecer en el firmamento. Tras cuatro días reaparecería, aunque ahora como el brillante lucero matutino Tlawiskalpantēwktli.

Algunos historiadores no descartan que detrás de este mito existan algunos hechos concretos y verificables. Los primeros testimonios escritos sobre la presencia de la serpiente emplumada en el área maya no serían recogidos sino hasta 1545, cuando fray Bartolomé de las Casas —entonces obispo de Chiapas— fue informado sobre tradiciones orales de los indígenas de Campeche, en torno a la llegada siglos atrás de un principal llamado K'uk'ulkáan. Posteriormente, fray Diego de Landa abundaría sobre el tema en su famosa *Relación de las Cosas de Yucatán*:

> […] es opinión entre los indios que con los itzáes que poblaron Chichén Itzá, reinó un gran señor llamado K'uk'ulkáan. Y que muestra ser esto verdad el edificio principal de esta ciudad,

que se llama K'uk'ulkáan; y dicen que entró por la parte del poniente, y que difieren en si entró antes o después de los itzáes, o con ellos... y que después de su vuelta fue tenido en México por uno de sus dioses, y llamado Ketzalkōatl, y que en Yucatán también lo tuvieron por dios.

También los libros del *Chilam Balam* refieren que Chichén Itzá fue gobernada por Aj Naxkit K'uk'ulkáan. La propia crónica del *Chilam Balam* de Chumayel, o bien la *Historia de Yucatán* de Bernardo de Lizana, hablan de dos grandes eventos registrados en la memoria colectiva de los pobladores de Yucatán, que implicaron migraciones de distintos grupos étnicos hacia su territorio, la 'pequeña bajada' (*tz'etz' éemal*) —la llegada de poca gente, procedente del oriente— y una 'gran bajada' (*noj éemal*) —la llegada de mucha gente, procedente del poniente—:

> En el k'atún Cuatro Ajaw bajaron, gran bajada y pequeña bajada, así les llamaron.

Sin embargo, ¿quiénes llegaron? El propio *Chilam Balam* de Chumayel registra que fueron los itzáes quienes migraron hacia Yucatán —procedentes del Petén— en diversas oleadas. Llegarían primero a la laguna de Bacalar —en lo que hoy es Quintana Roo— en un k'atun 8 Ajaw (672-692); desde allí partirían y eventualmente tendría lugar su «descubrimiento maravilloso» de Chichén Itzá y cenote sagrado —en realidad, la mitad del área maya debía conocer ambos para

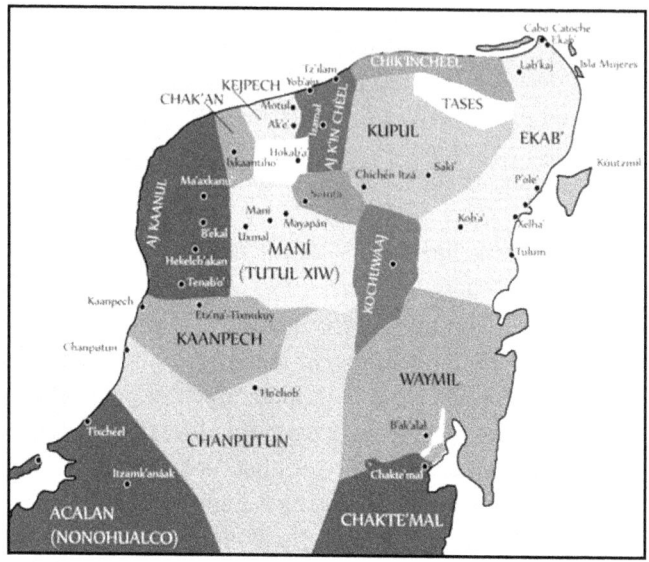

División política de la península de Yucatán en el siglo XVI, que se aproxima a las trece provincias fundadas —según las fuentes coloniales— desde la época de Chichén Itzá: Aj Kaanul; Kejpech; Hokab'a; Maní; Sotuta; Chik'inchéel o Chawakha'; Tases; Kupul; Kochuwáaj; Ekab'; Kúutzmil; Waymil; y Chanputun-Kaanpech. Mapa dibujado por el autor, con base en Ralph Roys.

entonces— donde permanecerían por espacio de diez k'atunes (751-948):

> [...] Trece k'atunes reinaron, según sus nombres. En ese tiempo se asentaron, trece fueron sus poblaciones».

Es de notar que situar la fecha del arribo de itzáes a Chichén Itzá entre el 731 y el 751 —una posibilidad en la lectura de los libros de *Chilam Balam*— resulta compatible con lo que hemos visto sobre Ek' Balam, cuyas inscripciones glíficas refieren la llegada del líder itzá Chak Jutuuw Kaanek' en 770. Hemos visto que los itzáes eran originarios de las tierras bajas del sur. Sus mitos de origen aluden a las «Nueve Montañas» de B'alunte'witz y a la montaña de la Estrella Serpiente (Kaanek'). Si bien avanzadas itzáes habían llegado desde tiempo atrás a sitios como Edzná y Ek' Balam —según hemos visto— no sería hasta después cuando establecerían su gran capital en Chichén Itzá.

El modelo de gobierno itzá mostró mayor capacidad de adaptación ante los grandes retos de la época que el extinto sistema centralizado de los grandes reyes clásicos. Así, en lugar de un «señor divino» todopoderoso, el sistema de gobierno itzá —según narran las fuentes coloniales— parece haber dividido su territorio o «partido el mundo» en cuatro parcialidades. En la cúspide del poder se ubicaba un líder, aunque apoyado en la figura de su sumo sacerdote. Bajo ambos se encontraban cuatro jefes o *b'atab'ilo'ob'*, cada uno de los cuales controlaba su respectiva parcialidad. Los itzáes dividieron entonces el territorio de Yucatán en trece provincias: Aj Kaanul, Kejpech, Hokab'a, Maní, Sotuta, Chik'inchéel o Chawakha', Tases, Kupul, Kochuwáaj, Ekab', Kúutzmil, Waymil, y Chanputun-Kaanpech. Con ello mostraban aún profundos vínculos con su tradición originaria de las tierras bajas del sur, pues cada provincia fungía como la sede rotativa de un k'atun particular dentro del gran ciclo *may*, que celebraba cada final de período con un ritual de «atadura

Perspectiva de la larga galería abovedada y las columnatas del Mercado de Chichén Itzá, Yucatán. Dibujo de reconstrucción de Tatiana Proskouriakoff.

de piedra» —análogo a los del período Clásico— conformando un circuito de doscientos cincuenta y seis años de duración (13 x 20 x 360 días).

CHICHÉN ITZÁ

Pocas capitales de Mesoamérica estuvieron tan cerca de materializar el ideal de Tulan-Suywa' como la majestuosa Chichén Itzá, «ciudad de los itzáes». Sin duda fue el más internacional y pluriétnico de todos los centros mayas, y tuvo lugar allí la máxima expresión del culto a la serpiente emplumada K'uk'ulkáan. Tras su fundación o «descubrimiento» por grupos migrantes de itzáes procedentes del sur, comenzaría a atraer poblaciones e ideas procedentes de distintas regiones —incluyendo Nonohualco, Veracruz y el México central— que otorgarían a su arquitectura y arte un carácter cosmopolita, llevándola a convertirse en un faro que iluminaría desarrollos posteriores en la península de Yucatán.

No obstante, Chichén Itzá tuvo una ocupación importante previa al arribo de grupos itzáes. Hacia fines del Clásico tardío, su arquitectura se vincula con los desarrollos estilísticos Puuc del poniente. Aún siglos atrás, existe evidencia de que fue un centro de peregrinación importante. El cenote sagrado es una cavidad natural de sesenta metros de diámetro. Numerosos centros mayas solían efectuar peregrinaciones hasta este lugar —en ocasiones desde casi quinientos kilómetros de distancia— para ofrendar a sus aguas primordiales diversos objetos de valor sagrado, hechos de jade, obsidiana, piedras preciosas y oro. Desde 1907, la zona fue inescrupulosamente dragada por Edward H. Thompson. Entre los objetos encontrados aparecería un retrato del gobernante de Piedras Negras Yo'nal Ahk II. Otro del rey palencano K'inich Kaan B'ahlam II data de 692.

Sin embargo, fue hacia la segunda mitad del siglo IX cuando la arquitectura y escultura de Chichén Itzá alcanzaron prodigiosos niveles de desarrollo. La primera inscripción jeroglífica de esta metrópoli como capital de los itzáes data de 832. Otra de 869 se encuentra en el edificio llamado Casa Colorada. Es entonces cuando surge la figura de K'ahk'upakal

K'awiil ('Fuego es el Escudo del Dios Relámpago'), máximo líder de la ciudad, quien gobernó entre 869 y 881. Entre sus muchos títulos está el de *kanan may* —guardián del orden sagrado o *may*— que podría contener la raíz ancestral del término «maya». Documentos del período colonial mencionan también a un líder llamado K'ahk'upakal y no puede descartarse que se trate de la misma persona. La fecha glífica más tardía parece haber sido plasmada en la estructura circular del Caracol, en el k'atun 8 Ajaw que concluyó en 10.6.0.0.0 (24 de junio de 948).

Durante la época de K'ahk'upakal parece haber sido construido el extraordinario Castillo —también conocido como el Templo de K'uk'ulkáan—, una pirámide radial de treinta y un metros de altura, incluyendo su templo superior. Sus lados miden 55,6 metros y cada una de sus cuatro escalinatas contiene noventa y un escalones (91 x 4 = 364) que, sumados a la base del templo, parecen representar los trescientos sesenta y cinco días del año solar o ciclo *haab'*. Fue cuidadosamente orientado astronómicamente por sus constructores para crear un sobrecogedor efecto de hierofanía de luz durante los equinoccios —cuando el sol proyecta las sombras romboidales de las esquinas de las plataformas sobre los costados de su escalinata frontal—. Simboliza el descenso de K'uk'ulkáan del cielo a la tierra, en forma de serpiente romboidal a través de las largas alfardas que rematan en dos grandes cabezas de serpiente emplumada. Si alguna vez llegó a Chichén Itzá un Ketzalkōatl-K'uk'ulkáan de carne y hueso no podemos asegurarlo, aunque en

Templo de K'uk'ulkáan (Estructura 5B18) en Chichén Itzá. Pirámide radial de treinta metros de altura fechada entre 886 y 891 d. C. Las alfardas en la cara sur rematan en sendas cabezas de la serpiente emplumada. Fue orientada astronómicamente para producir un efecto de hierofanía de luz durante los equinoccios, que simula el descenso de una gran serpiente romboidal por su escalinata.
Fotografía: Daniel Schwen.

forma metafórica, el majestuoso Castillo que dejó detrás sigue cumpliendo la promesa de su heroico regreso con cada equinoccio.

Por su parte, el Templo de los Guerreros comparte muchas similitudes con la Pirámide B de Tula, aunque el primero parece anterior. Ambos muestran columnas de serpientes emplumadas, motivos de jaguares y águilas devorando corazones humanos, amén de recipientes sacrificiales personificados (figuras de «Cháakmool»). También el Templo de las Jambas Jeroglíficas fue construido con un magnífico patio de columnas, similar a los de Alta Vista, La Quemada y el Palacio Quemado de Tula.

Es durante la segunda mitad del siglo IX que Chichén Itzá parece haber entablado contactos importantes con otras capitales de Yucatán como Uxmal y Edzná. En ambas se aprecian gobernantes con atavíos que indican su investidura mediante rituales de «toma de posesión» y el otorgamiento de costosas vasijas Silhó Anaranjado Fino —cuya distribución se extendía ya desde el área maya hasta Veracruz, Tehuacán, Cholula y el área de Teotihuacán—. Para entonces, los líderes de los linajes chontales-nawas parecen haber entablado alianzas con los gobernantes itzáes. Ello

Nombre jeroglífico del linaje Kaanek' (Estrella-Serpiente) en Chichén Itzá, Yucatán. Columna 5, Templo del Sur, Gran Juego de Pelota. Dibujo de Linda Schele.

explicaría vínculos entre los linajes Xiw y Koko'om —ambos mencionados en Chichén Itzá y Uxmal— o bien previamente entre aquellos del linaje de Lagarto (*Sipakti*) con el de *Kaanek'*, según registran imágenes y textos de Edzná, Ek' Balam y Chichén Itzá.

Se conformó entonces una vasta red de centros regionales que incluyó a Ek' Balam, Halakal, Acanceh, Dzilam, Ichmul de Morley, Ikil, Dzibilchaltún, Sayil, Uxmal, Oxkintok y Edzná, al tiempo que entablan vínculos comerciales con sitios tan distantes como Seibal. La cultura Puuc —previamente dominante— evoluciona hacia un nuevo estilo ecléctico, manifiesto en la arquitectura, cerámica y arte. Aparecen estructuras dedicadas a K'uk'ulkáan,

El culto a la serpiente emplumada K'uk'ulkaan en Chichén Itzá. Plataformas de la Terraza Norte.
Dibujo de reconstrucción de Tatiana Proskouriakoff.

con enormes cabezas de serpiente empotradas en sus fachadas. Surgen edificios con planta arquitectónica en forma de C, plataformas radiales y templos circulares dedicados al dios del viento E'ekatl —aspecto de Ketzalcōatl como dios del viento—, al tiempo que proliferan tipos cerámicos del golfo de México —Anaranjado Fino, Tohil Plumbate y Pabellón Moldeado-Inciso— y cobra su auge la cerámica Sotuta, que refleja el predominio de la cultura itzá. Toca a Uxmal erigirse como la principal capital de la región Puuc, al occidente de Yucatán.

Uxmal

Sesenta y dos kilómetros al sur de la actual Mérida se yergue soberbia la ciudad de Uxmal. Alcanzó su apogeo entre el 890 y el 910 d. C., bajo el reinado del poderoso Chan Chaahk K'ahk'nal Ajaw, perteneciente al linaje Tutul Xiw (del nawa 'joya de pájaro'). La Estela 13 lo muestra conferenciando con otro individuo que podría ser un capitán de guerra itzá aliado suyo.

La crónica del *Chilam Balam* de Tizimín registra que el linaje de los Tutul Xiw establecería su capital en Uxmal en un k'atún 10 Ajaw (quizá 652-672 d. C.) por conducto de Aj Suytok' Tutul Xiw. Diversas fuentes les atribuyen orígenes foráneos, ya bien procedentes de Nonohualco o, en última instancia, del México central, lo cual recuerda la llegada de Aj Koht Chowa' Naahkan a Edzná.

Uxmal, Yucatán. Palacio del Gobernador.
Dibujo de reconstrucción de Tatiana Proskouriakoff.

Fue en Uxmal donde la arquitectura Puuc alcanzaría el ápice de su desarrollo, según dan fe una constelación de edificios de muros bajos, frisos ornamentados, fachadas de cantera recortada y mascarones con la deidad Ave Principal Itzam Kohkaaj. Las principales estructuras que el visitante puede admirar hoy allí son el Cuadrángulo de las Monjas, el Palacio del Gobernador y el Templo del Adivino, de impresionantes proporciones. Una inscripción del juego de pelota data del año 901. Su última fecha glífica registra el año 907.

Tal y como hizo Chichén Itzá, Uxmal buscaría reflejar el ideal de Tulan-Suywa' en el mundo, convirtiéndose en una de las ciudades más importantes del nuevo orden internacional. Durante su auge, Uxmal pudo ejercer un control considerable del comercio marítimo que circundó el oeste de la península de Yucatán, a través de un puerto en la isla de Uaymil. A partir de entonces, un gran número de sitios de la región Puuc —como Edzná, Xcalumkín, Oxkintok, Sayil, Labná, Halakal y Kabah— adoptan cerámica de la esfera Ceh Pech. Sin embargo, el militarismo y la competencia entre sitios Puuc parecen haber aumentado progresivamente, según registra el texto de una larga escalinata jeroglífica descubierta en Sabana Piletas, fechada hacia el 860.

EL POSCLÁSICO TEMPRANO (900-1200 D. C.)

A partir del siglo X, la catástrofe ambiental en las tierras bajas centrales hizo más profundo el abandono y la drástica caída poblacional. En contraste, numerosos grupos étnicos mayas continuaban migrando hacia regiones anteriormente periféricas, en búsqueda de mejores condiciones de vida. Aumentó entonces significativamente la densidad poblacional del norte de Yucatán, Quintana Roo y Campeche. Difícilmente las tierras altas podían mantenerse al margen de procesos de tal envergadura. Así, a través de su control de las rutas comerciales estratégicas, chontales e itzáes pudieron facilitar la expansión de la lengua y cultura nawa (de ramas como el nawa-pipil o el nawatl de Veracruz) hacia el Soconusco —con abundante cacao—, las tierras altas de Chiapas, Guatemala, El Salvador, Honduras y Nicaragua; así como la costa del Pacífico.

Tula Xicocotitlán, Hidalgo, México. Posclásico tardío. Vista de los famosos «atlantes» en la cima de la Pirámide B —en realidad, guerreros ataviados según la usanza del nuevo orden internacional de Suywa'—. Obsérvense las anteojeras, pectoral de mariposa y lanzadados *atlatl*.

Llegamos así al Posclásico temprano (900-1.200 d. C.), cuando en el México central vivirían su era de esplendor ciudades como Tula-Xicocotitlán —cuna del legendario Se Akatl Topiltzin Ketzalkōatl— llegando a controlar los valles de México y de Puebla-Tlaxcala. Llegaría la era de los toltecas. Su vasto legado ideológico se conocería después como la tōltēcayōtl —cuyas raíces se hunden en la era previa de Teotihuacán—. No pocas culturas posteriores clamarían ser sus herederas, incluyendo las élites nawas de Tenochtitlan y Texcoco, para quienes cualquier ascendencia sanguínea tolteca dotaba de gran legitimidad. La influencia de los toltecas de Tula Xicocotitlán eventualmente alcanzaría las altas serranías de Oaxaca, donde hacia 1100 floreció la cultura mixteca bajo el mando del señor Ocho Venado —originario de Tilantongo—, quien lograría integrar una gran confederación de pueblos, que lo llevarían a controlar el valle central.

Fue entonces que se difundió extensivamente el uso de la metalurgia a través del área maya, el México central y el valle de Oaxaca. Si bien surgiría desde el Clásico tardío en el occidente de Mesoamérica, su desarrollo inicial no ha podido documentarse, lo cual sugiere que pudo difundirse desde algún lugar de Sudamérica —probablemente desde Ecuador y Colombia a través del Pacífico—. Ciertamente, los artesanos mesoamericanos llegarían a desarrollar innovaciones propias, tal y como demuestran una serie de discos de oro que fueron extraídos del Cenote Sagrado de Chichén Itzá, cuyos grabados conmemoran victorias militares de grupos del México central o Nonohualco sobre otros que podrían ser maya-itzáes. Siglos después cobraría tal desarrollo que aun los conquistadores españoles quedarían maravillados ante las creaciones de los orfebres mesoamericanos, como los peces de metal con escamas de oro y plata que podían comprarse en el mercado de Tlatelolco.

Disco de oro dragado del Cenote Sagrado de Chichén Itzá. La escena muestra el sacrificio de un cautivo enemigo por extracción de corazón, efectuado por un triunfante guerrero perteneciente a la orden militar del Águila.
Dibujo de reconstrucción de Tatiana Proskouriakoff.

A comienzos del siguiente k'atún 8 Ajaw (928-948), los libros del *Chilam Balam* narran el abandono de Chichén Itzá por los itzáes. Un k'atun después, en 6 Ajaw (948-968) tomarían por asalto el territorio chontal de Chak'anputun —posiblemente Champotón— donde establecen su nueva capital. De acuerdo con los libros del *Chilam Balam*, allí florecerían durante todo un ciclo *may* —doscientos cincuenta y seis años—. La arqueología muestra que durante esta época Champotón se convirtió en un puerto importante, conectado estratégicamente por un río navegable con la Laguna de Términos, sede de importantes puertos chontales como Xicalango. Hacia el oriente de Champotón, los comerciantes podían navegar con relativa facilidad a Isla Cerritos, Tulum y Santa Rita Corozal, desde donde podían continuar hacia las costas de Belice y el golfo de Honduras.

El incesante ciclo del *may* traería un nuevo k'atún 8 Ajaw —entre 1185 y 1204—, cuando las fuentes coloniales señalan que los itzáes abandonaron Chak'anputun. Les tomaría décadas fundar una nueva capital, aunque eventualmente lo conseguirían. El *Chilam Balam* de Chumayel señala un k'atún 13 ajaw (1263-1283) como la fecha en que los «hombres mayas» (*màaya winiko'ob'*) se establecieron en la ciudadela fortificada de Ichpatuun-Mayapán. En una versión alterna, fray Diego de Landa recogió tradiciones orales que atribuyen su fundación a Ketzalkōatl-K'uk'ulkáan en persona. Como quiera que haya sido, la relativa seguridad que ofrecía Mayapán —en medio de aquellos agitados tiempos— parece haber atraído a una gran cantidad de migrantes desde áreas periféricas. Sin duda algunos de los últimos supervivientes de la alta cultura de las tierras bajas centrales buscaron también refugio en Mayapán. Algunos expertos creen que los tres códices mayas que conocemos —actualmente resguardados en Dresde, Madrid y París— fueron producidos en una fecha cercana al florecimiento de Mayapán.

Mayapán fue construida a imagen y semejanza de Chichén Itzá —siguiendo el ideal de Tulan— si bien en escala mucho más modesta, incluyendo una versión «reducida» de su propio Templo de K'uk'ulkáan, junto al cenote Ch'en Mul. No obstante, dentro de sus murallas llegaron a erigirse hasta cuatro mil estructuras. Gobernó allí el linaje de los Koko'om —quienes previamente habían pertenecido a la alta nobleza de Chichén Itzá— e instauraron una confederación cuyo verdadero alcance desconocemos. Es probable que el término «maya», tal y como lo conocemos, se haya referido en algún momento a los habitantes de Mayapán. Lo cierto es que tras la destrucción de la ciudad, las élites que la habitaron se dijeron «mayas» para otorgarse jerarquía y prestigio —tal y como otras se dijeron «toltecas»— y así reclamar mayores derechos, merced a una real o supuesta descendencia ilustre.

Así, las poblaciones pluriétnicas bajo el gobierno itzá —la nueva «gente maya»— permanecerían en Mayapán hasta el siguiente k'atún 8 Ajaw, que da inicio en 1441. Para entonces había fuertes pugnas internas por el poder, que suscitaron la masacre de los gobernantes Koko'om por parte de Aj Xupan, descendiente del linaje Tutul Xiw de Uxmal. Desprovistas de su última gran capital, las poblaciones que la conformaron comenzarían nuevamente a emigrar. La Crónica de Calkiní —que data de 1595— refiere la salida del linaje Aj Kaanul tras la destrucción de Mayapán. Se declaran allí «gente maya del oriente» (maya winike'ti lak'ine'), aunque describen que sus ancestros fueron «hombres suywanos del poniente» (aj chik'ine' suywáao'ob').

Ello responde a la retórica de aquel entonces, según la cual toda autoridad derivaba en última instancia de Tulan-Suywa'. Tal discurso formó parte crucial del nuevo orden internacional, especialmente durante los rituales de «toma de posesión», cuando los caciques o *b'atab'ilo'ob'* debían pasar una serie de pruebas, que incluían acertijos formulados en la 'lengua de Suywa' (*suyuat'àan*), que cual bíblica Babel, evocaba el reflejo de una era previa a la caída de la humanidad en una gran confusión de lenguas.

La caída de Mayapán significó también la fragmentación de la península de Yucatán en una multitud de cacicazgos, fuertemente divididos. Uno de ellos tuvo su asiento en Tulum, de altas murallas. Allí se plasmaron magníficas pinturas murales en el llamado «Templo de los Frescos», o bien fachadas decoradas con relieves de estuco que muestran dioses descendentes identificados con Venus. Al mismo tiempo, se construyó un templo principal de cierta envergadura —su llamado «Castillo»— desde donde podía vigilarse la costa del Caribe mexicano, con sus paradisiacas playas y aguas de color azul turquesa, ante el riesgo constante de una invasión.

El Posclásico tardío (1200-1521 d. C.)

Muy lejos al oeste del área maya, sin duda marcaría un hito de gran trascendencia en toda Mesoamérica la fundación de México-Tenochtitlan en 1325. La última versión de Tulan, destinada a convertirse en la gran capital de los mexica, tras su legendaria peregrinación procedentes de Aztlán —y de las siete cuevas del mítico Chikomōstok—. Para 1434, Tenochtitlan conformaría el eje de la Triple Alianza, junto con Texcoco y Tacuba, llegando a controlar treinta y ocho grandes provincias y más de cuatrocientos pueblos.

Desde la caída de su último reducto de Mayapán, los itzáes habían emprendido otra más de sus largas migraciones, en busca de un nuevo comienzo, acorde

Sitio fortificado k'iche' de Chutix Ti'ox en las tierras altas de Guatemala.
Dibujo de reconstrucción de Tatiana Proskouriakoff.

con el orden sagrado del *may*. Esta vez decidieron regresar a su patria original, en el corazón del Petén. Establecen entonces su capital en la isla de Noj Peten (isla grande) y llaman a su territorio Taj Itza' (Tayasal). Reproducen allí el mismo tipo de organización que habían implementado antes en Chichén Itzá y Mayapán, dividiendo el territorio en cuatro parcialidades, regidas por otros tantos *b'atab'ilo'ob'*, líderes de cada linaje: los Kanek', los Ko'woj, los Pana y los Tut, bajo el mando de su rey Kaanek' en Noj Peten, cuyo poder no era absoluto, pues debía consultar con ellos toda decisión importante.

En las tierras altas de Guatemala, siglos atrás había ocurrido el colapso de la mayor de sus capitales a través de los siglos: la gran Kaminaljuyú —en la actual ciudad de Guatemala— abandonada definitivamente hacia 1200 d. C. —durante la fase Esperanza tardío—. Al igual que había ocurrido antes en Nonohualco, la región de la costa del Pacífico se había convertido en un segundo «crisol» cultural tras el colapso del Clásico terminal. Confluyeron allí poblaciones de origen nawa —de las ramas pipil, nawatl y yaki— chontales y mayas —. Sus descendientes fácilmente pudieron migrar desde allí para colonizar vastas porciones de las tierras altas de Guatemala —encabezados por grupos de guerreros—, que tras la caída de Kaminaljuyú habían quedado prácticamente indefensas. Una posible lectura de las fuentes coloniales postula que estos migrantes pertenecían a siete grupos distintos —las siete naciones—, tres bajo el mando de los ancestros de los k'iche' —nima' k'iche', tamub' e ilokab'—; otros tres liderados por los ancestros de los grupos kaqchikeel, rab'inal y tz'utujil, más un grupo nawa llamado tepew yaki.

El culto a la serpiente emplumada en las tierras altas de Guatemala. Marcador de juego de pelota en Mixco Viejo. Fotografía de Simon Burchell.

Los linajes mayas de tierras altas conformaron sistemas de gobierno distintivos —aunque compartían algunos rasgos con los de sus contrapartes itzáes de Noj Peten—. Su unidad principal era el linaje. Estos se conformaban a su vez de sublinajes. —como los ajaw k'iche', kaweq', nijaib' y sakiq, pertenecientes al linaje de los nima' k'iche'—. En sentido inverso, varios linajes podrían agruparse para formar un *tinamit* o asentamiento. Eventualmente, los k'iche' unirían sus *tinamit* en una suerte de confederación, estableciendo un sistema de mando centralizado desde su primera capital en Jakawitz (Chitinamit). Bajo el mando de K'itze' B'alam, la nación k'iche' comenzaría a dominar a los demás pueblos no autóctonos, descendientes de las «siete naciones», amén de otros como los qekchi'es, mames y los pipiles —de origen nawa—, quienes buscarían integrarse en confederaciones similares. El rey Tzik'in se valió entonces de los subyugados kaqchikeel para someter a los poqomames y conquistar Rab'inal. Posteriormente mudarían su capital a Pismachi', y dos generaciones después a Mukwitz Chilok'ab', donde reinó el gran K'otuja' —quien recurrió a los matrimonios políticos para reforzar sus vínculos con los kaqchikeeles y los tz'utujiles—. Después tocaría el turno de asumir el trono a su hijo, el legendario Q'uq'umatz, quien sin duda se cuenta entre los más grandes reyes del pueblo k'iche'. Se le atribuía el poder del *Nawal* —capaz de transformarlo en inverosímiles criaturas, o de hacerlo volar por los aires—. No obstante, fue durante la época del rey K'iq'ab' cuando la nación k'ich'e' alcanzaría su mayor apogeo. Para entonces habían trasladado su capital principal a la ciudad fortificada de Q'umarkaj (Utatlán). Tras su era vendría el declive. Hacia 1470 los Kaqchikeel lograrían derrotarlos y, una vez libres del yugo k'iche', lograrían consolidarse como una potencia regional desde su capital en Iximche', hoy Tecpán, en Chimaltenango.

Gran parte de lo que sabemos acerca de la mitología y la cultura k'iche' proviene del célebre *Popol Wuj* o 'Libro del Consejo', considerado la obra cumbre de

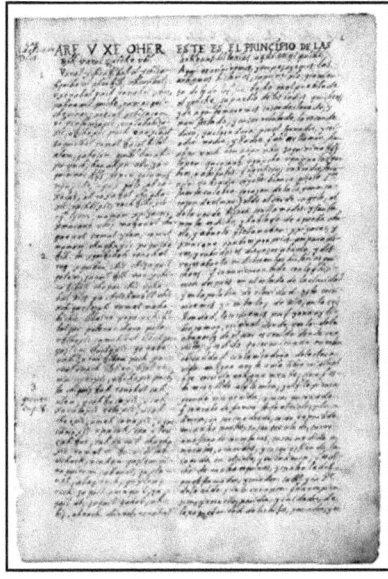

La primera página del *Popol Wuj* o 'Libro del Consejo', preservado en la biblioteca Newberry de Chicago.

la literatura maya. La versión original fue escrita por linajes de Chichicastenango, valiéndose del alfabeto latino, hacia mediados del siglo XVI. Fue descubierto hacia 1701 por el párroco fray Francisco Ximénez en Santo Tomás Chuilá (hoy Chichicastenango). Refleja la forma en que la milenaria tradición maya comenzó a asimilar la influencia europea y el cristianismo. Su primera parte narra la creación del Cosmos por obra de los dioses primordiales, el Corazón del Cielo Jurakan —quien se desdobla en tres aspectos—, Tepew y Q'uq'umatz —apelativo k'iche' de la serpiente emplumada—. La segunda parte narra la epopeya de los héroes gemelos, Junajpu' e Ixb'alanke', quienes superan con su habilidad y poderes una serie de pruebas —enfrentando a la vanidosa deidad celeste Wuqub' Kaqix y al gran lagarto terrestre Sipakna'—, culminando con su victoria sobre los temibles dioses de la muerte en la mítica cancha del juego de pelota de Xib'alb'a' (el inframundo).

La tercera parte narra la creación de los primeros hombres de maíz —*ixi'm winiko'ob'*— en Paxil Kayala', allí donde nace el sol. Sus nombres fueron B'alam Quitze, B'alam Akab', Mahukutah e Iqui-B'alam, y junto con su progenie emprenden una travesía desde Paxil, que les llevaría al paraíso terrenal de Tulan-Suywa', al otro lado del mar, relacionado con Wukub'-Pek, Wukub' Siwan ('las siete cuevas y siete barrancas'). Es difícil pasar por alto el paralelismo que guarda este lugar con el legendario Chikomōstok —enigmático lugar de origen de las siete tribus nawas que dominarían después el altiplano central mexicano—, buscado en vano por los estudiosos desde el siglo XVIII. Por su parte, también el *Título de Totonicapán* —que data de 1554— ubica Tulan-Siwan en ultramar, al referir que desde allí llegaron a territorio k'iche' los líderes de las 'siete naciones de Tekpan' —*wuqamaq' tlekpan*— sin más posesiones que el poder y sabiduría del *Nawal*.

Los mitos de origen del pueblo Kaqchikeel muestran raíces comunes, aunque también intrigantes variantes. En el *Memorial de Sololá* —escrito alrededor de 1604— se habla de cuatro Tulanes distintos, ubicados hacia los rumbos cardinales, siendo el occidental el que daría origen a la nación Kaqchikeel. Valiéndose de tales narrativas fundacionales, los estudiosos han buscado infructuosamente la ubicación geográfica de la legendaria Tulan-Suywa' al oeste —en Nonohualco, Teotihuacán y Tula—; al norte —en Chichén Itzá o Alta Vista y La Quemada—; y, más recientemente, al este —en la gran Copán—, aunque ciertamente ninguno de estos lugares corresponde a la descripción de un paraíso terrenal «al otro lado del mar».

Dondequiera que haya estado Suywa', los progenitores de las 'siete naciones de Tekpan' —ancestros de los k'iche', kaqchikeel, tz'utujiles, q'eqchi'es y mames— buscaron en repetidas ocasiones regresar allí, a fin de recibir las insignias de poder —el ritual de «toma de posesión»—de manos de su gran rey Nakxit, quien era el único que podía investirlos de autoridad como *Ajpop* —señores del trono— y legitimarlos con las sagradas escrituras de Tulan-Suywa'. Para muchos, Naxkit no es sino la forma que cobraría Ketzalkōatl-K'uku'lkáan tras haber desaparecido en el mar de oriente —a bordo de su barca de serpientes— al lugar donde fue entonces ningún mortal pudo seguirlo, pero fundaría allí una Tulan más, en Suywa', con sus siete cuevas, sus siete barrancas y su entrada custodiada por un gran murciélago, según cuenta la leyenda.

La gran ciudad de Tenochtitlan vista desde el mercado de Tlatelolco. Mural de Diego Rivera en el Palacio Nacional, México D. F. Fotografía de Wolfgang Sauber.

La Conquista

«Será arrollado el itza' y rodará la ciudad de Táankaj». Así fue de alguna manera «profetizado» en el *Chilam Balam* de Maní lo que habría de ocurrir —o lo que ya había ocurrido— durante el k'atun 13 Ajaw (1520-1539), incluyendo la llegada de extranjeros barbados procedentes del oriente, en cuyas palabras «no había verdad».

En el Caribe, la isla de Cuba había sido conquistada algunos años atrás. En febrero de 1517 zarparon desde allí tres navíos bajo el mando de Francisco Hernández de Córdoba. Llegaron primero a lo que es hoy Isla Mujeres, cerca de Cancún, encontrando un territorio fuertemente dividido en incontables cacicazgos. Tras bordear las costas de Campeche, hallarían la población de Champotón, donde serían repelidos por hordas de guerreros bajo el mando del cacique Moch-Ko'woj ('dedos de tarántula'), forzándoles a regresar a Cuba. Las historias que suscitó este viaje —sobre la existencia de fabulosas ciudades repletas de oro— pronto motivarían una segunda expedición, la de Juan de Grijalva. Desembarcarían primero en la isla de Cozumel, desde donde navegan hacia el sur, pasando junto a Tulum. La vista de sus murallas y templos impresionó a la tripulación —sin sospechar siquiera la existencia de capitales mucho mayores, abandonadas siglos atrás—, aunque prudentemente decidieron evitar a sus fieros guerreros. Tras virar en redondo, Grijalva siguió la misma ruta de su predecesor, que los llevaría directamente a Champotón, donde se enfrentarían también al iracundo Moch-Ko'woj —esta vez con mejor suerte—, tras lo cual descubrieron la Laguna de Términos, donde desemboca un río, bautizado como Grijalva, en honor de su capitán. Eventualmente llegarían a Veracruz, donde entablarían contacto por primera vez con la alta cultura de los mexicas o «aztecas», quienes controlaban el comercio regional, incluyendo cacao, textiles finos, piedras preciosas, oro y plata.

Cortés dialoga con nobles indígenas, asistido por su su intérprete de origen maya-chontal Malintzin, «La Malinche». Lámina del Lienzo de Tlaxcala, siglo XVI.

Tal y como anunció Ketzalcōatl, fue en un año Uno-Caña —febrero de 1519— cuando zarpó de Cuba una tercera y más ambiciosa expedición —conformada por once navíos, cuatrocientos hombres y unos cincuenta caballos—, bajo el mando del aguerrido capitán Hernán Cortés. Siguiendo la ruta de Hernández de Córdoba, desembarcaría primero en Cozumel. Sin embargo, los relatos acerca de fabulosas riquezas apremiaban al pragmático Cortés a partir sin demora hacia Laguna de Términos —procurando esta vez evitar Champotón—. Hace su llegada al puerto chontal de

Xicalango, donde derrota al cacique local. Como parte del botín obtenido, toca a Cortés recibir una princesa chontal, la célebre «Malinche» —después bautizada como Doña Marina—. Poco después fundaría la Villa Rica de la Vera Cruz, y los eventos que se suscitan a partir de entonces desencadenarían la gran epopeya de la Conquista de México-Tenochtitlan —el 13 de agosto de 1521— que culmina con la victoria del ejército de Cortés sobre la Triple Alianza, con la ayuda de sus aliados totonacos y tlaxcaltecas.

Los pormenores de este episodio trascendental son narrados en muy diversas obras. Nuestra historia prosigue con lo que ocurriría poco después, dentro del territorio maya, cuando en 1523, Cortés encarga a su valeroso —aunque despiadado— lugarteniente Pedro de Alvarado emprender una temeraria expedición, con el objetivo de lograr la conquista de Guatemala. Al mando de trescientos soldados, caballería y cientos de aliados tlaxcaltecas, Alvarado atravesó la región del Soconusco —habitada por mayas y mije-sokes—, desde donde se internaría en lo que hoy es Guatemala. Allí le aguardaba la férrea resistencia organizada del ejército k'iche'. Sobrevendrían cruentas batallas, primero en Zapotitlán. Otra bajo las faldas del volcán Santa María hizo que se tiñeran de rojo las aguas del Olintepeque (llamado después Xeq'iq'el, 'río de sangre').

El momento decisivo llegaría en febrero de 1524, con el épico enfrentamiento entre los ejércitos de Alvarado y del gran capitán *adelantado* Tekum Umam —nieto del gran rey K'iq'ab'— en los llanos de

El Pinar. Es aquí donde historia y leyenda se funden, pues fuentes indígenas como los títulos de K'oyoi y de Otzoya, así como la crónica del español Fuentes y Guzmán, coinciden en que la superioridad de las armas de fuego europeas hizo que los aguerridos k'iche' procuraran valerse «de mayores fuerzas que las humanas» —del poder del *Nawal*—. Así, mientras sus capitanes se transfiguraban en jaguares y pumas, el propio Tekum Umam se convirtió en un águila de verdes plumas en su duelo final contra Alvarado. Tres veces voló por los aires, logrando incluso arrancar la cabeza al caballo del conquistador. Sin embargo, la lanza del experimentado Alvarado —a quien ya ningún prodigio podía sorprender— acabaría por atravesarlo en su tercer ataque. Tras la muerte de su gran líder, el ejército k'iche' se rindió. Se dice que como un gesto al valor su enemigo caído, Alvarado consintió que tal lugar se llamase Quetzaltenango. Manda entonces incendiar la capital de Q'umarkaj (Utatlán), tras lo cual fundaría la villa de Santiago en 1524, sobre las ruinas de Iximché. Eventualmente, el resto de las tierras altas de Guatemala caerían bajo dominio español. En un principio, se valieron de una alianza con los kaqchikeeles para subyugar la resistencia del pueblo k'iche'. Después los usarían para someter a los tz'utujiles en su capital de Tz'iqinha' (Santiago Atitlán). Sin embargo, la acumulación de abusos eventualmente llevaría a los kaqchikeeles a romper su alianza con los conquistadores, lo cual provocó dos insurrecciones, que se tradujeron en cinco años de intensos combates, hasta que fueron

Monumento al héroe y líder k'iche' Tekum Umam, elaborado por Rodolfo Galeotti Torres. Quetzaltenango, Guatemala. Fotografía de Rud van Akkeren.

derrotados tras la captura de B'elejep K'at, el último de sus reyes.

También en 1524, fuerzas bajo el mando de Luis Marín —a quien acompañaba el famoso cronista Bernal Díaz del Castillo— emprenden un reconocimiento desde Veracruz hacia el interior de Chiapas. Tras enfrentarse a grupos maya-tzotziles —zinacantecos y chamulas—, logran descubrir el valle de Simojóvel. Posteriormente, hacia 1528 Diego de Mazariegos vence la resistencia de los indios chiapa —no originarios de la región— y establece el primer pueblo español en territorio maya, «Chiapa de Indias» —hoy Chiapa de Corzo—. Poco después fundaría la Ciudad Real de Chiapa —hoy San Cristóbal de las Casas—. En 1525, durante su expedición a las Hibueras —Honduras—, el propio Hernán Cortés pasa por Noj Peten, en Tayasal. Allí, el rey itzá Kaanek' lo recibe de buen grado, informándole de que estaba en posesión de buenas tierras para el cacao, cercanas al puerto de Nito. Al despedirse, Cortés deja bajo su cuidado un caballo herido, sin sospechar lo que de ello resultaría.

Mientras tanto, la codicia del oro se había encargado de alejar el interés europeo de Yucatán durante algún tiempo. Surgiría el sistema de la *encomienda*, que otorgaba a los conquistadores el usufructo de la tierra y los trabajadores indígenas, a cambio de enviar parte de las riquezas obtenidas a la Corona. En 1526, un noble originario de Salamanca llamado Francisco de Montejo —fogueado en las expediciones de Grijalva y Cortés— conforma una pequeña flota con la cual intentaría someter Yucatán. Tras cerciorarse de contar con el respaldo del emperador Carlos V, emprende dos expediciones en 1527 y 1531. En ambas se toparía con la férrea resistencia de los mayas de Yucatán y Quintana Roo, que costaría la vida a muchos de sus hombres, llevándole a un fracaso inicial. Sin embargo, en 1540 emprende una tercera expedición —esta vez acompañado por su hijo «el Mozo» y «el Sobrino», también llamado Francisco Montejo— en la cual factores inesperados jugarían a su favor, ya que sus campañas previas provocaron brotes de epidemia, que aunadas a devastadoras sequías, acabarían por diezmar a numerosas poblaciones. Los sobrevivientes habían caído en fuertes pugnas internas, derivadas de los añejos conflictos entre los linajes Tutul Xiw y Koko'om —cual fantasma de tragedias recurrentes—. Tras desembarcar nuevamente en Champotón, los Montejo se trasladaron a Kaanpech, donde fundarían la villa de San Francisco de Campeche. Sin embargo, aún les aguardaban serias dificultades, pues el *b'atab'il* de la provincia Aj Kaanul mandó a sus guerreros atacarlos repetidamente, hasta que lograron cercarlos. Con grandes esfuerzos, «el Sobrino» consiguió escapar con un contingente hasta las ruinas de Ixkáanti'ho', donde eventualmente su primo «el Mozo» le alcanzaría con refuerzos.

Lo que siguió después fue el sitio de Mérida. Tras meses de repeler ataques continuos y sintiéndose perdidos, sobrevino en junio de 1541 la batalla decisiva, cuando la fortuna quiso que los Montejo lograsen causar gran mortandad entre las filas de guerreros mayas, cuya moral decayó. De inmediato atribuyeron su triunfo a la intervención divina. Poco después, el cacique Tutul Xiw de Maní capitularía ante ellos, sometiéndose a la Corona española y la autoridad del rey de Castilla. Sobre las ruinas de Ixkáanti'ho' —habitadas siglos atrás por los reyes de Dzibilchaltún— se fundó la ciudad de Mérida. Convertir a los pobladores de la provincia de Maní a la fe católica solo sería cuestión de tiempo. Para tal fin se construyeron grandes conventos de amplios patios —como el de

Izamal— donde en un solo día podían ser bautizados cientos de indígenas. Así, desde el k'atun 11 Ajaw (1539-1559), la crónica de Chumayel expresa que los hombres mayas abandonarían sus nombres originales, a cambio de nombres «cristianos», impuestos por los conquistadores. Sin embargo, la situación era inestable, y en 1546 estallaría una de las más cruentas rebeliones indígenas, cuando una unión de pueblos del oriente de la península intentó sacudirse el yugo español. Para sofocarla, las autoridades tuvieron que recurrir a los servicios de sus nuevos aliados de Maní, los Tutul Xiw.

Un personaje polémico de la historia colonial fue el obispo fray Diego de Landa, quien llegó a las costas de Yucatán desde 1549 con veinticinco años de edad. Pronto mostró un celo inusual en su deber, que lo llevaría a ascender hasta convertirse en la cabeza de la orden franciscana en Yucatán. Sin duda tuvo algún otro rasgo positivo de carácter, pues intentó defender a poblaciones mayas de los abusos de *encomenderos*. En 1566 escribe su célebre *Relación de las Cosas de Yucatán*. En ella buscaba describir el modo de vida de los mayas —ahora súbditos de la Corona— a las cúpulas eclesiásticas, para lo cual se valió de informantes letrados, miembros de la caída nobleza maya —como Gaspar Antonio Chi—. Su obra probaría ser un tesoro de información, pues sus detalladas explicaciones proporcionarían muchas claves para el posterior desciframiento del calendario y escritura mayas. Sin embargo, su figura es tan capaz de despertar sentimientos encontrados como las de Cortés o Alvarado. Sus fuertes prejuicios religiosos —fruto de su época— son la causa de que hoy día contemos únicamente con tres códices mayas auténticos, ya que mandó quemar cientos o miles de ellos —junto con ídolos y objetos sagrados— durante el funesto *auto de fe* de Maní acaecido en 1562, en el cual muchos mayas murieron tras ser torturados.

Unos quince kilómetros al oeste de Toniná, frailes dominicos fundarían en 1545 una iglesia en el pueblo de Yaxwite', aunque la sublevación indígena de 1558 los forzaría a cambiar de sede a lo que hoy es Ocosingo (del nawa Okotzinko, 'lugar de árboles de ocote'). Después fray Pedro Laurencio fundaría otras en Tumbalá, Yajalón y Santo Domingo de Palenque. Para entonces, fueron nombrados gobernadores españoles para las distintas provincias de Yucatán. Ello ocasionaría que se prestase mayor atención al grave problema que suponía la independencia de los itzáes para la Corona. Así, en 1618 son enviados desde Mérida dos franciscanos —Bartolomé de Fuensalida y Juan de Orbita— hacia las densas selvas del Petén. Al llegar a Noj Peten serían bien recibidos por el rey Kaanek', aunque se percatan allí de la existencia de un extraño culto dirigido a Tzimin Cháak ('dios relámpago tapir'). Su sorpresa sería mayúscula cuando son llevados ante su templo, donde se veneraba un insólito ídolo de piedra en forma de caballo, animal supuestamente desconocido en Mesoamérica. La solución del enigma resultó simple: la muerte del caballo dejado por Cortés casi un siglo atrás condujo a su apoteosis. El horror se apoderó de Orbita. Fuera de sí hizo añicos la abominable estatua. A punto de ser linchados por su afrenta, Fuensalida pronunció un inspirado sermón que salvaría la vida de ambos, sin embargo, el incidente dañó fatalmente la confianza de los itzáes hacia los europeos.

Pero la unidad itzá comenzaría a fragmentarse. Uno de los grupos sujetos a la autoridad del rey Kaanek' —los Mopanes— parece haberse ramificado hacia lo que es hoy Belice, donde se especializarían en el comercio del cotizado cacao desde el puerto de Nito. Surge así la nación Mopán-Itzá. Otro linaje que buscaría independizarse de Noj Peten sería el de los Xokmo', quienes hacia 1620 se establecieron en torno al río Cancuén —cerca de los límites con las tierras altas de Verapaz— en su búsqueda de recursos como el cacao y el achiote. Su insurrección les valdría ser atacados repetidamente por sus propios parientes itzáes, quienes por otro lado ambicionaban tomar posesión de las salinas de los Nueve Cerros —la mítica *B'alunte'witz* de sus mitos fundacionales—. Ello suscitaría combates contra otros grupos de la región —ch'oles, lacandones y mopanes—, aunque, una vez que lograron controlar el suministro de sal, los itzáes pudieron comerciar ventajosamente con estos.

En 1623 y 1624, dos incursiones más en el territorio itzá de Noj Peten dejan como saldo casi doscientos soldados y civiles españoles muertos, entre ellos el fraile Diego Delgado. Ello dio pie a políticas cada vez más agresivas de la Iglesia católica. Hacia 1630 la orden de los dominicos intensificaría su presión para evangelizar a sus vecinos ch'oles de

Manché. Ante la amenaza que representaba la construcción de una villa española cerca de su territorio, los itzáes lanzaron un ataque devastador sobre el poblado ch'ol de San Miguel. El furor con que repudiaban los avances españoles arrastraría a otros grupos ch'oles de la región a rebelarse ante la Corona, aun cuando ello les forzaba a migrar hacia nuevas regiones. En1636, un nuevo ataque itzá provocaría la evacuación de misiones franciscanas a lo largo de los ríos de lo que es hoy Belice, dejando vía libre a los piratas ingleses para ocuparlas.

Mientras tanto, fray Diego López de Cogolludo resumiría de esta forma la situación prevaleciente en la península de Yucatán hacia 1688:

> [...] todos los indios de aquella provincia, que están a cargo de nuestros frailes, hablan una lengua que se llama màayat'àan o lengua de maya, excepto los de Campeche que difieren en algunos vocablos y llámase su lengua Kaanpecht'àan, y los de Tixchel que tienen otra lengua más diferente, llamada putunt'àan o chontal.

Llegaría entonces el histórico encuentro entre el padre Avendaño y el rey Kaanek' de Tayasal en 1996. Instado a rendirse ante la corona española, la sorprendente respuesta de Kaanek' fue que todavía no era llegado el tiempo en que sus profecías les anunciaban que debían abandonar a sus antiguos dioses. Paradójicamente, tal momento no estaba lejos en absoluto, pues el año siguiente se cumplían doscientos cincuenta y seis años —otro ciclo *may* de trece k'atunes— desde que los itzáes establecieran su capital en Noj Peten. Fue como si la creencia en la implacable rueda del tiempo cíclico se impusiera sobre el curso natural de los hechos: con la llegada del k'atun 8 Ajaw, el líder itzá Kaanek' intentaría pactar con los españoles, a fin de permanecer en el poder, lo que le valió ser traicionado por el *b'atab'il* de Ko'woj —en complicidad con Aj Chan y Ch'amach Sulu—. Llegó entonces una galera con ciento ocho soldados españoles bajo el mando del capitán general don Martín de Ursúa, quien logró tomar por asalto una desolada Noj Peten e hizo prisionero al rey Kaanek' —ante las calumnias formuladas en su contra por el líder Ko'woj y sus cómplices—. Tras la pérdida de su máximo líder, el orden *may* del gobierno itzá se resquebrajó. Siguieron luchas internas, con cada parcialidad buscando imponerse sobre las demás, pero el roce con españoles traería un enemigo invisible: los virus europeos, para las cuales el sistema inmunológico indígena carecía de anticuerpos. Poblaciones enteras serían diezmadas. Cayó así la última ciudad de los mayas. Los templos y palacios de Noj Peten fueron destruidos para fundar la villa española de Flores.

Epílogo

COLONIA Y REBELIONES INDÍGENAS. MAYAS DE AYER Y DE HOY

Tres siglos de dominio español habían transformado la faz de las tierras bajas centrales, tornándola irreconocible. A través de los siglos XVII y XVIII, *encomenderos* españoles y ladinos de la Nueva España y la Capitanía General de Guatemala continuaron enriqueciéndose mediante la explotación de sirvientes mayas —quienes laboraban prácticamente en condiciones de esclavitud—. Los abusos e injusticias sobre la población indígena se habían vuelto cotidianos. Salvo muy honrosas excepciones, eran cómplices en ello gran número de autoridades y miembros del sacerdocio, imponiéndoles estos últimos pesadas cuotas por administrar los sacramentos. La situación general de la población era de pobreza extrema, con la excepción de oportunistas caciques, prestos a colaborar con el gobierno virreinal. Unos pocos grupos buscaron escapar —como los lacandones—, internándose en lo más recóndito de las selvas de Chiapas, que entonces se hallaban bajo el control de la Capitanía General de Guatemala. Mientras tanto, las otrora paradisiacas costas del Caribe eran ahora surcadas por barcos piratas, que desde Belice y la Isla del Carmen asolaban Bacalar y Campeche, mientras estas se defendían desde baluartes fortificados.

Eran momentos de extrema volatilidad. En algunas regiones, la intolerable situación dio origen a numerosas revueltas. En 1708 estallaron motines en la capital tzotzil de Zinacantan y en Yajalón, como preludio a la rebelión tzeltal de 1712, cuyo epicentro se localizó en Canuc, al borde de las tierras altas de Chiapas. Tuvo un fuerte componente religioso, motivado por una supuesta aparición divina que propició el surgimiento de un culto, que rápidamente se expandiría a comunidades tzeltales y tzotziles cercanas. El clero católico buscó suprimirlo, aunque se enfrentaría a una tenaz defensa, organizada por cerca de veinte pueblos que declararon la guerra al régimen colonial, al tiempo que fundaron una iglesia paralela. Cruentas batallas fueron libradas en Chilón, Ocosingo, Huixtán y Ciudad Real. Finalmente, tres ejércitos enviados desde Guatemala, Tabasco y Chiapas tomarían el pueblo de Oxchuc y poco después Canuc, sofocando así la revuelta.

Otra peligrosa insurrección —que sin duda reflejó también la recurrencia de los engranajes cíclicos del *may*— fue la que lideró el maya yucateco Jacinto Uk, quien después cambiaría su nombre a Jacinto Kaanek', en un intento de vincularse con los reyes itzáes de antaño. En noviembre de 1761 llegó a Kisteil, dentro de la provincia de Sotuta, a veinticuatro leguas de Mérida, y sólo unos pocos días después sería aceptado como líder por la mayoría de la población. Tras exhortarlos en lengua maya a sacudirse el pesado yugo de la Corona, los hechos se precipitarían con la llegada de un mercader español, quien tras intentar cobrar deudas entre la población, resultaría muerto por Kaanek'. Ello le valdría ser coronado «rey» de Kisteil. Sus seguidores lo envuelven con el manto azul de Nuestra Señora de la Concepción y le otrogan un cetro de mando. Un aspecto distintivo de esta contienda fue la manipulación consciente de Kaanek' de profundos símbolos de identidad maya, atribuyendo algunos de sus triunfos a poderes sobrenaturales —como el *Nawal*— y a profecías de los libros del *Chilam Balam*. Así, logra en primera instancia derrotar a fuerzas bajo el mando del capitán Tiburcio Cosgaya —a quien daría muerte—. Antes de que las cosas fuesen demasiado lejos, el gobernador de Yucatán envío un ejército de quinientos soldados fuertemente armados, quienes se enfrentaron a mil quinientos indígenas bajo el mando de Kaanek'. La superioridad del armamento europeo sería decisiva, provocando una gran mortandad en las filas indígenas, tras lo cual sería quemado Kisteil. Kaanek' lograría huir a Huntulcháak e intentaría reagruparse, aunque sería aprehendido en

Sib'ak, tras lo cual se le condenó a una brutal muerte. La sentencia se cumplió en la plaza mayor de Mérida.

En 1821 se consumó la independencia de México, dando fin a cuatro siglos de dominio español. Tal proceso tuvo fuertes repercusiones entre los habitantes de la Ciudad Real de Chiapa, que pertenecía a la Capitanía General de Guatemala. Tras celebrarse una votación entre las distintas provincias, el 14 de septiembre de 1824 se proclamó su anexión formal a México. Yucatán también pasó a formar parte del nuevo federalismo mexicano, sin embargo, el nuevo régimen era contrario a los intereses y privilegios de las élites locales, lo que les llevó a organizar una rebelión en 1839. Mediante ofrecimientos de tierras y exención de impuestos, buscaron atraer a su causa a cuantiosos grupos de población maya, a los que dotaron por primera vez de armas.

La participación indígena resultó fundamental para el triunfo inicial de la pretendida independencia de Yucatán, aunque el gobierno emergente incumpliría sus promesas, promulgando nuevas leyes que despojarían a los indígenas de sus territorios tradicionales de subsistencia y lugares sagrados. Por su parte, otra nueva ley sobre separación de bienes entre iglesia y gobierno privó a la última de recursos estatales, lo cual buscó compensar cobrando nuevos y extravagantes impuestos a la población indígena cuya frustración acumulada desencadenaría la rebelión indígena de mayor envergadura —llamada «guerra de castas»—. En 1847, ante el fusilamiento de uno de sus líderes en Valladolid —Manuel Antonio Ay— las nuevas tropas mayas atacarían Tepich y Tihosuco, asesinando unas ochenta y cinco personas. Las noticias de la masacre pronto llegarían a Mérida y el temor se apoderaría de la población blanca y mestiza, ante la amenaza de ser deportados —o peor aún, «arrojados al mar»— y que la península se convirtiese en una república maya independiente. El conflicto escaló rápidamente, cobrando connotaciones raciales.

En 1848, el gobernador Miguel Barbachano buscó infructuosamente un acuerdo de paz con el líder rebelde Jacinto Pat. Sobrevendrían nuevas confrontaciones, con victorias para ambos bandos. Eventualmente, la desigual correlación de fuerzas empujaría a los indígenas a atrincherarse en el sur de Yucatán y Quintana Roo, estableciendo su nueva capital del «estado maya» en el poblado de Chan Santa Cruz —hoy Felipe Carrillo Puerto—. Allí resistirían mediante tácticas guerrilleras y proselitistas, desarrollando el famoso culto de la «Cruz Parlante», que pronto se difundiría a otros bastiones rebeldes. En 1895 intervino el presidente de México —Porfirio Díaz— al ordenar a sus tropas recuperar Chan Santa Cruz. Años después se firmaría un tratado de paz, acatado por la gran mayoría de la población, cansada de una guerra que había cobrado ya casi doscientas cincuenta mil víctimas, y había arruinado las grandes promesas económicas del agave o henequén —llamado «oro» verde— y la caña de azúcar. No obstante, los mayas de Chan Santa Cruz mantendrían su rebelión hasta 1915, cuando un factor inesperado ayudaría a distender su hostilidad hacia blancos y mestizos: el gran negocio del chicle, que implicaba explorar las selvas tropicales para extraer la goma del árbol de chicozapote. Tras vencer su recelo inicial, los mayas acabarían integrándose a esta nueva industria. Una secuela de la industria del chicle fue el hallazgo de recónditas ruinas mayas engullidas por la selva, aunque al elevado costo que significó exponerlos al saqueo y destrucción modernos.

LOS MAYAS HOY

Hacia 1960 comenzaría la prolongada guerra civil de Guatemala, cuando el gobierno autocrático del general Miguel Ydígoras Fuentes —anterior ministro de la dictadura— propició la rebelión de algunos oficiales del ejército, entre quienes estaba Alejandro Yon Sosa. Tras ser derrotados, los disidentes huyeron, refugiándose en la clandestinidad. Se volverían los líderes de las fuerzas armadas de insurgencia. Detrás del telón, poderes mayores intervendrían en la contienda. Mientras el gobierno contaba con el respaldo de Washington, la guerrilla izquierdista fue apoyada por los de Moscú y La Habana. La violencia generalizada se recrudecería durante el gobierno de Julio César Montenegro. En 1982 surgiría la Unidad Revolucionaria Nacional Guatemalteca (URNG). Meses más tarde, tras un golpe de estado, asumiría el poder el ex general Efraín Ríos Montt. Sus agresivas políticas orillaron a muchos campesinos mayas hacia el dilema de enrolarse en las gubernamentales Patrullas de Autodefensa Civil (PAC) o en la guerrilla. Casi medio millar optaron por una tercera vía, que los llevaría a buscar refugio en México. Eventualmente las PAC recon-

Rigoberta Menchú Tum, quien recibió el Premio Nobel de la paz tras denunciar la opresión y luchar por los derechos humanos de la población indígena en Guatemala.

quistarían gran parte del territorio, aunque a un costo demasiado alto de vidas humanas.

En 1984, los países miembros del grupo Contadora —México, Colombia, Venezuela y Panamá— se reunieron en San José de Costa Rica con aquellos firmantes de la declaración de Lima —Brasil, Argentina, Uruguay y Perú— y representantes de la Unión Europea, a fin de establecer una ruta de diálogo y negociación encaminada a la pacificación de Guatemala. En 1985, una nueva Constitución trajo ciertos visos de democracia al país. A partir de entonces, gran parte de la lucha pudo encauzarse por terrenos más políticos. Tras haberse exiliado en México para escapar de la persecución del gobierno de su país, la escritora k'iche' Rigoberta Menchú —originaria de

Laj Chimel— recibió en 1992 el premio Nobel de la Paz, debido a su labor en pro de los derechos humanos y a su aclamada autobiografía —donde se opone a las dictaduras patrocinadas por Washington—, si bien algunos de los episodios que narra continúan suscitando polémica hasta nuestros días. La firma de los acuerdos de paz de 1996 permitió a Menchú regresar a su hogar, aunque la impunidad de militares y el saldo de unos doscientos mil muertos y cuarenta mil desaparecidos siguen siendo una herida abierta dentro de la dinámica sociedad guatemalteca del siglo XXI.

En México, durante el Año Nuevo de 1994 se alzaría en armas el Ejército Zapatista de Liberación Nacional (EZLN). Tras tomar momentáneamente varias cabeceras municipales de Chiapas —incluyendo San Cristóbal de las Casas— comenzaría a establecer municipios autónomos en las tierras altas de Chiapas, el valle de Ocosingo y la Selva Lacandona. Tras algunos años de enfrentar represión militar gubernamental y grupos civiles armados (paramilitares), a partir de 2005 anuncia en su Sexta Declaración que dejará las armas y orientará su lucha por cauces pacíficos. El EZLN se conforma en gran medida de un movimiento de resistencia indígena maya —integrado en su mayoría por tzeltales, tzotziles, tojolabales y ch'oles—, aunque integra también en su organización y bases de apoyo a población mestiza, sociedad civil organizada, varias ONG y simpatizantes mexicanos e internacionales. Buscando enfatizar los nexos del movimiento zapatista con un distante pasado maya, su vocero principal —el Subcomandante Marcos— suele incorporar en sus

El subcomandante insurgente Marcos. Líder importante del Ejército Zapatista de Liberación Nacional que surgió en 1994. Fotografía de José Villa.

alocuciones públicas pasajes del *Popol Wuj* o 'Libro del Consejo'. Otro vocero de la identidad indígena contemporánea es es el k'ich'e' Humberto Ak'abal —nacido en Momostenango—, cuyos vitales poemas expresan con fuerza el conflicto maya ante la modernidad, valiéndole recibir importantes reconocimientos, como el Quetzal de Oro y el Premio Continental Canto de América, conferido por la Unesco en 1998.

Conclusión

Hemos recorrido juntos los principales hechos que conformaron una de las grandes civilizaciones de la historia del mundo. Los remotos orígenes de los mayas proveen el tejido de su pasado mítico y legendario. Su llegada a las tierras bajas ocurrió más de tres mil años atrás, aunque era difícil adivinar hasta qué punto lograrían florecer en las difíciles condiciones de un entorno selvático. Su interacción con las grandes culturas de Mesoamérica supuso enormes retos, aunque resultaría fundamental para su desarrollo. Es cierto que algunas de ellas los superaron en fuerzas —como Teotihuacán—, aunque ninguna en refinamiento y logros intelectuales, especialmente durante el pináculo de la era de los grandes reyes clásicos.

Catástrofes recurrentes asolaron su historia, hasta el punto de llevarlos a concebirlas como parte de la inexorable regularidad de sagrados ciclos de tiempo. Desde la era preclásica, su avance hacia la gloria fue bruscamente interrumpido por sucesivos colapsos, aunque su tenacidad les permitió renacer fortalecidos de cada catástrofe —como sólo los grandes héroes de su mitología eran capaces de hacer—. El más severo de ellos sobrevino durante el Clásico terminal, cuando la sobrepoblación y la catástrofe ambiental se combinaron con incesantes guerras y la llegada de poderosas influencias externas, poniendo fin a la era de sus más grandes reyes divinos y provocando el abandono de la mayoría de sus portentosas capitales de alta cultura. Tras su caída, unas cuantas grandiosas metrópolis todavía tomarían su lugar —inspiradas en el ideal arquetípico de Tulan-Suywa'—, aunque la gloria de antaño se perdía y paulatinamente caerían en la decadencia. Unos pocos líderes conseguirían unificarlos, pero incluso ellos tendrían que partir, dejándoles desamparados, hasta que sus propias luchas internas acabarían por fragmentarlos.

Así los sorprendería la Conquista. Las batallas de Cortés contra el imperio de la Triple Alianza relegarían a los mayas a un segundo plano, del cual aún luchan por salir. Al principio la llegada de ambiciosos europeos los llenó de asombro, aunque pronto Alvarado y otros se encargarían de revelarles sus verdaderas intenciones. El dominio extranjero representó para ellos explotación e injusticias sin fin, mientras una extraña lengua tuvo que ser aprendida y un distante rey obedecido. Bajo pena de muerte debieron ocultar sus más íntimas creencias, ante el celo inquisitorial de la Iglesia católica, afanada en destruir sistemáticamente lo que nunca supo o quiso comprender. Si bien muchos serían convertidos a la nueva fe, otros revestirían a sus antiguos dioses de nuevos y bíblicos ropajes. Gran parte de la economía de la Nueva España se construyó con el sudor de su frente, aunque el reparto de las ganancias no los incluyó. Con la independencia de México —y posteriormente de Guatemala— llegarían promesas de libertad y de lugares más dignos para ellos en las nuevas e idealistas sociedades de América, aunque en muchos sentidos su cumplimiento sigue pendiente.

Los mayas no desaparecieron con la caída de su extraordinaria civilización. Tampoco es justo decir que su gran cultura se extinguió, aunque sin duda la influencia occidental la transformó irreversiblemente. Unos seis millones de ellos aún viven entre nosotros, divididos en treinta grupos étnicos distintos. Son ahora ciudadanos de los modernos países que ocupan el territorio de las tierras bajas que alguna vez fue suyo. En Campeche y Yucatán poblaciones numerosas aún hablan la lengua de los *màaya winiko'ob'*, mientras en Tabasco se escucha aún el yokot'àan y los tzotziles y tzeltales de Chiapas preservan aún grandes tradiciones. En Guatemala, la cantidad de grupos mayas resulta aún mayor, pues conforman casi la mitad de la población. Los más numerosos de entre ellos son los K'iche' y kaqchikeel, quienes participan activamente en la vida política de su nación. Mames, q'eqchi'es y tzutujiles añaden riqueza y profundidad a su herencia compartida. Por su parte, las identidades nacionales de Belice y Honduras serían impensables sin las poblaciones de mopanes y ch'orti'es que conforman sus respectivas sociedades. Aunque ciertamente, en todos estos países los hablantes de sus lenguas nativas cada vez son menos, ante el avance del español —introducido desde la Colonia— y más recientemente, del inglés, lengua común del nuevo orden económico de nuestro tiempo.

Muchas de sus comunidades son todavía regidas por sus autoridades tradicionales, aunque sólo las más alejadas de las ciudades modernas permiten a los ancianos y sacerdotes practicar aún el conocimiento del orden sagrado de su calendario. Sus ciclos todavía marcan el pulso de las labores agrícolas entre poblaciones como los ixil, de Guatemala, los chamula de Chiapas y otras más remotas aún. Allí, algunos campesinos mayas siguen dedicando ofrendas a los antiguos dioses. Sus nombres originales todavía son pronunciados en oscuras cuevas y apartadas milpas. Para ellos, K'inich Ajaw, Ixi'm, Chaahk y K'awiil no se han ido. Su poder ancestral les permite devolver las plegarias dirigidas a ellos en forma del nutritivo calor, la vital lluvia y la fuerza del relámpago, asegurando así el éxito de sus cosechas. Quien conoce su historia puede aún captar ecos de un remoto pasado en el ritual de Maximón de Santiago Atitlán; en ceremonias de petición de lluvia y de fertilidad como la del *Ch'acháak* que realizan comunidades de Campeche y Yucatán; o bien en la danza del Pochó que aún perdura en Tabasco.

Así, su cultura resiste heroicamente el embate de la modernidad. Luchan por mantener su identidad en la era de la información, el neoliberalismo y la globalización, aunque estos fenómenos modernos avanzan implacables en pos de las riquezas que aún encierra su territorio. Pese a todo, hemos visto que un tema destaca entre los muchos que conforman su extraordinaria riqueza histórica: su habilidad para superar los más imponentes desafíos. Su sangre resguarda aún la herencia que les ha permitido sobrevivir, desde al menos el sexto hasta el decimosegundo de sus b'ak'tunes. Ahora, mientras ciclos tan sobrecogedores reducen nuestra propia escala de tiempo humano a un suspiro, ellos aguardan la llegada inminente del decimotercer b'ak'tun. ¿Podrán los hombres del maíz *ixi'm winiko'ob'* triunfar heroicamente de nuevo? Quizá entonces revelará su verdadero sentido la voz de la nación k'iche', expresada en los versos de Ak'abal:

> Nos han robado
> tierra, árboles, agua.
> De lo que no han podido adueñarse
> es del *Nawal*.
> Ni podrán.

Bibliografía

AVENI, Anthony. *Skywatchers*. Texas, EE. UU.: University of Texas Press, 2001.

BARRERA VÁZQUEZ, Alfredo y RENDÓN Silvia. *El libro de los libros de Chilam Balam*. México, D. F.: Fondo de Cultura Económica, 1948.

HOUSTON, Stephen D., STUART, David y STUART Karl. *The memory of bones: body, being, and experience among the Classic Maya*. Austin, Texas: University of Texas Press, 2006.

GENDROP, Paul. *Los estilos de Río Bec, Chenes y Puuc en la arquitectura maya*. México: Universidad Nacional Autónoma de México, 1983.

GRUBE, Nikolai, (ed.). *Divine kings of the rain forest.* Colonia, Alemania: Editorial Könemann, 2000.

KETTUNEN, Harri y HELME, Cristophe. *Introduction to Maya hieroglyphs: 10º European Maya Conference Workshop Handbook* (pdf.). Leiden: Wayeb y Universidad de Leiden, 2005.

LANDA, Fray Diego de. *Relación de las Cosas de Yucatán.* Introd. de GARIBAY K., Ángel Mª. México: Editorial Porrúa, 1959.

MARTIN, Simon y GRUBE Nikolai. *Crónica de los reyes y reinas mayas: la primera historia de las dinastías mayas.* México: Planeta, 2002.

PREM, Hanns (ed.). *Escondido en la selva. Arqueología en el norte de Yucatán.* Segundo Simposio Teoberto Maler. Bonn, 2003.

PALLÁN GAYOL, Carlos. *Lo esencial del calendario maya: los señores del tiempo.* Cancún, Q. Roo.: Instituto Nacional de Antropología e Historia, CONACULTA y Editorial Verás, S.A. de C.V., 2009.

PROSKOURIAKOFF, Tatiana A. *An album of Maya Architecture Publication.* Washington, D. C.: 558 Carnegie Institution of Washington, 1946.

Roys, Ralph L. *The Book of Chilam Balam of Chumayel*. Norman: University of Oklahoma Press, 1973.

Sabloff, Jeremy A. *The New Archaeology and the Ancient Maya*. Nueva York: Scientific American Library, 1990.

Schele, Linda y Mathews, Peter L. *The code of kings: the language of seven sacred Maya temple and tombs*. Nueva York: Scribner, 1998.

Sharer, Robert J. *The ancient Maya*. 6th. ed. California: Stanford University Press, 2005.

Stephens, John Lloyd. *Incidents of travel in Yucatan*. Vols. 1 y 2. Nueva York: Dover Publications, 1963.

Taube, Karl A. *The major gods of ancient Yucatan*. Washington, D. C.: Dumbarton Oaks Research Library, 1992.

Thomson, J. Eric S. *Maya history and religion*. Norman: University of Oklahoma Press, 1970.

Villa Rojas, Alfonso. *Chan Kom, a Maya village*. Illinois: Waveland Pr. Inc, 1989.

Derechos de reproducción de imagen

Las imágenes se insertan con fines educativos. Se han hecho todos los esfuerzos posibles para contactar con los titulares del copyright. En el caso de errores u omisiones inadvertidas, contactar por favor con el editor.

© Al Coritz, 2008: página 57.
© Alejandro Covarrubias (Wikimedia Commons): página 61.
© Barbara Page: páginas 370, 380.
© Barbara W. Fash, Proyecto arqueológico Copán.
© President and Fellows of Harvard College: página 133.
© Biblioteca del Congreso de Washington D. C.: página 78.
© Carlos Pallán: página 38; página 52 (basado en Taube, fig. 2F); página 53 (basado en P. Schoenmakers, vasija K501, 2008); página 54; página

55; página 69; página 357; página 386 (basado en Ralph Roys).

© Charles Knight: página 64 (en Biblioteca del Congreso, Washington D.C.); página 104.

© Chensiyuan, 2009: página 19.

© Christian Prager, 2004. Wayeb Drawing Archive: página 255.

© D. Hatcher, 2009: página 55.

© Daniel Schwen, 2009, GNU Free Documentation License, ver 1.2.: página 391.

© David Schele, 2005. The Linda Schele Drawings Collection. Foundation for the Advancement of Mesoamerican Studies: página 195 (n.º 2036); página 207 (n.º 2036, 2004); página 211 (n.º 2033, 2005); página 244 (n.º 4011); página 273 (n.º 4011); página 289 (n.º 2021); página 326; página 392 (n.º 5056).

© David Schele, 2005. The Linda Schele Photograph Collection. Foundation for the Advancement of Mesoamerican Studies: página 25 (n.º 1507); página 110 (n.º 3520); página 116 (n.º 4522); dibujo de Linda Schele: página 187 (n.º 2007).

© David Stuart, 2005: páginas 220, 303.

© Eduard Seler, 1902: página 227.

© Fotonotstra: página 54.

© Geoff Gallice, 2010: página 135.

©Hasso von Winning, 1987. Fig. 1b: página 376.

© Heather Hurst, Yale University, Bonampak Documentation Project: página 362.

© Heinrich Berlin: página 146.

© Henry Berthold Publishing London: páginas 81, 83.

© Jack Hynes, 2006: página 192.
© Jaime de la Fuente, 2006: página 193.
© Jan Harenburg, 2008: página 303.
© Jeremy Blakes Lee, 2008: página 261.
© John Montgomery. The John Montgomery Drawings Collection n.º JM01524. FAMSI: página 341.
© John Pittman. Reproducción exhibida en el Museo Peabody de Arqueología y Etnología. © President and Fellows of Harvard College: páginas 139, 172.
© José Villa, 1996: página 431.
© Lucia R. Henderson, 2007: página 59; página 194.
© Luidger. Creative Commons 3.0 y GNU Free Documentation License, ver. 1.2.: página 397.
© Madrid, Testimonio. Edición facsimilar: página 76.
© Merle Greene Robertson, 1970. Mesoweb Resources: página 271.
© Paul Schoenmakers: página 150 (imagen de Sächsische Landesbibliothek und Universitätsbibliothek Dresden en The Wayeb Drawing Archive 2010).
© Peabody Museum 2000-2009, President and Fellows of Harvard College, all rights reserved:

- Peabody number 2004.24.34821.1: página 94.

- Dibujo de Tatiana Proskouriakoff. Peabody number 58-34-20/41881: página 123.

- Dibujo de Tatiana Proskouriakoff. Peabody number 50-63-20/18489: página 219.

- Dibujo de reconstrucción de Tatiana Proskouriakoff. Peabody number 50-63-20/18489: página 223.
- Dibujo de reconstrucción de Tatiana Proskouriakoff. Peabody number 50-63-20/18489: página 283.
- Fotografía de Hillel S. Burger. Peabody number 2004.24.27021A: página 298.
- Dibujo de reconstrucción de Tatiana Proskouriakoff. Peabody number 2004.24.25579: página 309.
- Peabody number 2004.24.26096: página 321.
- Dibujo de Peter Mathews. Peabody number 1999 2004.15.6.16.15: página 334.
- Dibujo de reconstrucción de Tatiana Proskouriakoff. Peabody number 50-63-20/18494: página 388.
- Dibujo de reconstrucción de Tatiana Proskouriakoff. Peabody number 50-63-20/18493: página 393.
- Dibujo de reconstrucción de Tatiana Proskouriakoff. Peabody number 50-63-20/18496: página 395.

- Dibujo de reconstrucción de Tatiana Proskouriakoff. Peabody number 973-3-20/24100C: página 399.

- Dibujo de reconstrucción de Tatiana Proskouriakoff. Peabody number 58-34-20/74310: página 403.

© Peter Fordham, 2007: página 235.
© Rudel M. Álvarez, 2010: página 121.
© Rud van Akkeren: página 415.
© Simon Burchell, 2007: páginas 163, 405.
© Sven Gronemeyer. Wayeb Drawing Archive: página 317.
© Thelmadatter: página 295.
© The University Museum of Pennsylvania, 1982: página 277.
© Wolfgang Sauber, 2008: página 320; página 410 (Acervo del Palacio Nacional. Gobierno Federal, Estados Unidos Mexicanos).

www.ingramcontent.com/pod-product-compliance
Lightning Source LLC
Chambersburg PA
CBHW071644160426
43195CB00012B/1355